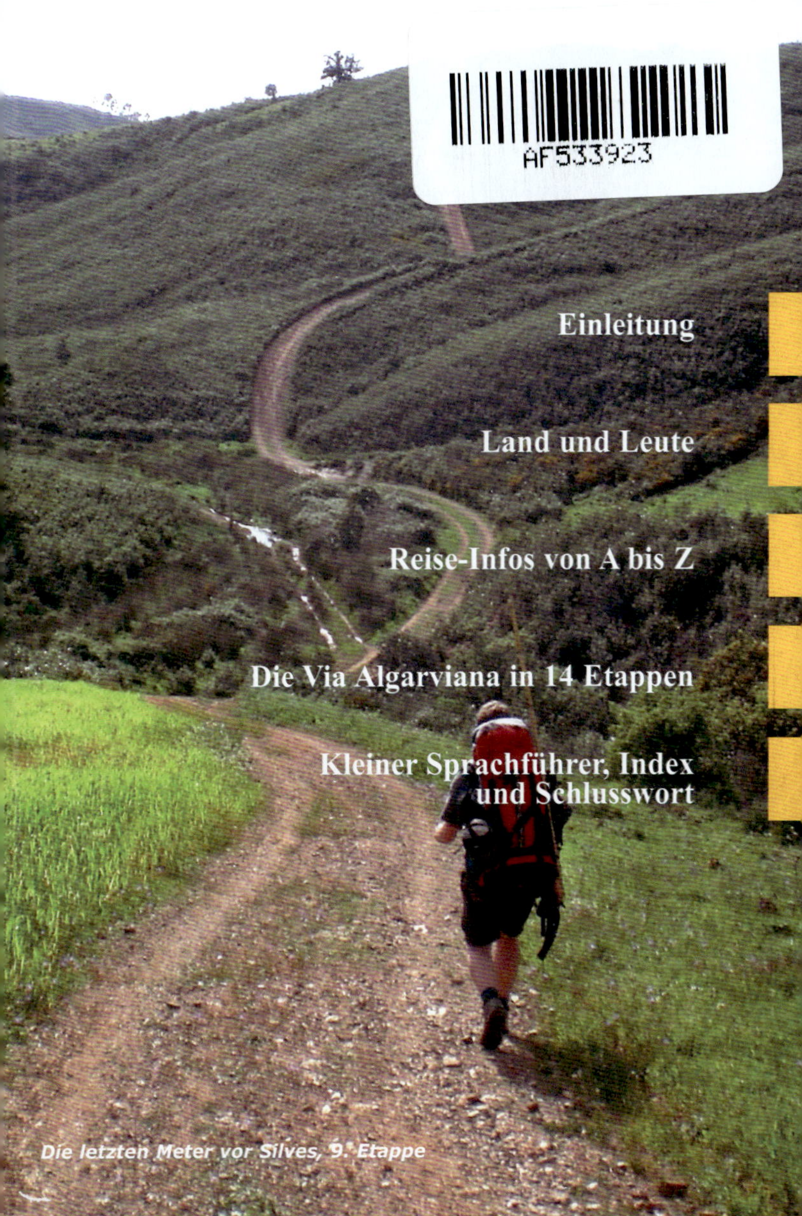

Die letzten Meter vor Silves, 9. Etappe

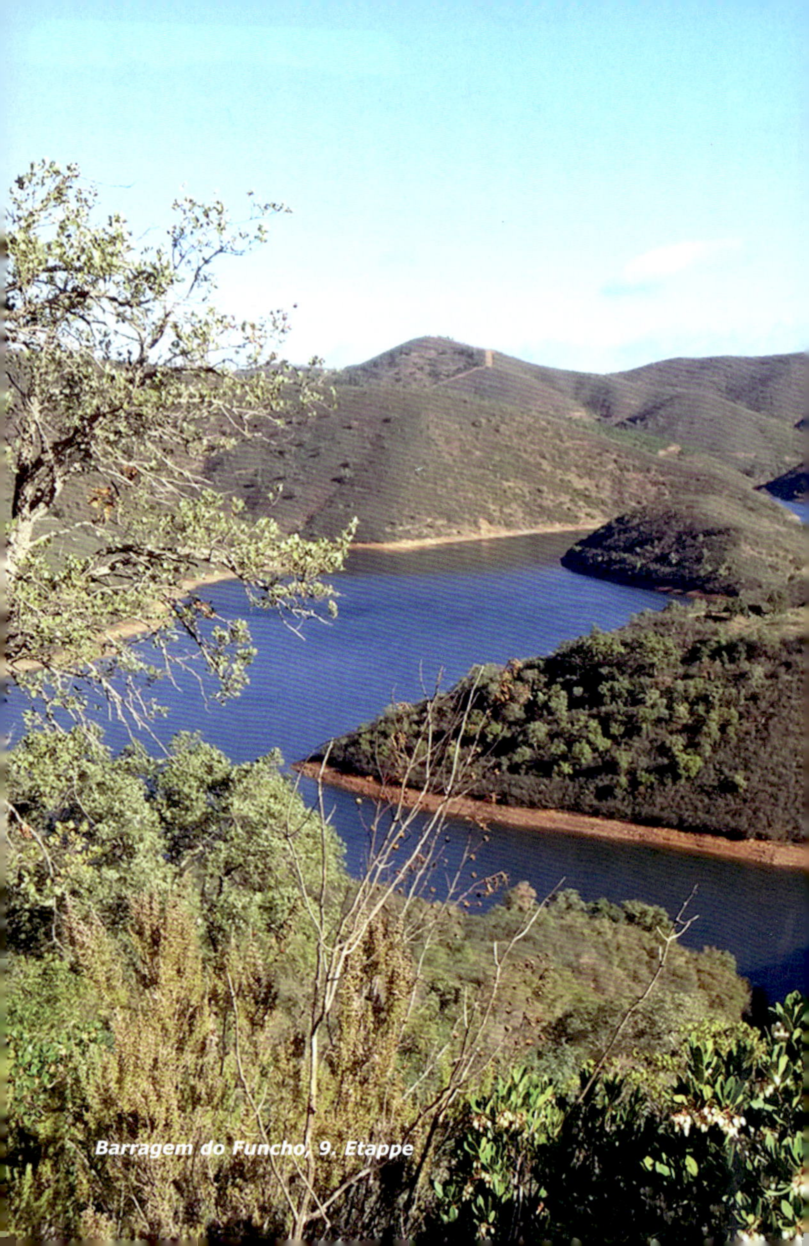

Barragem do Funcho, 9. Etappe

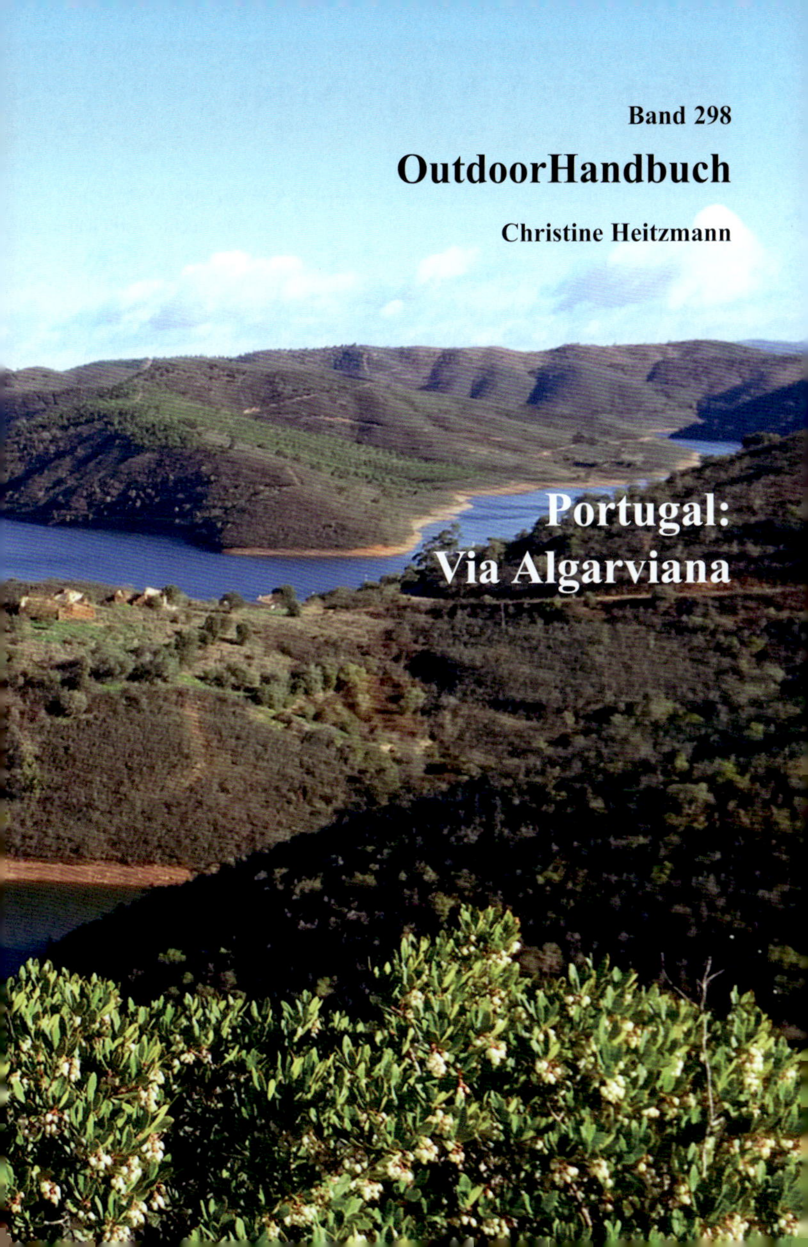

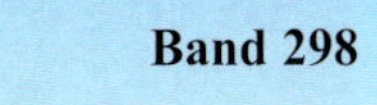

Band 298

OutdoorHandbuch

Christine Heitzmann

Portugal: Via Algarviana

Portugal: Via Algarviana

Die Autorin und der Verlag sind für Lesertipps und Verbesserungen (besonders per E-Mail) unter Angabe der Auflagen- und Seitennummer dankbar.

Dieses OutdoorHandbuch hat 192 Seiten mit 62 farbigen Abbildungen sowie 21 farbigen Kartenskizzen im Maßstab 1:100.000, 14 farbigen Höhenprofilen und einer farbigen, ausklappbaren Übersichtskarte. Es wurde auf chlorfrei gebleichtem, FSC®-zertifiziertem Papier gedruckt, in Deutschland klimaneutral hergestellt und transportiert und wegen der größeren Strapazierfähigkeit mit PUR-Kleber gebunden.

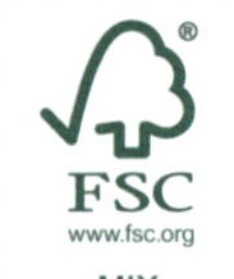

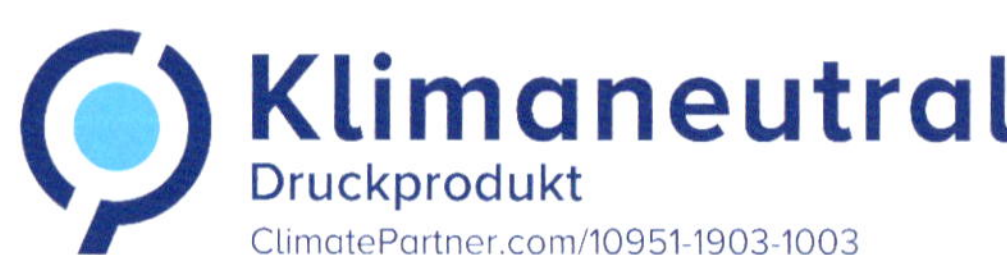

Dieses Buch ist im Buchhandel und in Outdoor-Läden erhältlich und kann im Internet oder direkt beim Verlag bestellt werden.

OutdoorHandbuch aus der Reihe „Der Weg ist das Ziel", Band 298

ISBN 978-3-86686-615-7 2., überarbeitete Auflage 2019

Text und Fotos: Christine Heitzmann
Karten: Manuela Dastig und Dieter Großelohmann
Lektorat: Anna-Lena Ebner
Layout: Alexandra Sauerland

Gesamtherstellung: gutenberg beuys feindruckerei

Dieses OutdoorHandbuch wurde konzipiert und redaktionell erstellt vom:

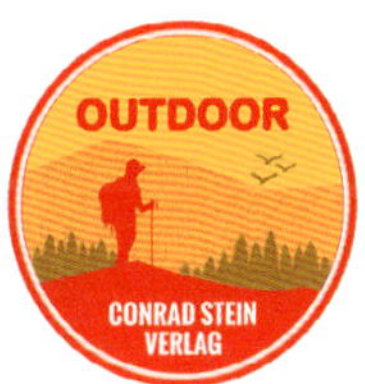

Conrad Stein Verlag GmbH, Kiefernstr. 6, 59514 Welver,
☏ 023 84/96 39 12, FAX 023 84/96 39 13,
info@conrad-stein-verlag.de,
www.conrad-stein-verlag.de

Besuchen Sie uns bei Facebook & Instagram:

 www.facebook.com/outdoorverlag

 www.instagram.com/outdoorverlag

Titelfoto: Wegweiser unterhalb von Marmelete, 12. Etappe

Inhalt

Einleitung

Die Via Algarviana

Die Via Algarviana führt in 14 gut markierten Tagesetappen 300 km weit durch das streckenweise unberührte und hügelige Hinterland der Algarve. Vorbei an ursprünglichen Dörfern und kulturhistorisch wichtigen Städten, wie der unter den Mauren bedeutsamen Stadt Silves, durchläuft sie abwechslungsreiche Landschaften. Der 2009 offiziell eröffnete Weg führt auf seit Jahrhunderten von Schäfern genutzten Hirtenpfaden und mozarabischen Pilgerwegen, die Mértola mit dem Cabo de São Vicente verbanden, vom idyllischen Städtchen Alcoutim am spanischen Grenzfluss Guadiana bis zum sagenumwobenen Kap des heiligen Vinzenz am Atlantik, wo Europas Festland endet und die Weite des Meeres beginnt. Die Wegführung wurde so gewählt, dass möglichst wenig auf Asphalt oder durch Privatland zu gehen ist. Darüber hinaus bemühte man sich, nicht immer den direkten, sondern den landschaftlich interessantesten Weg zu finden. Es bietet sich auch an, nur einzelne Etappen als Tages- oder Mehrtagestouren zu gehen. In den vergangenen Jahren wurde die Via Algarviana um neue Verbindungswege, thematische Routen und komplementäre Wanderwege erweitert, sodass nun neben der Hauptroute ein Streckennetz von knapp 800 km das Hinterland der Algarve durchzieht. Auf die Beschreibung der Wege abseits der Hauptroute verzichte ich, da sie für den Fernwanderweg erstmal nicht relevant sind. Ständige Wegbegleiter sind Stein- und Korkeichenwälder, ein nicht enden wollendes Meer aus Wildkräutern und Zistrosen, Mandel-, Feigen-, Oliven- und Erdbeerbäumen. Gerade im Frühjahr verwandeln sich die Wiesen und Hügel des Hinterlandes in ein einziges Blütenmeer. Der Weg zum Atlantik führt durch zahlreiche Flusstäler, die Gebirgszüge der Serra do Caldeirão und der Serra de Monchique, in der sich mit dem Fóia-Gipfel der höchste Punkt der Algarve befindet, sowie durch die mediterran anmutende Vorgebirgslandschaft des Barrocal.

Die Via Algarviana ist ein Projekt zur Erschließung des Hinterlandes durch einen sanften Öko-Tourismus sowie zur Erhaltung bzw. Stärkung der regionalen Kultur und der lokalen Produkte. Dem Trend zur Abwanderung und Überalterung der Region soll durch die Förderung eines nachhaltigen Tourismus entgegengewirkt werden, von dem auch die ansässige Bevölkerung profitieren kann. Der Naturschutzverein Almargem hat die Via Algarviana angelegt und unterhält sie bis heute. Gefördert wurde das Projekt von lokalen Verbänden und EU-Fördermitteln. Es gibt eine eigene Homepage, auf der ein zweisprachiger Wanderführer

(Portugiesisch/Englisch) und Kartenmaterial heruntergeladen werden können. Um die Arbeit des Vereins zu unterstützen, wird um einen freiwilligen Beitrag für das Herunterladen des Handbuches sowie für die Unterhaltung des Weges gebeten.

♦ IBAN: PT50 0036 0418 99105000149 85

💻 www.viaalgarviana.org

Almargem

Die Almargem (Associação de Defesa do Património Cultural e Ambiental do Algarve) ist eine Vereinigung zum Schutz des Kultur- und Naturerbes an der Algarve mit Sitz in Loulé. Der gemeinnützige Verein wurde 1988 gegründet und widmet sich der Untersuchung und Verbreitung des historischen Kulturerbes sowie der Naturgüter an der Algarve. Dabei stehen Umweltschutz und nachhaltige Maßnahmen zur Erhaltung des Ökosystems sowie zur Entwicklung der einzelnen Strukturräume im Vordergrund. Es werden zahlreiche Aktivitäten wie Wanderungen und Bergtouren, Vogelbeobachtungen und thematische Exkursionen organisiert. Eines dieser großen Projekte ist die Via Algarviana. Jedes Jahr im Frühjahr organisiert die Almargem eine Algarve-Durchquerung auf der Via Algarviana, an der Sie zu Fuß, mit dem Fahrrad oder auch mit Eseln (☞ Eselwandern) teilnehmen können.

ℹ weitere Informationen unter 💻 www.almargem.org

Weg durch den Korkeichenwald, 13. Etappe

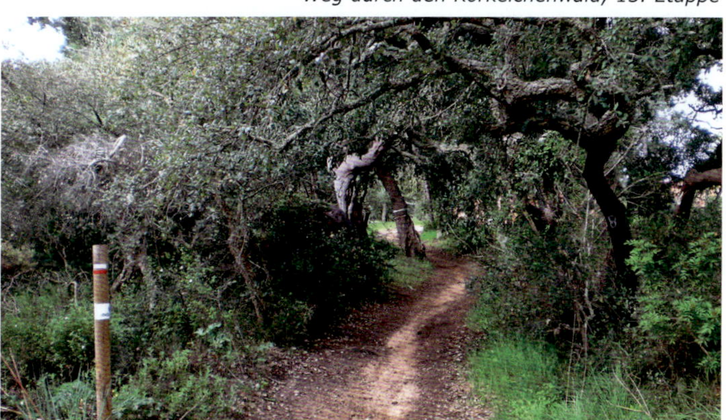

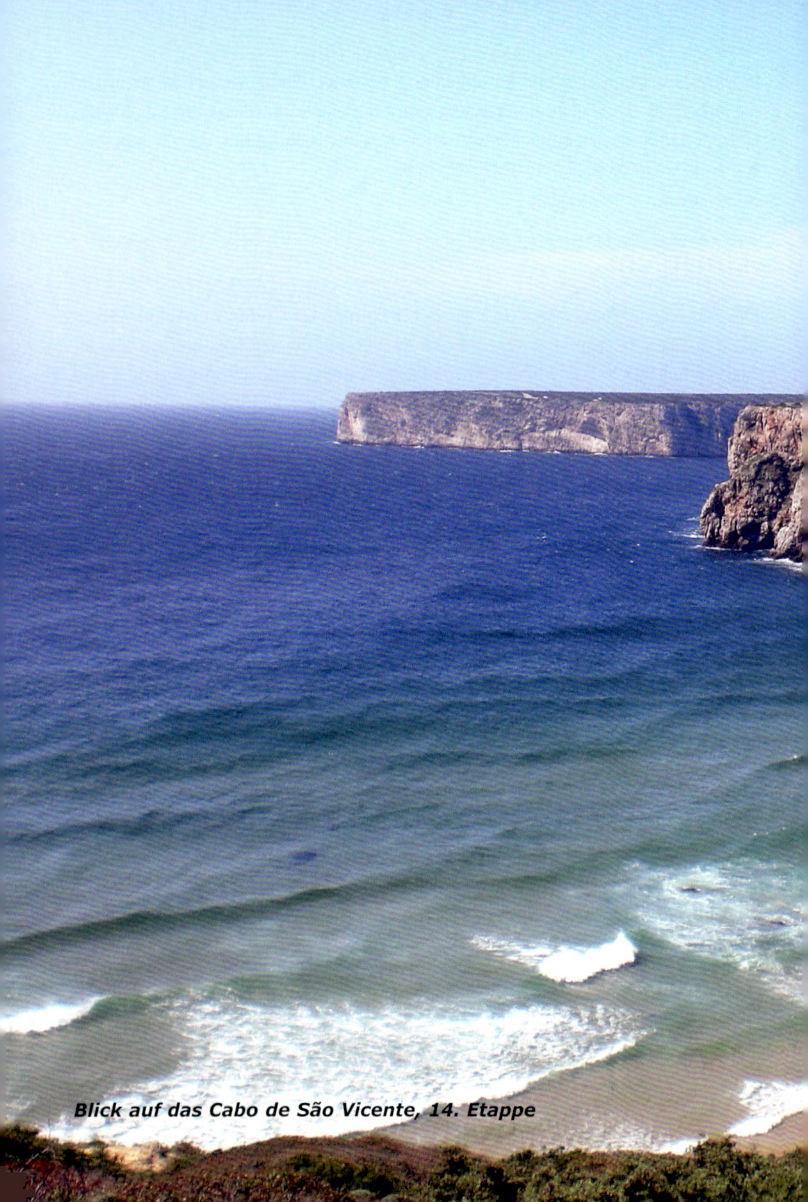

Blick auf das Cabo de São Vicente, 14. Etappe

Land und Leute

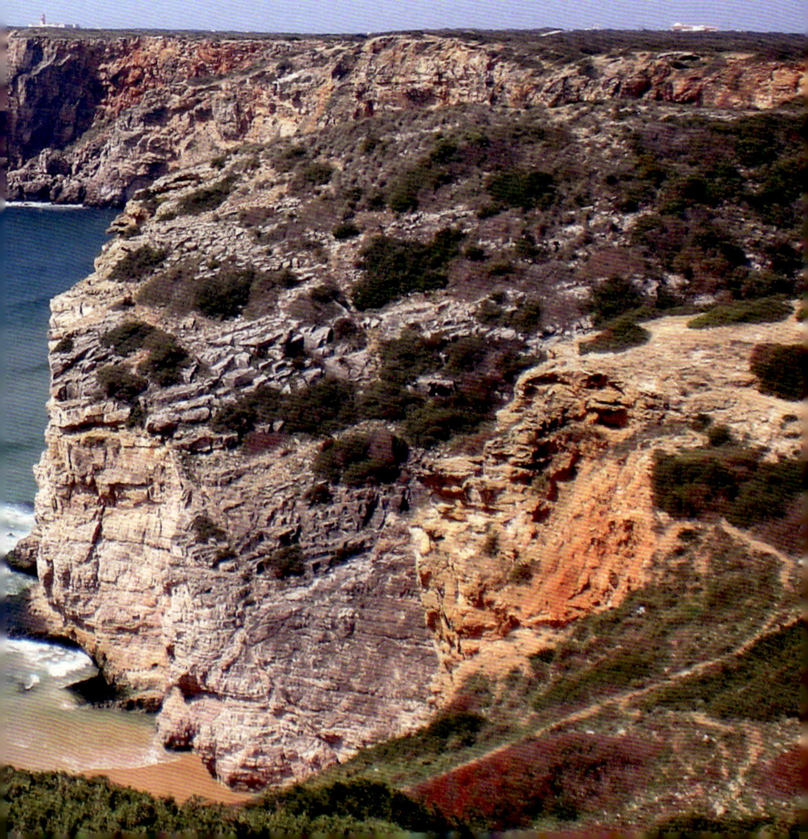

Die Menschen am Wegesrand

Die Portugiesen sind sehr freundliche und hilfsbereite Menschen. Aufdringlichkeit und Aggressivität sind dem Wesen der Portugiesen fremd. Hingegen sind höfliche Zurückhaltung und die saudade als melancholisches Lebensgefühl einer ganzen Nation, die zu beschreiben so oft versucht wurde, überall zu spüren. Gleichzeitig sind die Portugiesen sehr gastfreundlich und es kann Ihnen passieren, dass Sie spontan zum Mittagessen eingeladen werden oder dass Ihnen unterwegs gebackenes Brot oder getrocknete Feigen angeboten werden. Das macht die Begegnungen am Wegesrand angenehm und einzigartig. Um diese zu vereinfachen, finden Sie im Anhang einen ☞ kleinen Sprachführer.

Ein wichtiges Schlagwort im Umgang mit der portugiesischen Lebensart ist die paciência, also Geduld, die Sie immer wieder brauchen werden ...

Einzig in den abgelegenen Dörfern sind die Menschen oft etwas zurückhaltend und blicken oft scheu auf die bepackten Wandervögel. Es hat damit zu tun, dass sich viele Menschen, die ihr ganzes Leben auf dem Feld arbeiten und täglich viele Kilometer zu Fuß zurücklegen, schlichtweg schwer vorstellen können, warum sich so viele Menschen „freiwillig" tagelang und schwer bepackt auf den Weg machen.

Algarve

Mit der Algarve werden häufig nur Strandurlaub, viele Sonnentage und endlose Küstenabschnitte assoziiert. Lassen Sie sich auf der Via Algarviana vom ursprünglichen Teil dieser Region überraschen! Sie heißt auf Portugiesisch zwar o algarve, es wird also der männliche Artikel verwendet, doch da der Name im deutschen Sprachraum fast durchgehend mit weiblichem Artikel gebraucht wird, behalte ich diese Gepflogenheit bei. Der Name leitet sich aus dem arabischen Al-Gharb ab, was „der Westen" bedeutet: Vom großen Kalifat von Córdoba aus betrachtet lag das kleine Al-Gharb tatsächlich im Westteil des Reiches.

Die Algarve ist die südlichste Provinz Portugals und nimmt nur etwa 6 % der Landesfläche ein. Trotzdem ist sie wirtschaftlich eine der wichtigsten Regionen des Landes, was auf den Tourismus zurückzuführen ist, der sich nach wie vor jedoch hauptsächlich an der Küste konzentriert. Obwohl die Algarve am Atlantik liegt, weist sie großteils ein mediterranes Klima auf, was sich auch an der Vegetation zeigt. Landschaftlich ist die Algarve überraschend vielseitig und teilt sich auf folgende Naturräume auf: die Flusslandschaft des Guadiana, die dünn besiedelte Bergzone (Serra), das fruchtbare, von Landwirtschaft geprägte und mediterran anmutenden Bergvorland (Barrocal) und die touristisch stark erschlossene Küstenzone im Süden. Die Südküste ihrerseits teilt sich in die Sandalgarve im Osten und die Felsalgarve im Westen auf. Dazwischen liegt der Naturpark der Ria Formosa mit ihren vielen Wasserkanälen und kleinen Inseln, die bei Ebbe Muschelsammler anlocken und bei Flut fast vollständig unter Wasser stehen. Auch der internationale Flughafen von Faro liegt mitten in der Ria Formosa, da er vor der Auszeichnung zum Naturpark gebaut wurde. Die Westküste der Algarve (Costa Vicentina) zeigt ein ursprüngliches und raues Gesicht und blieb von Bebauung weitgehend verschont. Mit der Rota Vicentina wurde 2012 auch dort ein Netz aus Fernwanderwegen angelegt. Auf der Via Algarviana werden Sie die große landschaftliche Vielfalt kennenlernen.

Verwaltung

Von Portugals 10 Mio. Einwohnern leben etwa 451.000 an der Algarve. Dabei gibt es eine große Diskrepanz zwischen dem dicht besiedelten Küstenstreifen und dem dünn besiedelten und von Überalterung gekennzeichnetem Hinterland. In den Sommermonaten nimmt die Anzahl an Menschen aufgrund der vielen Urlauber stark zu und verdoppelt sich stellenweise. Kontinentalportugal ist verwaltungstechnisch in 18 Distrikte (distritos) aufgeteilt, die ihrerseits wieder in 300 Kreise (concelhos) untergliedert sind, die sich in Gemeinden (municípios) und Gemeindebezirke (freguesias) aufgliedern. Die Algarve ist eine der elf historischen Provinzen und heute deckungsgleich mit dem Verwaltungsdistrikt Faro. Die Kreisverwaltung heißt Câmara Municipal, die Gemeindeverwaltung Junta de Freguesia. Auf dem Weg laufen Sie durch 7 der insgesamt 16 municípios der Algarve (Alcoutim, Tavira, Loulé, Silves, Monchique, Lagos und Vila do Bispo).

Geschichtlicher Überblick

Früheste Siedlungsspuren, Phönizier, Iberer, Kelten

Spuren der Megalithkultur begegnen Ihnen gleich auf der ersten Etappe in Form von Menhiren (um 3500 v. Chr.). Die Phönizier gründeten bereits im 2. Jh. Handelsniederlassungen an der Algarve. Um 700 v. Chr. kamen keltische Stämme über die Pyrenäen auf die Iberische Halbinsel und vermischten sich mit den dort ansässigen iberischen Siedlern. Diese keltiberischen Stämme leisteten lange Widerstand gegen die römischen Eroberer, doch konnten sie sich deren Herrschaft nicht ewig entziehen.

Die Algarve unter den Römern und Germanen

Im 2. Jh. v. Chr. kamen die Römer auf die Iberische Halbinsel und die Algarve wurde Teil der römischen Provinz „Hispania ulterior". Kaiser Augustus teilte diese Provinz 27 v. Chr. in zwei Verwaltungsbezirke auf: Es entstanden die Provinzen Baetica (entspricht in etwa dem heutigen Andalusien) und Lusitania (entspricht dem Gebiet des heutigen Portugals bis zum Douro-Fluss im Norden). Die Hauptstadt Lusitaniens wurde Emerita Augusta, das heute in Spanien gelegene Mérida. Damit wird klar, dass die Ost-West-Ausdehnung Lusitaniens weiter war als die des heutigen Portugals. Die wichtigsten Städte der Römer an der Algarve waren Ossonoba (Faro), Silibis (Silves), Portus Magnus (Portimão) und Balsa (Tavira). Spuren der über 500 Jahre andauernden Herrschaft finden Sie heute zum Beispiel noch in der Ausgrabungsstätte von Milréu. Die Römer legten ein dichtes Straßennetz an, über das u. a. das Christentum auf die Iberische Halbinsel kam, wo die Keltiberer zuvor Naturerscheinungen verehrt hatten. Entlang der Küste der Ostalgarve erinnern auch ehemalige Einsalztanks aus der Römerzeit an die jahrtausendealte Salzgewinnung, die bis heute in Form von Salinen sichtbar ist. Doch auch das Römische Reich begann allmählich zu verfallen und im 5. Jh. setzten germanische Stämme, die über die Pyrenäen in die Iberische Halbinsel einfielen, der römischen Herrschaft ein Ende. Nach den Sueben waren es vor allem die Westgoten, die ein großes Reich gründeten, das bis zu Beginn des 8. Jh. Bestand hatte, jedoch kaum archäologische Spuren hinterlassen hat.

Die Araber und das Erbe der maurischen Zeit

Im Jahr 711 kamen die Araber aus Nordafrika auf die Iberische Halbinsel und in wenigen Jahren konnten die Berberheere die Gebiete des heutigen Spaniens und Portugals einnehmen. Die eroberten Gebiete fielen an das Omajadenreich mit der Hauptstadt Córdoba. Die Araber brachten eine fortgeschrittene Kultur mit, von der die ansässige Bevölkerung profitierte. Es waren die Mauren, die ihre fundierten landwirtschaftlichen Kenntnisse als Erbe in Südportugal hinterließen und effektive Bewässerungstechniken (allen voran das Wasserschöpfrad Nora, aus arab. noira) einführten. Darüber hinaus pflanzten sie die für die Algarve so charakteristischen Bäume (Mandel-, Johannisbrot- und Granatapfelbäume) an. Doch nicht nur mit ihren landwirtschaftlichen Kenntnissen waren sie der europäischen Kultur weit voraus, auch von ihrem Wissen im Bereich der Medizin, der Astronomie, des Schiffbaus und der Fischfangmethoden konnte die Bevölkerung lernen.

Maurische Spuren lassen sich auch in der Sprache feststellen: Fast alle Nomen, die mit a- oder al- beginnen, sind arabischen Ursprungs! Dazu gehören die geografischen Begriffe Algarve („der Westen") und aldeia („Dorf"), Ortsnamen wie Albufeira, Alcoutim und Aljezur oder z. B. Wörter wie almoço („Mittagessen"), azeitonas („Oliven"), amêndoa („Mandel"), alecrim („Rosmarin"), azulejos (die typischen bemalten Fliesen) und viele mehr.

Die wichtigste und blühendste Stadt von Al-Gharb unter maurischer Herrschaft war ☞ Silves, damals Xelb genannt. Die Lebensader der Stadt war der später versandete Arade-Fluss, der Silves mit dem Atlantik verband und über den ein immenser Handel mit dem Mittelmeerraum abgewickelt wurde. Die Zeit der Maurenherrschaft war eine Ära der kulturellen Toleranz; Juden, Christen und Mauren lebten friedlich nebeneinander. Bis 1249 herrschten die Araber in Südportugal. Spuren maurischer Burgen und Festungen begegnen Ihnen auf der Via Algarviana z. B. in Alcoutim, Salir und Silves. Außerdem sehen Sie überall die typisch maurischen Kamine mit ihren reichen Verzierungen auf den Hausdächern. Die Baukunst ist allerdings nicht so weit zur Entfaltung gekommen wie etwa in Andalusien, da die maurische Herrschaft dort 200 Jahre länger andauerte und da mehrere Erdbeben auf portugiesischem Boden immer wieder Zerstörungen anrichteten. Die christlichen Rückeroberer vernichteten darüber hinaus viele Zeugnisse der Fremdherrschaft.

Die christliche Rückeroberung und die Bildung Portugals

Schon im 9. Jh. regte sich im Norden Widerstand gegen die arabische Herrschaft und es begann die Zeit der Rückeroberung, bei der christliche Kreuzritter das Land von Nord nach Süd Stück für Stück wiedereroberten, bis im Jahr 1249 mit der Einnahme Faros ganz Portugal von den Mauren befreit war und sich die Grenzen Portugals festigten. Damit ist Portugal das Land mit den ältesten festen Grenzen Europas.

Aufstieg und Zerfall eines Weltreiches

Unter der Dynastie Avis begann ab 1385 der Aufstieg Portugals zur bedeutenden Seehandelsmacht. In diese Zeit fallen die wichtigsten See- und Entdeckungsfahrten, bei denen mit der Umschiffung Afrikas und der damit verbundenen Entdeckung des Seeweges nach Indien unter Vasco da Gama (1498) das Monopol auf den Gewürzhandel auf dem Seeweg gesichert wurde. Nautisches und astronomisches Wissen war bereits mit den Arabern nach Portugal gekommen. Eine wichtige Institution war dabei die von Heinrich dem Seefahrer (1394-1460) gegründete Seefahrerschule in Sagres, wo viele Wissenschaftler der Zeit die

Erkundung der Weltmeere vorantrieben und den Schiffstyp der Karavelle entwickelten. Erst mit diesem neuen Schiffstyp war es möglich, auf dem Atlantik gegen den Wind zu kreuzen – unabdingbare Voraussetzung, um die afrikanische Westküste abwärts segeln zu können. Finanziert wurden Forschung und Seefahrten durch den Christusritterorden, der aus dem Tempelritterorden hervorgegangen war. In dieser Blütezeit Portugals stieg das kleine Land zur Weltmacht auf und hatte Handelsniederlassungen in Brasilien, Afrika und dem ganzen asiatischen Raum. Europa stand an der Schwelle zur Neuzeit und Portugal leistete vor allem im Bereich der Kartografie einen wichtigen Beitrag. Mit den voll beladenen Schiffen kamen neue Pflanzen, Tiere, Kunsthandwerk, neue Waren und Einflüsse aus den unterschiedlichsten Kulturräumen nach Europa. Viele Portugiesen suchten in den neu entdeckten Gebieten ihr Glück und das Mutterland Portugal war nur noch dünn besiedelt. Besonders die Landwirtschaft lag brach, was dazu führte, dass selbst alltägliche Lebensmittel importiert werden mussten. Die Kehrseite der Entdeckungsfahrten war auch der einsetzende Sklavenhandel. In Lagos entstand der größte Sklavenmarkt Europas. Das große Weltreich war zudem schwer zu halten, die militärische Sicherung der Handelsrouten und die hohen Ausgaben für neue Schiffe und den Import von Lebensmitteln für das eigene Land führten zu großen wirtschaftlichen Schwierigkeiten. Das Weltreich begann zu zerfallen. Ausdruck der Verzweiflung war der erneute Feldzug nach Marokko unter dem jugendlichen König Sebastião, der Portugal eine verheerende Niederlage einbrachte und wirtschaftlich völlig ruinierte. Das glorreiche Zeitalter war vorbei und endete in der 60-jährigen Fremdherrschaft durch die Spanier (1580-1640).

Erneute Unabhängigkeit und die Zeit des Absolutismus

Mithilfe der militärischen Unterstützung Englands konnte sich Portugal nach zahlreichen Aufständen gegen die Besatzer im Jahr 1640 aus der spanischen Fremdherrschaft lösen. Mit König João IV. begann in Portugal die Zeit der Bragança-Dynastie, die bis 1910 anhielt. Allerdings ließen sich die Engländer diese Hilfe gut bezahlen. Neben der Abtretung territorialer Gebiete (z. B. Bombay in Indien und Tanger in Nordafrika) wurde 1703 ein Vertrag ausgehandelt, der die Öffnung des portugiesischen Marktes für englische Textilien vorsah und Portugal in eine wirtschaftliche Abhängigkeit führte: Im Gegenzug zum Portweinexport verpflichtete sich Portugal, englische Textilien abzunehmen, was den Aufbau eigener Manufakturen verhinderte. Eine zögerliche Industrialisierung wurde so im Keim erstickt. Gold- und Diamantenfunde in der südamerikanischen Kolonie Brasilien brachten im 18. Jh. zwar neuen Reichtum für das Land, jedoch wurde dieser verschwendet, ohne die eigene Wirtschaft zu modernisieren und aufzubauen. Vor allem unter dem absolutistischen König João V. lebten das Königshaus sowie Klerus und Adel in Saus und Braus. Es entstanden viele Prunkbauten und im ganzen Land wurden Kirchen reihenweise vergoldet, während das Volk hungerte. Die vergoldeten Holzschnittaltäre sind bis heute in den Kirchen zu bestaunen. Portugal stürzte in eine tiefe Finanzkrise.

Das große Erdbeben in Lissabon von 1755 brachte nicht nur große Zerstörung, sondern unter der Führung des Marquês de Pombal auch endlich einige der benötigten Reformen. Er baute Lissabon wieder auf und gründete Manufakturen, brachte Schulen und Universitäten unter staatliche Hand und setzte der Sklaverei ein Ende. Jedoch herrschte er despotisch gegen Hochadel und Kirche, verwies die Jesuiten außer Landes und fiel auch beim Volk in Ungnade. Nach seiner Absetzung 1777 wurden einige Reformen gestoppt.

Vom Einfall Napoleons bis zur republikanischen Revolution

Das enge Bündnis mit England wirkte sich in der napoleonischen Zeit verheerend für Portugal aus. Portugal hielt sich nicht an die gegenüber England verhängte Kontinentalsperre, was 1808 die Invasion der napoleonischen Truppen nach sich zog. Das Land wurde zum Schlachtfeld und vor allem viele Kirchen wurden geplündert. Als Reaktion darauf floh der portugiesische Königshof unter João VI. nach Brasilien, wo er die nächsten Jahre verbrachte. Mit englischer Hilfe wurden die Truppen Napoleons 1811 schließlich geschlagen, doch blieben die Engländer als Besatzungsmacht in Portugal, das sich beinahe in eine englische „Kolonie" verwandelte. Die Wirtschaft brach völlig zusammen.

1820 kehrte die Königsfamilie nach einer (erfolglosen) liberalen Erhebung in Porto aus Brasilien zurück. Allerdings waren sich die beiden Söhne von João VI. in der Frage um die zukünftige Regierungsform uneinig. Pedro sprach sich für eine radikal-liberale Verfassung aus, während sein Bruder Miguel dem Absolutismus anhing. Es kam zu einem langen Bürgerkrieg, in dem der liberal denkende Pedro 1834 seinen Bruder besiegte. Eine gemäßigte Verfassung legte dann den Grundstein für eine wirtschaftliche Erholung und Modernisierung. Eine Nationalversammlung wurde einberufen, sämtliche Männerklöster wurden aufgelöst (Frauenklöster durften bestehen, bis die letzte Nonne gestorben war), Eisenbahnen und Brücken wurden gebaut und die Privilegien des Adels beschnitten. In den Städten erstarkte das Handels- und Finanzbürgertum.

Das Ende der Monarchie, Diktatur und die friedliche Nelkenrevolution

Die Kolonialpläne Portugals kollidierten mit den englischen Interessen in Afrika und mussten nach einem englischen Ultimatum 1890 aufgegeben werden. Dieser Schritt des portugiesischen Königs Carlos I. stieß allerdings auf Ablehnung in weiten Teilen der Bevölkerung und die Unzufriedenheit im Volk nahm zu. Die hohe Überschuldung des Staates und die wirtschaftlich schwierige Lage im Land taten ihr Übriges. Auch waren die republikanischen Anhänger, die ein Ende der Monarchie forderten, stärker geworden. 1908 wurde Carlos I. schließlich in Lissabon samt seinem ältesten Sohn und Thronfolger erschossen – ein Ausdruck der Unzufriedenheit der Bevölkerung des verarmten und rückständig gebliebenen Landes. Sein zweiter, erst 18-jähriger Sohn bestieg zwar noch den Thron, die Monarchie in Portugal konnte jedoch nicht mehr gerettet werden. Sie endete im Jahr 1910 und am 5. Oktober desselben Jahres wurde die Republik ausgerufen.

Die folgenden Jahre waren chaotisch und durch zahlreiche Regierungswechsel geprägt. Die Hoffnungen, die in die Republik gesetzt worden waren, erfüllten sich nicht. Die alten, unter der Monarchie gestärkten Mächte (Adel, Klerus und das Militär) gewannen wieder an Einfluss und Putschversuche und Generalstreiks lösten sich ab. 1926 ereignete sich ein Militärputsch, ein paar Jahre später wurde António Carmona vom Militär als Präsident eingesetzt. 1928 wurde António de Oliveira Salazar, der in Coimbra Professor für Nationalökonomie war, zum Finanzminister ernannt. Er schaffte es, die kritische Finanzlage zu entspannen und das Land zunächst weitgehend finanziell unabhängig zu machen, weshalb er vielen als Retter in der Not erschien. Fünf Jahre später legte er allerdings die Verfassung eines „neuen Staates" (Estado Novo) vor und stürzte das Land in eine Diktatur, die durch Repression, Folter und Haft, Zensur und die nach Vorbild der Gestapo aufgebaute Geheimpolizei PIDE gekennzeichnet war. Das Land war nach außen hin isoliert und der Bildungssektor und der Aufbau einer Industrie wurden vollständig vernachlässigt. Die ab den 60er-Jahren einsetzenden Kolonialkriege in Afrika verschlangen über die Hälfte des Staatshaushalts.

Als Reaktion auf die nicht zu gewinnenden Kolonialkriege formierte sich in den Reihen linksgerichteter Militärs sowie vonseiten kommunistischer Politiker und Intellektueller zunehmend Widerstand gegen das Regime. Am 25. April 1974 wurde schließlich der Diktatur durch eine friedliche Revolution, bei der die Bevölkerung Lissabons den Soldaten rote Nelken in die Gewehrläufe steckte (daher der Name „Nelkenrevolution"), ein Ende gesetzt. Sie werden in fast jedem Dorf und Städtchen eine Straße oder einen Platz mit dem Namen „25 de Abril" sehen, die an den Tag der Revolution erinnern. Gleichzeitig erstarkten die Kommunisten und Sozialisten, die ehemaligen Hauptgegner der Diktatur. Besonders an der Algarve und im Alentejo wehte ein revolutionärer Wind, der auch viele Ausländer anlockte, die teilweise bis heute im Hinterland der Westalgarve leben. Die afrikanischen Kolonien wurden in die Unabhängigkeit entlassen. Tausende Menschen kamen aus den Kolonien zurück nach Portugal, was das Land vor große Herausforderungen stellte.

Portugal in der Demokratie

Ein Jahr nach der Nelkenrevolution wurde erstmals frei gewählt. Neben dem schwierigen Übergang zur Demokratie musste auch ein Aufholprozess eingeleitet werden – durch die lange Diktatur war Portugal verarmt und sehr rückständig geworden. Besonders durch die bewusste Unterdrückung der Bildung war Portugal in diesem Bereich weit abgeschlagen. 1986 trat Portugal unter Mário Soares in die EG ein. Damit folgte eine Zeit des wirtschaftlichen Aufschwungs und das Land begann, in Richtung Europa zu blicken. Mithilfe von EU-Geldern wurden viele Straßen, vor allem Autobahnen und Brücken, gebaut und sonstige Infrastrukturprojekte sowie Altstadtsanierungen gefördert. 1998 fand die Weltausstellung EXPO in Lissabon statt, 2004 trug das Land die Fußball-EM aus. Es vollzog sich ein Wandel zur Konsumgesellschaft, ein Trend, der bis heute anhält. Gerade die extreme Überschuldung der Privathaushalte und die leichtfertige Vergabe von Krediten war Mitgrund für die schwere Wirtschafts- und Bankenkrise. Von 2011 bis 2014 befand sich Portugal unter dem europäischen Rettungsschirm und bezog € 78 Mrd. Hilfsgelder. Die schwere Finanzkrise war auch auf mangelnde Wettbewerbsfähigkeit zurückzuführen und führte zu hoher Arbeitslosigkeit und Abwanderung ins Ausland. Heute leben 2,3 Millionen Portugiesen im Ausland. Die Arbeitsmigration bei gleichzeitig niedriger Geburtenrate ist bis heute ein anhaltendes Problem in Portugal. Außerdem hat sich vor allem die Landflucht verstärkt, was Sie auf der Via Algarviana deutlich merken werden: In den Dörfern leben fast nur noch alte Menschen und wenn sie sterben, sterben auch die Dörfer aus. In den letzten Jahren profitierte Portugal besonders durch den Tourismus-Boom, vor allem an den Küstenabschnitten der Algarve und in Lissabon. Preissteigerungen sind besonders dramatisch im Immobiliensektor zu spüren.

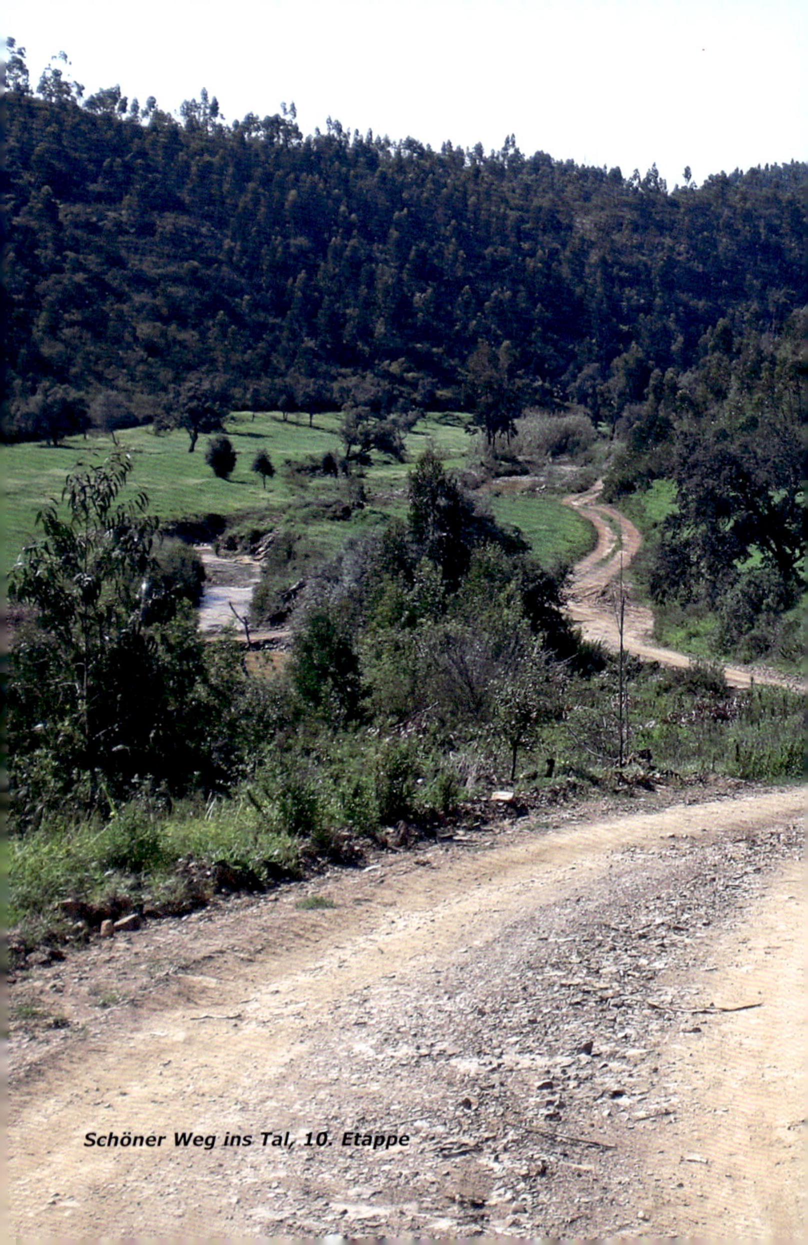

Schöner Weg ins Tal, 10. Etappe

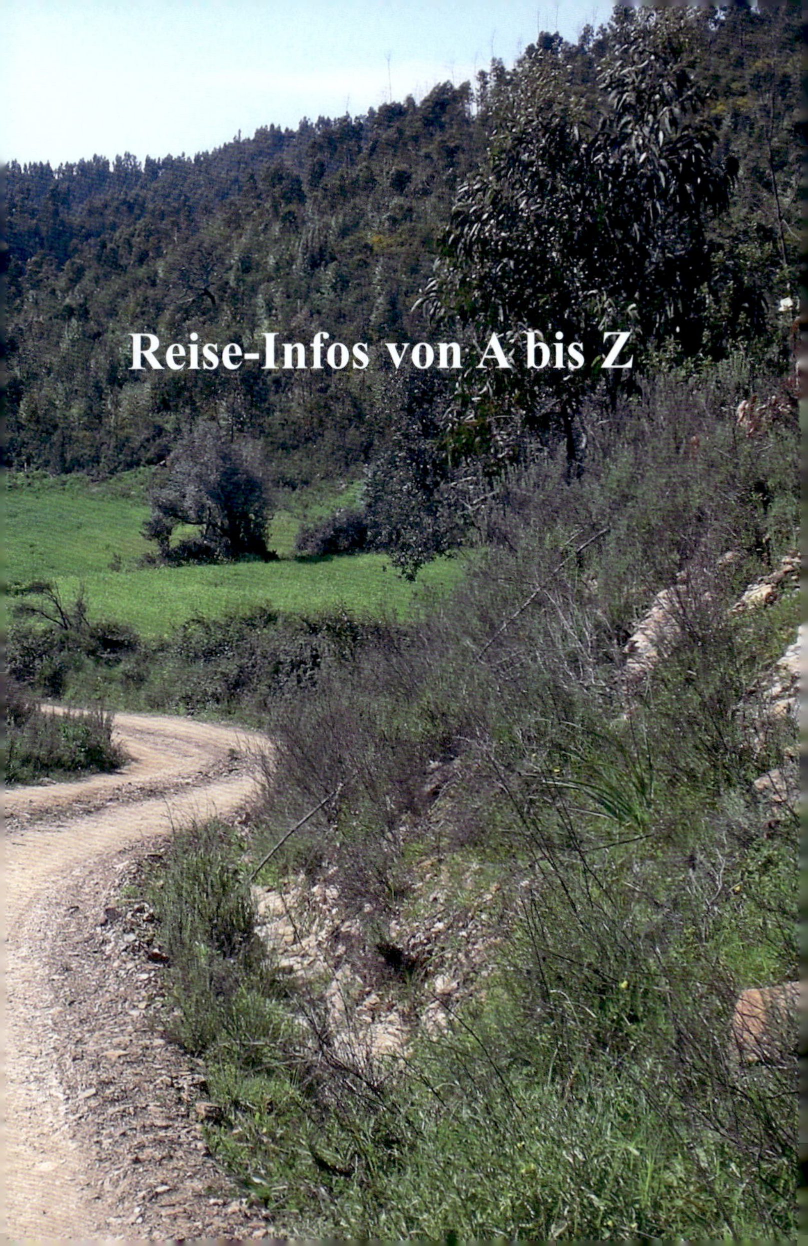

Reise-Infos von A bis Z

An- und Abreise

Für die **Anreise** von Deutschland nach Alcoutim stehen mehrere Möglichkeiten zur Verfügung. Die Anreise mit dem eigenen Auto, Bus oder Zug ist sehr zeitaufwendig und oft erheblich teurer als mit dem Flugzeug. Die sinnvollste Möglichkeit scheint mir, nach Faro zu fliegen und von dort mit Zug und Bus zum Ausgangspunkt in Alcoutim weiterzufahren.

Die Anreise mit dem Zug ist zeitaufwendig (30 bis 40 Std. von Deutschland) und mit hohen Kosten verbunden. Die Verbindungen führen über Paris, Irún und Lissabon und dürften wohl nur für begeisterte Bahnfahrer interessant sein.

♦ Fahrpläne unter www.bahn.de

Die Fernbusse der Deutschen Touring GmbH fahren von mehreren deutschen Städten aus dienstags, donnerstags und samstags mit einem Umstieg nach Faro. Der Preis beträgt je nach Abfahrtsort zwischen € 154 und € 190 mit geringem Aufschlag für die Samstagsfahrten. Ermäßigungen gibt es für Studenten, Jugendliche unter 26 und Senioren über 60 Jahren. Die Fahrtdauer beträgt ab Frankfurt etwa 36 Std.

♦ Fahrpläne unter www.deutsche-touring.de

Die beste Lösung ist wohl eine kombinierte Anreise aus Flug, Zug und/oder Bus. Neben den Linienflügen der TAP und Lufthansa fliegen auch einige Billigfluglinien (z. B. easyJet, Germanwings, Tuifly) nach Portugal. Der beste Zielflughafen ist Faro, aber auch Lissabon ist möglich (gerade in der Nebensaison sind die Flugpläne eingeschränkt). Alternativ können Sie nach Sevilla (Spanien) fliegen und von dort aus mit dem Bus an die Algarve fahren.

Weiterreise ab Faro: ☞ Faro

Weiterreise ab Lissabon:

Rede Expressos (www.rede-expressos.pt) fährt täglich um 17:15 (über Beja und Mértola) nach Balurcos de Baixo (Ziel der 1. Etappe), Ankunft dort 21:30, Fahrpreis € 17,40. Die Busse starten ab dem Busbahnhof „Sete Rios", die Metrostation hier heißt „Jardim Zoológico" und liegt an der blauen Metrolinie. Wer diese Anfahrtsmöglichkeit wählt, sollte gleich in Balurcos de Baixo übernachten, da es um diese Uhrzeit keine Möglichkeit mehr gibt, nach Alcoutim zu kommen, wo die erste Etappe beginnt. Wer auf die erste Etappe aber nicht verzichten möchte, kann am nächsten Morgen mit dem Taxi nach Alcoutim fahren, von dort aus die Etappe nur mit einem Tagesrucksack laufen und dann noch einmal in Balurcos de Baixo übernachten.

Weiterreise ab Sevilla:

EVA fährt täglich nach VRSTA (Fahrtzeit 1 Std. 30 Min., Fahrpreis € 17) und Faro (Fahrtzeit 2 Std. 40 Min., Fahrpreis € 18). Fahrpläne unter

www.eva-bus.com

Abreise von Sagres nach Lagos (und Weiterreise nach Faro):

EVA fährt mehrmals täglich von Sagres nach Lagos (Fahrtzeit 55 Min., Fahrpreis € 4), die letzte Verbindung geht um 19:35. Von Lagos fährt EVA an Werktagen sechsmal täglich nach Faro, am Wochenende und an Feiertagen zweimal täglich (Fahrtzeit 2 Std. 10 Min., Fahrpreis € 6,05). Fahrpläne unter:

www.eva-bus.com

Alternativ fährt auch ein Regionalzug mehrmals täglich von Lagos nach Faro (Fahrtzeit 1 Std. 45 Min., Fahrpreis € 7,40). Fahrpläne unter

www.cp.pt

Weiterreise von Lagos nach Lissabon:

Von Lagos gibt es regelmäßige Busverbindungen verschiedener Busunternehmen nach Lissabon (Fahrtzeit ca. 4 Std., Fahrpreis € 19-20). Die Fahrpläne aller Busverbindungen und Busunternehmen sind aufgeführt unter:

www.rede-expressos.pt

Anforderung

Schaut man sich die Höhenprofile der einzelnen Etappen an, kann man dazu neigen, die Via Algarviana zu unterschätzen. Auch wenn es außer auf zwei wirklichen Bergetappen kaum nennenswerte Höhen zu erklimmen gilt, kann das stetige Auf und Ab ermüden. Als ungeübter Wanderer oder Sonntagsspaziergänger sollten Sie nicht aufbrechen! Es ist sicherlich auch hilfreich, schon einmal die Erfahrung einer Mehrtagestour gemacht zu haben. Beachten Sie auch, dass Sie nur mit gut eingelaufenen Wanderschuhen und Socken (!) losgehen sollten, sonst verlieren Sie schnell die Freude am Wandern. Auch wenn die Algarve als

Urlaubsdestination bekannt ist, kann es im Hinterland sehr einsam werden – stellen Sie sich darauf ein, unterwegs wenigen Menschen zu begegnen. Auch die Infrastruktur am Weg ist vor allem auf den ersten und letzten Etappen schwach, oft kommen Sie nicht drum herum, Proviant und Wasser für die gesamte Etappe mitzunehmen.

Ausrüstung

Der Kardinalfehler beim Wandern besteht darin, zu viel mitzunehmen. Täglich einen zu schweren Rucksack schleppen zu müssen, kann Ihnen schnell die Freude am Wandern nehmen. Ein Wanderrucksack sollte nicht mehr als 10 % des eigenen Körpergewichts betragen und für Wanderungen, die über eine Woche hinausgehen, können Sie noch 1 bis 2 kg dazuzählen. Ein 8 bis 9 kg schwerer Rucksack mit 55 l Fassungsvermögen ist völlig ausreichend, besonders wenn Sie bedenken, dass Sie an der Algarve keine verschiedenen Klimazonen durchlaufen und auch nicht länger als 14 Tage unterwegs sind.

Da die Häuser keine Heizungen haben, kann es im Winter/Frühjahr allerdings empfindlich kalt werden. Ich habe schon sehr viel an der Algarve gefroren!

Der Rucksack sollte nicht zu schwer sein, damit das Wandern noch Spaß macht

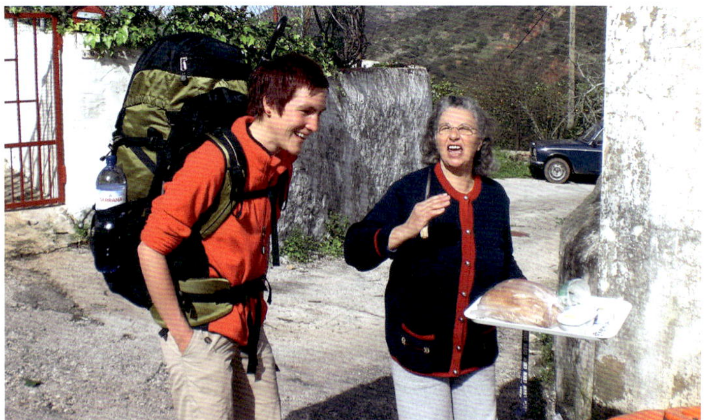

Allgemeine Ausrüstung

- ▷ Rucksack mit verstellbaren Hüft- und Rückengurten
- ▷ Regenhülle für den Rucksack
- ▷ Schlafsack/Isomatte: Wenn Sie nur in Pensionen, Hotels und Privatunterkünften schlafen, stehen dort Decken, Handtücher und meistens sogar Shampoo und Seife zu Verfügung.
  Ich empfehle, in den kühleren Monaten dennoch einen leichten Schlafsack mitzunehmen.
- ▷ Evtl. Wanderstock oder Teleskopstöcke: Ein Stock bietet zusätzlichen Halt, kann aber auch den Laufrhythmus stören.
- ▷ evtl. kleine Umhängetasche für Ausflüge in die Stadt

Bekleidung

☺ Ich empfehle, die Kleider in (getrennten) Plastiktüten zu verpacken. So bleiben sie trocken, sind schneller zur Hand und auch geruchsdicht verpackt.

- ▷ hohe, gut eingelaufene Wanderschuhe (keine Turnschuhe!), die die Knöchel fest umschließen
- ▷ leichte Halb- oder Laufschuhe für den Abend oder Stadtrundgänge
- ▷ 2 Paar eingelaufene Wandersocken
- ▷ 2 Paar leichte Freizeitsocken
- ▷ 2 (funktionale) Unterhosen/BHs für die Wanderung
- ▷ 2 Unterhosen/BHs für die Freizeit
- ▷ 2 (funktionale) T-Shirts für die Wanderung
- ▷ 2 T-Shirts (eines für die Nacht)
- ▷ 1 bis 2 Trekkinghose(n), davon eine kurze oder abtrennbare
- ▷ Hose zum Schlafen
- ▷ Regenhose
- ▷ leichter, aber warmer Pulli bzw. Jacke aus Fleece
- ▷ ein leichter Baumwollpulli, Longshirt oder Hemd für die Stadt
- ▷ leichte Windjacke (evtl. auch wasserdicht als Regenschutz)
- ▷ (Sonnen-)Hut
- ▷ evtl. extra Schuhe für die Flussdurchquerungen (In der Regel sind die Durchquerungen allerdings ohnehin kein Problem. Nur nach starkem Regen müssen Sie mit hohem Wasserstand rechnen. Ich habe die Flüsse dann immer barfuß durchquert.)

Körperpflege

☺ Shampoos, Duschgele und Emulsionen jeglicher Art können in kleinere, in Apotheken oder Drogeriemärkten erhältliche Plastikfläschchen mit Schraubverschluss (z. B. Urinprobenbecher) abgefüllt werden. So sparen Sie Gewicht! Alternativ können Sie auch Probepackungen mitnehmen.

- ▷ Zahnpasta, Shampoo, Duschgel und Rasierschaum in kleinen Tuben oder abgefüllten Fläschchen
- ▷ Zahnbürste, Bürste, Nagelschere, Rasierer mit Klingen, Ohrenstäbchen
- ▷ Sonnenmilch
- ▷ Papiertaschentücher oder Feuchttücher
- ▷ Damenbinden/Tampons

Medikamente

- ▷ Reiseapotheke (aus der Apotheke)
- ▷ Mittel gegen Bienen-/Insektenstiche
- ▷ wenige Milliliter Desinfektionsmittel
- ▷ Pflaster und Blasenpflaster
- ▷ evtl. Salbe für die Muskulatur (Mobilat, Traumeel oder Arnikasalbe)
- ▷ persönliche Medikamente

Papiere

- ▷ Flugticket
- ▷ Personalausweis und europäische Krankenversicherungskarte
- ▷ EC- und Kreditkarte
- ▷ Wanderführer (in Plastikhülle), evtl. zusätzliches Kartenmaterial
- ▷ evtl. Impfpass und wichtige Adressen

Sonstiges

- ▷ Sonnenbrille
- ▷ Regenschirm (unter Regenponchos schwitzt man oft sehr)
- ▷ Trinkflasche
- ▷ Lebensretterdecke o. Ä. als Sitzgelegenheit für Pausen unterwegs
- ▷ ein Stück Schnur als Wäscheleine und ein paar Wäscheklammern
- ▷ Handwaschmittel in der Tube (in kleineres Fläschchen abfüllen!)
- ▷ Taschenmesser (mit Zusatzfunktionen)
- ▷ kleine Taschenlampe

- ▷ Sicherheitsnadeln
- ▷ Fotoapparat (mit Ladegerät)
- ▷ evtl. Mobiltelefon mit Ladegerät
- ▷ evtl. GPS-Gerät
- ▷ Notizheft und Kugelschreiber
- ▷ evtl. ein Buch oder kopierte Literatur

Dorfszene in Marmelete, 11. Etappe

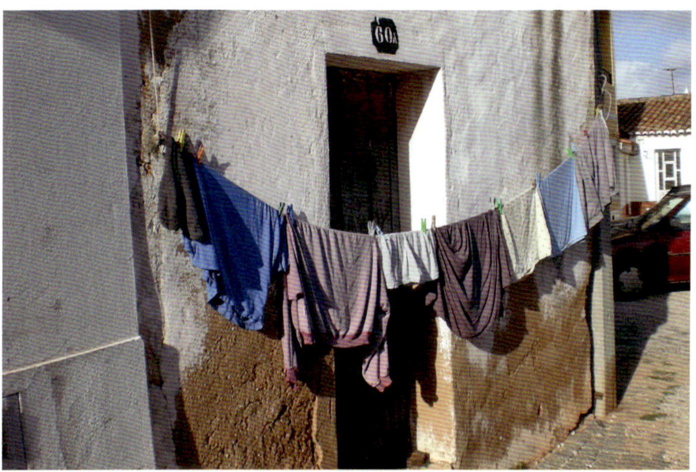

Diplomatische Vertretungen

Diplomatische Vertretungen Portugals

Ⓓ Botschaft von Portugal, Zimmerstr. 56, 10117 Berlin, ☏ +49 (0) 30 /590 06 35 00, 💻 www.berlim.embaixadaportugal.mne.pt (deutschsprachig), ✉ berlim@mne.pt, 🚪 Mo-Do 9:00-13:00, 14:30-17:30, Fr 9:00-13:00, 14:30-16:30

Ⓐ Botschaft von Portugal, Opernring 1-3, 1010 Wien, ☏ +43 1/586 75 36 oder +43 1/585 37 20, 💻 www.viena.embaixadaportugal.mne.pt (englischsprachig), ✉ viena@mne.pt, 🚪 Mo-Fr 9:30-13:00 und 14:30-17:30

(CH) Botschaft von Portugal, Weltpoststrasse 20, 3015 Bern, ☏ +41 (0)31/351 17 73, 💻 https://www.portaldascomunidades.mne.pt/pt/rede-consular/europa/suica (portugiesischsprachig), ✉ sconsular.berna@mne.pt, 🚪 Mo-Fr 08:30-14:30

Diplomatische Vertretungen in Portugal

(D) Botschaft in Lissabon, Campo Mártires da Pátria 38, 1150-317 Lisboa, ☏ +351 218 81 02 10 (telefonische Erreichbarkeit: Mo-Do 7:30-16:45, Fr 7:45-13:45, in Notfällen außerhalb dieser Zeiten: +351 965 80 80 92), https://lissabon.diplo.de, E-Mail-Kontakt über das Formular auf der Homepage

(A) Botschaft in Lissabon, Avenida Infante Santo, 43-4°, 1399-046 Lisboa, ☏ +351 213 94 39 00 bzw. bei Notfällen außerhalb der Öffnungszeiten +351 962 51 41 11, https://www.bmeia.gv.at/oeb-lissabon, E-Mail-Kontakt über das Formular auf der Homepage, Mo-Fr 9:30-13:00

(CH) Botschaft in Lissabon, Travessa do Jardim 15, 1350-229 Lisboa, ☏ +351 213 94 40 90, https://www.eda.admin.ch/lisbon, lisbon@eda.admin.ch, Mo-Fr 9:00-12:00

Erste Hilfe und Gesundheit

Apotheken, auf Portugiesisch farmácia, erkennen Sie am grünen, oft blinkenden Kreuz. In der Regel sind sie werktags von 9:00-19:00 (teilweise mit Mittagspause) und samstags am Vormittag geöffnet. Darüber hinaus gibt es in den Städten immer eine Notfallapotheke (farmácia de serviço).

Ein Gesundheitszentrum (Centro de Saúde) gibt es in fast allen Städten und Dörfern. Hier werden Sie bei kleineren Notfällen allgemeinmedizinisch versorgt. Die Behandlung ist mit der europäischen Auslandskrankenkarte (European Health Insurance Card) kostenlos. Bei den öffentlichen Einrichtungen muss man sich allerdings auf lange Wartezeiten einstellen. Bei dringendem Behandlungsbedarf kann man auch auf private Kliniken oder Ärzte zurückgreifen, was allerdings nicht gerade günstig ist.

Eselwandern auf der Via Algarviana

Eine besondere Art, die Via Algarviana und das Hinterland der Algarve kennenzulernen, hat die aus Deutschland stammende Sofia von Mentzingen (bei Aljezur, Westalgarve) im Angebot: Gemeinsam mit ihren liebenswerten Eseln bietet sie verschiedene Mehrtagestouren auf der Via Algarviana an. Zur Auswahl stehen z. B. eine 7-tägige Tour von Alcoutim bis Salir oder eine 7-tägige Tour von Salir bis zum Cabo de São Vicente. Eine kürzere Tour startet sie von Monchique bis zum Kap. Normalerweise sind die Touren geführt, wer jedoch an einer kürzeren Tour interessiert ist, kann nach einer Einführung und ausgestattet mit allen wichtigen Informationen auch alleine mit den Eseln losziehen. Der Esel spielte traditionell als Lastentier eine wichtige Rolle an der Algarve – bei dieser Wanderform können Sie daher den Tieren den Gepäcktransport überlassen!

- Kontakt und Informationen unter: 💻 http://burros-artes.com, ✉ info@burros.artes.com, ☎ 282 99 50 68, ☎ 967 14 53 06

Essen und Trinken

Die Küche Portugals ist einfach, schmackhaft und naturbelassen. Obwohl Portugal einst durch den Gewürzhandel reich geworden ist, werden die Speisen häufig nur mit Olivenöl und etwas Salz angemacht, auf raffinierte Gewürzmischungen oder schwere Soßen verzichtet die portugiesische Küche weitgehend. Auch wenn die Küste nicht weit ist, gibt es in den Dörfern im Hinterland überwiegend Fleisch- und Wildgerichte. Einzig der Bacalhau (Stockfisch) steht als Fischvariante fast überall auf der Speisekarte. Die Portionen sind oft großzügig bemessen, daher genügt häufig eine halbe Portion (meia dose). Die Essenszeiten entsprechen den

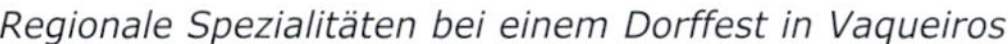

Regionale Spezialitäten bei einem Dorffest in Vaqueiros

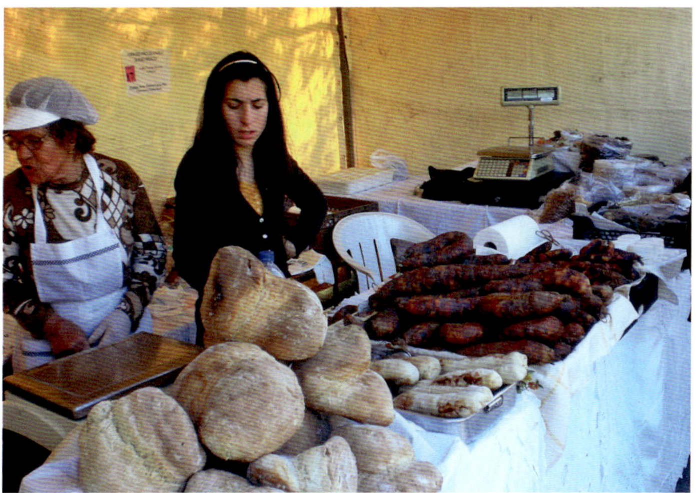

mitteleuropäischen: Mittagessen gibt es in der Regel zwischen 12:00 und 14:30 und Abendessen ab 19:00- bzw. 19:30-22:00. Bevor das bestellte Essen auf den Tisch kommt, werden Brot, Butter, Käse, Oliven oder Sardinenpaste gereicht. Dieses sogenannte „Couvert" ist kein Gruß aus der Küche, sondern wird am Ende berechnet. Allerdings nur, wenn Sie es anrühren, ansonsten können Sie es auch abtragen lassen, wenn Sie darauf verzichten möchten. Für das Vesper unterwegs werden Sie in Portugal wunderbares Brot, ausgezeichneten Käse, selbst eingelegte Oliven, frisches Obst und wunderbare Trockenfrüchte und Nüsse sowie nicht zuletzt eine reiche Auswahl an süßem Gebäck finden.

☺ Die Algarve hat die vielleicht besten Orangen überhaupt! Probieren Sie unbedingt einen frisch gepressten Orangensaft!

Etappen und Laufrichtung

Die 14 Etappen sind so angelegt, dass Sie am Ende jeder Etappe die Möglichkeit zur Übernachtung haben. Es besteht die Möglichkeit, je nach Kondition und Wetterlage, einzelne Etappen zusammenzulegen. Beachten Sie, dass es bei manchen Etappen unterwegs keine Einkaufs- oder Unterkunftsmöglichkeiten gibt. Sollten

Schöner Weg hinter Castelao, 5. Etappe

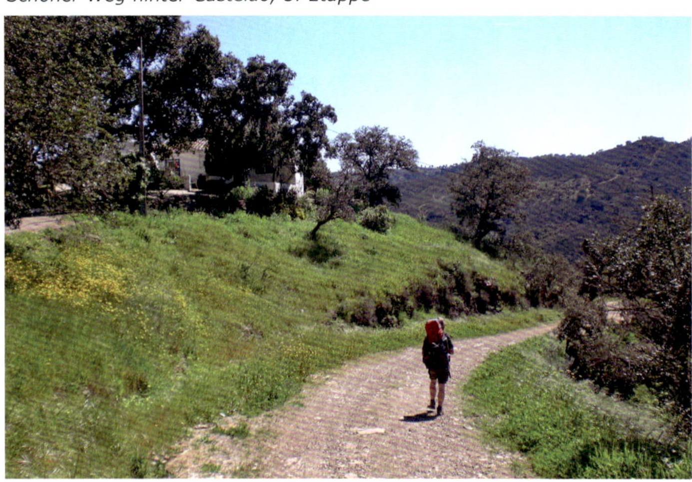

Sie eine Etappe kürzen oder ganz darauf verzichten wollen, haben Sie meistens auch die Möglichkeit, entweder auf Linienbusse, Taxis oder einen Transport von der jeweiligen Unterkunft zurückzugreifen. Der Fahrplan der Linienbusse im Hinterland ist allerdings an Wochenenden und Feiertagen sehr eingeschränkt. Trampen hat in Portugal keine Tradition und ich würde Ihnen davon abraten, am Straßenrand auf eine Mitfahrgelegenheit zu warten. Dagegen ist das Taxifahren in Portugal sehr sicher. Bei jeder Etappenbeschreibung finden Sie Hinweise zur An- und Weiterreise. Es bietet sich ferner an, unterwegs einen Ruhetag (z. B. in Silves) einzulegen.

Die Via Algarviana kann übrigens in beide Richtungen gegangen werden. Ich persönlich bevorzuge die hier beschriebene Laufrichtung, da ich die Ankunft am Kap und damit am Meer am Ende der Wanderung als ein besonders schönes Ziel empfinde. Außerdem läuft man so vor allem morgens mit und nicht gegen die Sonne.

Fahrradfahren

Es ist durchgehend möglich, die Via Algarviana mit dem Rad zu befahren. Sie brauchen etwa fünf bis sechs Tage für die Strecke. Geführt hat die Via Algarviana der an der Algarve ansässige Anbieter Outdoor-Tours im Programm. Die teils deutschsprachig geführte, einwöchige Mountainbiketour startet in Faro und beinhaltet Transfers, Gepäcktransport und alle Unterkünfte auf B&B-Basis. Zusatzleistungen wie Abendessen, Fahrrad- oder Helmmiete können dazugebucht werden. Die Preise richten sich nach Gruppengröße und den gewünschten Leistungen; Sie können mit € 700-800 rechnen.

Mehr Informationen auf der Homepage 💻 www.outdoor-tours.com. Ansprechpartner (am besten auf Englisch) ist der Holländer und Agenturinhaber Frank Koopman, 📱 +351 916 73 62 26, 📧 frank@outdoor-tours.com.

Feiertage

Feiertage bedeuten oft, dass Geschäfte etc. geschlossen sind, so auch in Portugal. Die gesetzlichen Feiertage in Portugal sind der **1. Januar** (Neujahr), **Karfreitag**, der **25. April** (Tag der Nelkenrevolution 1974), der **1. Mai** (Tag der Arbeit), der **10. Juni** (der „Tag Portugals“, anlässlich des Todestages des Nationaldichters Camões), der **15. August** (Maria Himmelfahrt), der **5. Oktober** (Nationalfeiertag anlässlich der Ausrufung der Republik 1910), der **1. November** (Allerheiligen), der **1. Dezember** (Nationalfeiertag anlässlich der Beendigung der spanischen Fremdherrschaft 1640), der **8. Dezember** (Maria Empfängnis) und der **25. Dezember** (Weihnachten). Darüber hinaus gibt es lokale Feiertage, die meistens mit religiösen Prozessionen und Volksfesten gefeiert werden.

Geld

Auch wenn man in der Zwischenzeit an vielen Orten Portugals problemlos mit Karte bezahlen kann, werden Sie in den einfacheren Unterkünften sowie in den Cafés, Restaurants und kleinen Läden am Wegesrand fast nur mit Bargeld bezahlen können. Und am liebsten werden kleine Scheine oder passendes Kleingeld gesehen. Selbst in Läden kann es kompliziert werden, wenn Sie mit größeren Scheinen bezahlen wollen, und Sie müssen unter Umständen lange auf das Wechselgeld warten. Daher ist es immer gut, etwas Kleingeld, auf Portugiesisch troco, in der Tasche zu haben. Nur in größeren Hotels werden Kreditkarten akzeptiert. An den BANK Geldautomaten (multibancos) können Sie problemlos mit der EC-Karte (mit Maestro-Symbol) Geld abheben. Bedenken Sie jedoch, dass der Maximalbetrag in Portugal auf € 200 begrenzt ist und dass von den meisten Banken Abhebegebühren erhoben werden. Nicht in allen Dörfern und Etappenzielen gibt es Geldautomaten, lesen Sie daher vorher die Beschreibung in diesem Buch oder haben Sie für alle Fälle einen Notgroschen dabei.

GPS

Die GPS-Tracks zu den beschriebenen Wegen können Sie von der Internetseite des Verlags herunterladen.

www.conrad-stein-verlag.de

GPS *Grundlagen · Tourenplanung · Navigation* von Michael Hennemann, Conrad Stein Verlag, Basiswissen für draußen, ISBN 978-3-86686-495-5, € 9,90

Hunde

Gerade in kleinen Dörfern oder an Gehöften werden Sie schon von Weitem mit lautem Gebell begrüßt. Hunde haben in Portugal meist eine Wachfunktion und schlagen daher an, wenn sich Fremde nähern. Das gilt besonders für verlassene Häuser bzw. wenn die Besitzer nicht vor Ort sind. Oft sind die Hunde eingesperrt, aber eben nicht immer. Bewahren Sie Ruhe und gehen Sie mit ruhigen Schritten weiter, ohne den Hund mit den Augen zu fixieren. Ein großer (Wander-)Stock kann eine Hilfe sein. Oder Sie bedienen sich des alten Tricks, so zu tun, als ob Sie einen Stein aufheben wollten. Die meisten Hunde rennen dann davon. Dennoch sind unangenehme Begegnungen mit Hunden nicht auszuschließen.

Eine andere Sache sind die Jagdhunde, die meist zu vielen in Zwingern gehalten werden und die durch ihr heftiges Gebell auf sich aufmerksam machen. Sie werden sie auch in der Jagdsaison in den Pick-ups sehen.

Wandern mit Hund

Die wenigsten Unterkünfte am Weg akzeptieren Hunde, daher ist der Weg mit Hunden nicht zu empfehlen.

Jagd

Im Süden Portugals spielt die Jagd nach wie vor eine große Rolle und ist fester Bestandteil der Alltagskultur. Schon die Jugendlichen begleiten ihre älteren Brüder, Cousins, Väter oder Onkel zur Jagd. Auf diese Weise wird die Kunst des Jagens innerhalb der (männlichen) ländlichen Bevölkerung von Generation zu Generation weitergegeben. Die vielen Rebhühner, Wildschweine und das Wild in den Bergregionen sind geradezu eine Einladung für die Jäger. Sie werden überall am Wegesrand die **weiß-roten Hinweisschilder** sehen (mit der Aufschrift „Zona de Caça“ oder „Caça Turística“), die ein Jagdrevier markieren, und die bunten Patronenhülsen der Jäger werden Sie auf Schritt und Tritt begleiten. **Die Jagdsaison beginnt am 15. August und endet Ende Februar.** Es ist gesetzlich vorgeschrieben, dass nur donnerstags sowie an Sonn- und Feiertagen gejagt werden darf. An diesen Tagen

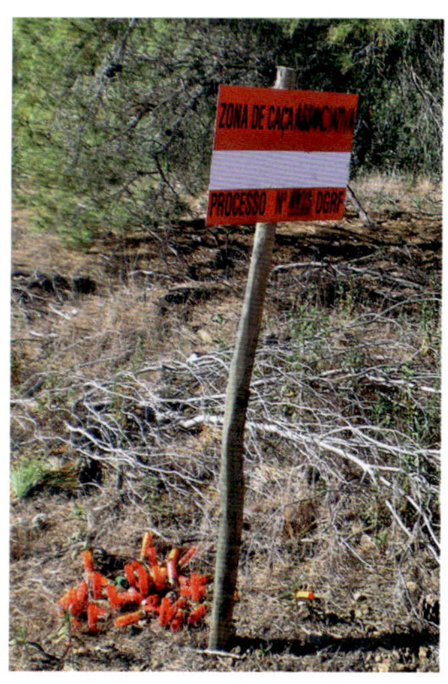

Spuren der Jäger

fahren die Jäger bei Sonnenaufgang (nach einem kurzen Zwischenstopp in der Bar) mit ihren Jagdhunden in das jeweilige Jagdrevier, bei Treibjagden sind sie mit grellen Mützen und Tarnwesten schon von Weitem zu sehen. Seien Sie an diesen Tagen besonders aufmerksam.

Kartenmaterial

Auf der Homepage 💻 www.mapfox.com können Sie ein Wanderkartenset zur Via Algarviana bestellen (Algarviana – Hiking the Via Algarviana von Martin Höpke, Maßstab 1:50.000). Der Preis liegt bei € 14,80 zuzüglich Versandkosten. Als Ergänzung können Sie auch die Karte Algarve des Reise Know-How Verlags kaufen – hier ist die Via Algarviana nicht eingezeichnet, die Karte gibt Ihnen aber einen guten Gesamtüberblick über die Region (€ 9,95).

Gutes Kartenmaterial allgemein ist schwer zu bekommen. Beim militärischen Geografieinstitut Instituto Geográfico do Exército, 💻 www.igeo.pt, gibt es detaillierte Karten, jedoch sind diese oft veraltet und um die Via Algarviana ganz abzudecken, benötigen Sie eine Menge an Blättern, was nicht ganz billig ist. Erhältlich sind sie außer beim Institut selbst (über die Homepage) im Maßstab 1:25.000 oder 1:50.000 z. B. bei 💻 www.mapfox.com (dort klicken Sie „Portugal" an, dann in der Übersicht auf „Amtliche topographische Landkarten des Instituto Geográfico do Exército" und schließlich auf die südlichste Region mit der Algarve). Da Sie u. U. mit einer langen Lieferzeit rechnen müssen, sollten Sie die Karten zudem möglichst früh bestellen!

Alternativ können Sie sich auf der offiziellen Via-Algarviana-Homepage 💻 www.viaalgarviana.org die von der Almargem erstellten Übersichtskarten (Maßstab 1:25.000) sowie die GPS-Tracks herunterladen, bzw. die Kartenblätter bestellen. Auf der englischen Version der Seite finden Sie die Karte über das Feld „Sectors and Maps – Download". Für diesen Service können Sie eine kleine Spende überweisen, IBAN: PT50 0036 0418 99105000149 85.

Mittlerweile bekommen Sie in vielen Tourismusinformationen kostenlos sowohl die einzelnen Kartenblätter als auch den englisch-portugiesischen Wanderführer in einem Paket. In Alcoutim sind sie in der Regel vorrätig, sofern sie nicht vergriffen sind.

☺ Die Kartenempfehlungen wurden von der Geobuchhandlung Kiel überprüft. 💻 www.geobuchhandlung.de

Markierung

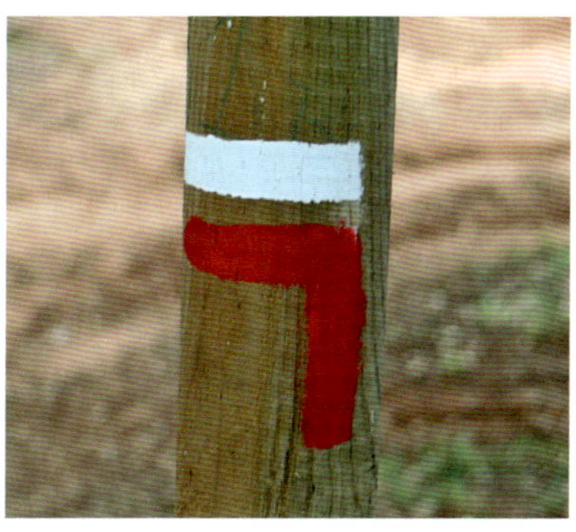
Wegmarkierung nach links

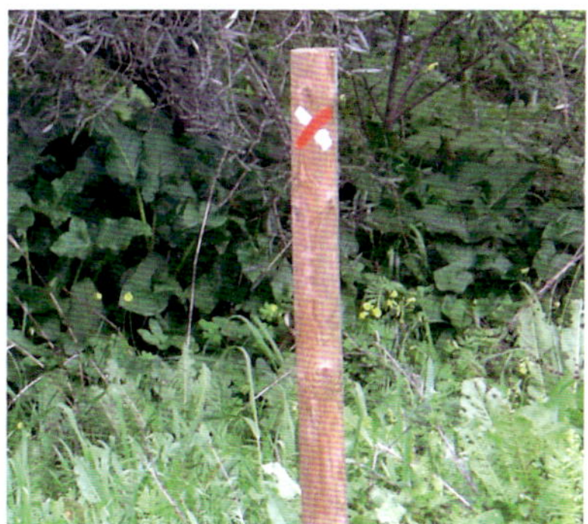
Falscher Weg, hier nicht weitergehen

Die Via Algarviana ist durchgehend sehr gut durch Pfosten, Richtungspfeile mit Entfernungsangaben, auf Felsen, Bäumen und Strommasten aufgemalte rot-weiße Markierungen sowie Informationstafeln markiert. Darüber hinaus weisen Info-Pfeile auf Übernachtungsmöglichkeiten oder Sehenswürdigkeiten am Wegesrand hin. Allerdings können Markierungen ausbleichen oder aufgrund von Bauarbeiten verschwinden, an Mauern und Strommasten übermalt oder von Buschwerk überwachsen werden, Pfeile und Pfosten können kaputtgehen oder mutwillig zerstört werden etc. Außerdem ist noch nicht klar, wie die Finanzierung der Instandhaltung in Zukunft geregelt wird und ob die Markierungen in Zukunft regelmäßig erneuert werden. Daher versuche ich, den Weg so genau wie möglich zu beschreiben, sodass Sie notfalls auch ohne die vorhandenen Markierungen ans Ziel kommen! Im Winter 2017/2018 wurde der gesamte Weg neu markiert, sodass er zum Zeitpunkt der Recherche sehr gut zu gehen war.

Notruf

- Der gebührenfreie Notruf ist ☏ 112.
- Die Notrufnummer des Forstdienstes (etwa bei Waldbrand) ist ☏ 117.

Öffentliche Verkehrsmittel

Die meisten Dörfer und Städte entlang der Via Algarviana sind zwar in ein öffentliches (lokales oder regionales) Busnetz eingebunden, sodass Sie fast überall in die Via Algarviana ein- oder aus ihr aussteigen können, um die Streckenlänge nach Ihren Möglichkeiten individuell zu gestalten (☞ Etappen), der Busverkehr ist jedoch an vielen Orten (sehr) begrenzt und der Linienbus teilweise zugleich der Schulbus, der daher nur unter der Woche und auch dann nur einmal frühmorgens und abends verkehrt. Vor allem an Wochenenden und Feiertagen ist der Fahrplan sehr reduziert. Informieren Sie sich daher vorab gut über die Fahrpläne. Fragen Sie in den Cafés, Restaurants oder, wenn vorhanden, in der Touristeninformation nach, wie und wann die Busse verkehren! An der Algarve verkehren hauptsächlich das Busunternehmen EVA und die Frota Azul.

www.eva-bus.com

♦ www.frotazul-algarve.pt

Es gibt darüber hinaus eine privat initiierte Website, die auf Englisch die gesamten Algarve-Buslinien aufführt und aktualisiert. Allerdings muss man bei den vielen farbigen Markierungen genau hinsehen!

www.algarvebus.info

Für überregionale Verbindungen innerhalb Portugals stehen auch die Busse von Rede Expressos zur Verfügung.

www.rede-expressos.pt

In Portugal ist der **Zugverkehr** im Vergleich zu anderen Ländern eher eingeschränkt, in der letzten Zeit werden leider immer mehr Strecken stillgelegt. Zwischen den Städten und Dörfern bewegt man sich in der Regel mit dem Bus. Entlang der Algarveküste verkehrt ein **Regionalzug** (Comboio Regional), der Lagos mit VRSTA (Vila Real de Santo António) verbindet. Entlang der Wanderroute finden Sie Bahnhöfe in Faro, Messines und Silves. Beachten Sie jedoch, dass einige Bahnhöfe deutlich außerhalb liegen.

Von Faro fährt außerdem ein Intercity (IC/Intercidades) über Loulé und Messines-Alte nach Lissabon. Der Fahrpreis von Faro bis Lissabon beträgt € 28,30 in der 1. Klasse und € 21,60 in der 2. Klasse, die Fahrtzeit beträgt 3 Std. 15 Min. Außerdem verkehrt der Spitzenzug der portugiesischen Eisenbahn (Alfa Pendular) zwischen Faro und Lissabon. Der Fahrpreis liegt bei € 31,60 in der 1. Klasse und

€ 23,90 in der 2. Klasse, die Fahrtzeit beträgt knapp 3 Std. Informationen zu den Fahrplänen und Tarifen erhalten Sie unter www.cp.pt.

Taxis gibt es fast überall, jedoch können gerade die Überlandfahrten schnell teuer werden, da der Anfahrtsweg mitberechnet wird. Innerhalb der Städte ist das Taxifahren jedoch eine günstige Angelegenheit. Der Fahrpreis wird auf dem Taxameter angezeigt und nicht etwa verhandelt.

☺ Übrigens steigt man in Portugal hinten in das Taxi ein und setzt sich nicht neben den Fahrer!

Öffnungszeiten

Öffnungszeiten werden in Portugal gelegentlich kreativ und individuell ausgelegt. Selbst wenn Öffnungszeiten angegeben sind, heißt das nicht immer, dass sie in der Praxis eingehalten werden oder dass sie sich nicht häufig ändern können. Gerade in Restaurants können die Öffnungszeiten je nach Jahreszeit oder Besucherandrang variieren; darauf muss man eingestellt sein. Auch wenn ein Schild mit der Aufschrift „Volto já" („Ich komme gleich wieder") an der Eingangstür hängt, können Sie unter Umständen lange auf die Rückkehr warten. Lassen Sie sich davon nicht ärgern, die Uhren ticken in Portugal eben gelegentlich anders, als Sie es vielleicht gewohnt sind! Übrigens haben Museen in Portugal montags geschlossen.

Reisezeit

Die schönsten Monate für die Via Algarviana sind sicherlich die **Frühlingsmonate** von Mitte/Ende März bis Anfang Juni. Es ist noch nicht zu heiß, was gerade für die zahlreichen schattenlosen Abschnitte von Vorteil ist. Außerdem verwandelt sich das Hinterland im Frühjahr in einen wahren Blütenteppich und die Wiesen und Hänge sind noch saftig grün. Besonders schön ist es, wenn im Mai die Lack-Zistrosen aufgeblüht sind, ein Meer aus weißen Blüten überzieht dann das Hinterland (☞ Infokasten Lack-Zistrose). Allerdings können im frühen Frühjahr die Flüsse und Bäche aufgrund des Winterregens sehr viel Wasser führen und eine Überquerung kann stellenweise schwierig sein. Informieren Sie sich daher vor jeder Etappe über die Wasserstände. (Das gilt grundsätzlich für die Zeit nach anhaltenden Regenfällen.) Natürlich sind auch die **Herbstmonate** eine gute Jahreszeit, vor allem weil dann mit weniger Regen zu rechnen ist.

Im Winter können Sie zwar die herrliche Mandelblüte erleben, jedoch regnet es in den **Wintermonaten** in der Regel viel, einzelne Flussquerungen werden unmöglich sein und auch die Infrastruktur ist stark eingeschränkt. Außerdem kann es selbst an der Algarve (besonders in den Bergregionen) im Winter empfindlich kalt werden und da die Häuser allesamt keine Heizungen haben, kann es sehr ungemütlich werden.

Ich persönlich rate Ihnen davon ab, die Via Algarviana in den **Sommermonaten** zu gehen. Die Sommerhitze nimmt Ihnen die Freude am Wandern und zudem ist es sehr staubig und trocken.

Die Klimaentwicklung der letzten Jahre hat jedoch gezeigt, dass kaum mehr verbindliche Angaben zu den einzelnen Temperaturverläufen und Jahreszeiten gemacht werden können. So regnete es z. B. im Winter 2017/2018 überhaupt nicht und es herrschte eine alarmierende und besorgniserregende Dürre im Hinterland der Algarve (so wie in anderen Regionen Portugals). Dann setzte der Regen allerdings im März und April ein. Gleichzeitig war es viel zu kalt.

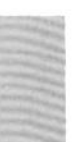

Sprache und Verständigung

Im ländlichen Hinterland der Algarve ist der Massentourismus noch lange nicht angekommen und kaum jemand außerhalb der Touristeninformationen spricht Englisch oder eine andere Fremdsprache. Gelegentlich trifft man auf Gastarbeiter, die ehemals in Deutschland gelebt haben, inzwischen aber nach Portugal zurückgekehrt sind und mit oft großer Freude noch ein paar Brocken Deutsch sprechen. **Grundlegende Portugiesischkenntnisse** sind jedoch sehr hilfreich, besonders wenn Sie eine Unterkunft für die Nacht reservieren wollen.

Gute Spanischkenntnisse werden Ihnen besonders beim Lesen des Portugiesischen weiterhelfen, die Aussprache der beiden Sprachen unterscheidet sich jedoch stark. Das Spanische wird zwar verstanden, allerdings herrschen gewisse historisch bedingte Animositäten zwischen beiden Ländern und die Sprache des Nachbarlandes wird nicht so gerne gehört. Anders sieht es mit Französisch aus. Da die meisten Auslandsportugiesen in Frankreich leben, haben viele Familien Verbindungen dorthin. Im Anhang finden Sie einen kleinen ☞ **Sprachführer**, der Sie mit den wichtigsten Vokabeln für unterwegs versorgt. Sie können sich die Freude der Portugiesen kaum vorstellen, wenn sie in der Landessprache begrüßt werden.

Nur Mut! Sie werden auf offene Ohren stoßen.

Telefon

Die Ländervorwahl nach Portugal lautet 003 51, innerhalb Portugals beginnen Festnetznummern mit der Ziffer 2 und Handynummern mit einer 9. Die Ländervorwahl nach Deutschland lautet 00 49, in die Schweiz 00 41 und nach Österreich 00 43 (die „0" der Ortsvorwahl fällt dann weg).

In Portugal gibt es zwar noch vereinzelt Telefonzellen, allerdings nimmt der Bestand zusehends ab und manche Kabinen funktionieren auch nicht mehr. Für den Notfall kann es daher hilfreich sein, das eigene Handy mitzunehmen. (Es sei denn, Sie wollen bewusst für diese Zeit auf das Handy verzichten!) Bedenken Sie jedoch, dass Sie nicht überall auf der Via Algarviana Handyempfang haben werden. Das gilt besonders auf den ersten Etappen.

Touristeninformation

In den größeren Städten gibt es eine **i** Touristeninformation, auf Portugiesisch ***Posto de Turismo***, in der Sie wertvolle Tipps, Stadtpläne und Informationen bekommen und in denen auch Englisch gesprochen wird. In der Regel sind die Mitarbeiter sehr bemüht und hilfsbereit. Allerdings haben die meisten Büros am Wochenende geschlossen. Entlang der Via Algarviana gibt es in folgenden Städten eine Touristeninformation: Alcoutim, Salir, Alte, Silves, Monchique und am Ende in Sagres. Wo es keine Touristeninformation gibt oder diese geschlossen ist, sind in der Regel auch die Bar- und Restaurantbesitzer bestens über Busfahrpläne, das Wetter oder über das Lokalgeschehen informiert!

Trinkgeld

Es ist auch in Portugal üblich, für Dienstleistungen und im Restaurant eine kleine Anerkennung für den Service zu geben. Das Trinkgeld schlagen Sie im Restaurant etwa nicht gleich auf die Endsumme auf, sondern Sie lassen sich das Rückgeld zunächst komplett zurückzahlen, um dann einen Teil (etwa 5-10 % der Rechnungssumme) auf dem Teller oder dem Tisch liegen zu lassen.

Unterkunft

Die Via Algarviana ist kein Pilgerweg. Daher gibt es unterwegs keine Herbergen auf Spendenbasis, wie Sie es vielleicht von den Jakobswegen her kennen. Sie werden oft in besseren Unterkünften, Pensionen und Hotels (vor allem der Kategorie „Landtourismus", *Turismo rural*) schlafen, deren Preise in der Regel ein reichhaltiges Frühstück beinhalten. Beziehen Sie diese Tatsache in Ihre Budgetplanung mit ein. Obwohl es in einigen Unterkünften Ermäßigungen für Via-Algarviana-Wanderer gibt, ist das Preisniveau in den letzten Jahren stark gestiegen. Da die meisten Unterkünfte nur sehr wenige Zimmer haben, sollten Sie unbedingt rechtzeitig reservieren.

In einzelnen Dörfern besteht außerdem die Alternative, in Sammelunterkünften (alten Dorfschulen oder gemeinnützigen Pavillons) für wenig Geld zu übernachten. Sollten Sie davon Gebrauch machen wollen, müssen Sie allerdings einen Schlafsack und eine Isomatte mitnehmen und sich unbedingt vorher ankündigen.

Darüber hinaus besteht natürlich die Möglichkeit, sich unabhängig zu machen und ein Zelt mitzunehmen. Wildes Campen ist zwar offiziell nicht erlaubt, aber wenn Sie mit den Menschen vor Ort sprechen und freundlich fragen, dürfen Sie meistens trotzdem Ihr Zelt aufschlagen. Die Via Algarviana ist aber bewusst als ein Projekt zur Weiterentwicklung eines schwachen Strukturraums geplant worden, mit dem Ziel, dass auch die einheimische Bevölkerung von dem Wanderweg profitieren kann. Daher empfehle ich, wo und wem es möglich ist, von den bestehenden Unterkünften Gebrauch zu machen und auch die lokalen Produkte zu konsumieren. Sicherheitshalber sollten Sie bei den Unterkünften immer vorher anrufen, um sicherzustellen, dass jemand da ist.

Unterwegs

Die Via Algarviana wurde unter teils schwierigen Bedingungen und unter großen Anstrengungen angelegt. Gerade als Wanderer sind Sie als Gast in der Natur und in den Dörfern unterwegs. Respektieren Sie daher die örtlichen Gepflogenheiten, die Lebensweise der Bevölkerung und deren Privatbesitz. Deshalb die Bitte: Verlassen Sie die markierten Wege nicht, machen Sie kein Feuer, lassen Sie keine Abfälle liegen und pflücken Sie unterwegs keine Pflanzen, damit die Via Algarviana noch lange erhalten bleiben kann und das sensible Ökosystem geschützt wird.

Updates

Die Informationen in diesem OutdoorHandbuch entsprechen den Recherchen bis zum Dezember 2018. Es gibt jedoch immer wieder Änderungen auf dem Weg, die von den Lesern und der Autorin auf der Verlagshomepage aktualisiert werden. Schauen Sie doch unter diesem Buchtitel vor Ihrer Abreise auf der Seite des Conrad Stein Verlages vorbei! Der QR-Code führt Sie direkt auf die richtige Seite.

www.conrad-stein-verlag.de

Wasser

Das Leitungswasser kann ohne Bedenken getrunken werden. Allerdings schmeckt es oft stark gechlort, was nicht jedermanns Sache ist. Falls Sie Bedenken haben sollten, können Sie überall Wasser in Plastikflaschen kaufen. Ein Pfandsystem gibt es in Portugal nicht. Wenn es auf einer Etappe unterwegs keine Möglichkeit gibt, sich mit Wasser zu versorgen, habe ich das in der Etappenbeschreibung angegeben.

Zeit

In Portugal müssen Sie die Uhr eine Stunde zurückstellen. Wenn es in Deutschland, Österreich oder der Schweiz 13:00 Uhr ist, ist es in Portugal erst 12:00 (MEZ -1).

Zollbestimmungen

Waren für den eigenen Konsum können innerhalb der EU ohne Einschränkungen ein- und ausgeführt werden. Für folgende Waren gelten allerdings limitierte Richtmengen: Zigaretten (800 Stück), Zigarren (200 Stück), Rauchtabak (1 kg), Spirituosen (10 l), sogenannte „Zwischenerzeugnisse" wie Portwein oder Madeira (20 l), Bier (110 l), Kaffee (10 kg).

Für Schweizer als Nicht-EU-Bürger gelten folgende Bestimmungen: Zigaretten (250 Stück), Zigarren (250 Stück), Rauchtabak (250 g), alkoholische Getränke bis 18 % Volumen (5 l), über 18 % Volumen (1 l). Grundsätzlich darf Alkohol erst ab 17 Jahren eingeführt werden.

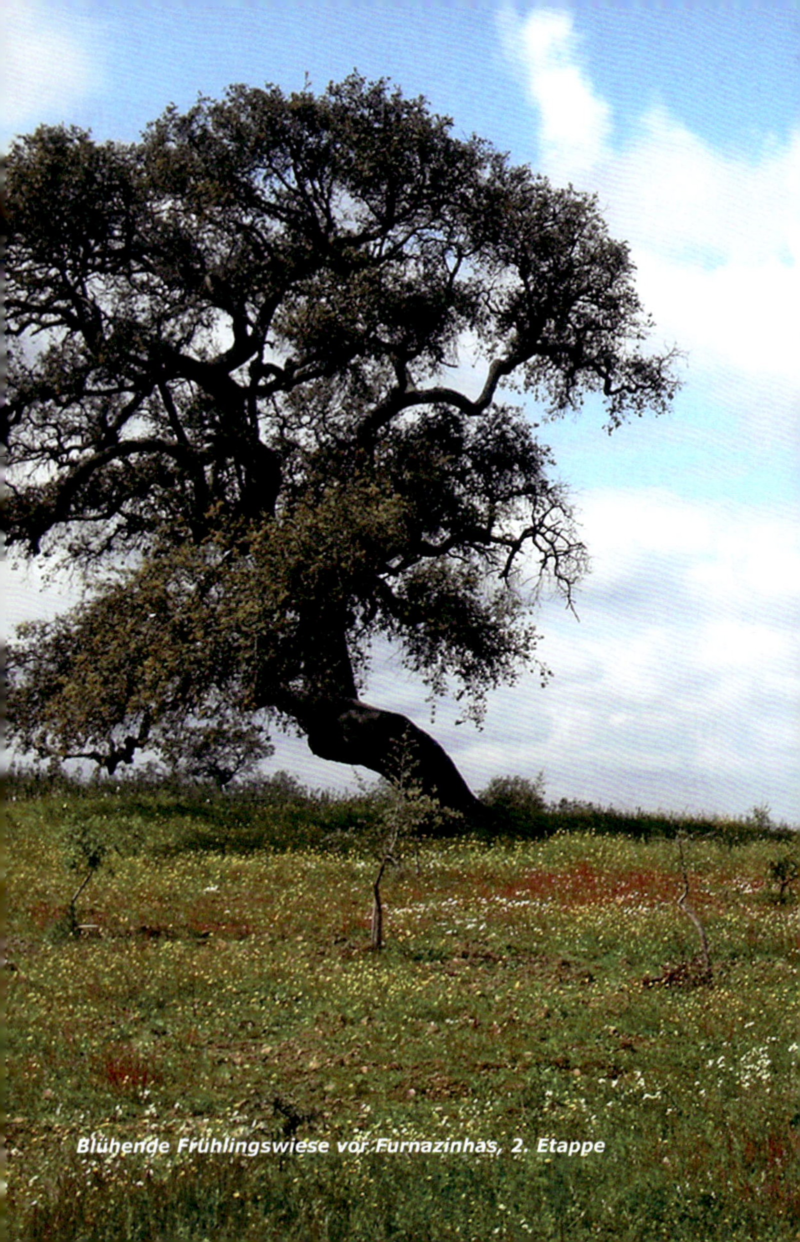

Blühende Frühlingswiese vor Furnazinhas, 2. Etappe

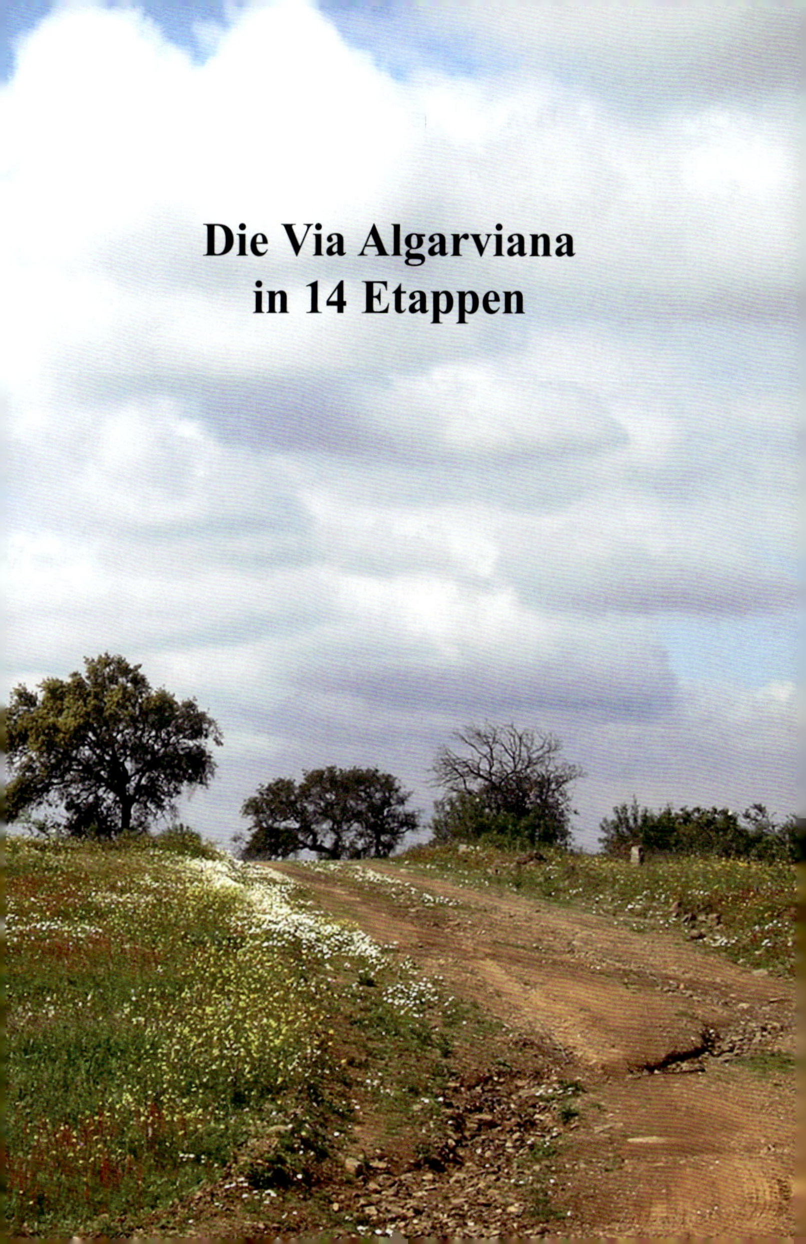
Die Via Algarviana
in 14 Etappen

Faro

⇧ 6 m, 60.000 Ew.

Posto de Turismo, Rua da Misericórdia 8-10 (neben dem Stadttor Arco da Vila), 282 80 36 04, täglich 9:30-17:30, an Wochenenden ist manchmal von 13:00-14:00 geschlossen, an den gesetzlichen Feiertagen hat die Information immer zu. Außerdem gibt es eine Touristeninformation am Flughafen, die bis 22:00 geöffnet hat.

Hospedaria São Filipe, Rua Infante Dom Henrique 55, unweit des Bahnhofs gelegen, 289 82 41 82, 912 77 50 39, www.guesthouse-saofilipe.com, geral@guesthouse-saofilipe.com. Einfach und sauber, EZ je nach Saison € 65-90, DZ € 75-100, ohne Frühstück

♦ Hotel Sol Algarve, Rua Infante Dom Henrique 52, 289 89 57 00, www.hotelsolalgarve.com, Reservierungen über die Homepage. Angenehme, einfache Unterkunft, DZ je nach Saison € 50-85, inklusive Frühstück

♦ Hotel Adelaide, Rua Cruz das Mestras 9 (beim Carmo-Platz), 289 80 23 83, www.adelaidehotel.eu, info@adelaidehotel.eu. Einfach und sauber, Zimmer teilweise mit Balkon und Kühlschrank, sehr freundliche und hilfsbereite Wirtsleute, EZ je nach Saison € 25-50, DZ € 35-70, mit Frühstück

Der internationale Flughafen von Faro liegt etwa 6 km außerhalb des Stadtzentrums. Es gibt einen Shuttle-Bus ins Zentrum (8:00-21:00, im Sommer länger) sowie einen Linienbus, der regelmäßig ins Stadtzentrum fährt (Busnummer 14), Fahrtzeit 20 Min., € 2,25.

♦ EVA fährt mehrmals täglich von Faro nach VRSTA (1 Std. 40 Min., € 5,70). In VRSTA nehmen Sie den Bus oder ein Taxi (Preis ca. € 45-50) nach Alcoutim. Der Bus nach Alcoutim fährt nicht täglich, sondern nur montags, mittwochs und freitags (Feiertage ausgenommen) um 17:10, Fahrtzeit 1 Std. 15 Min., € 4,45.

Sie können von Faro aus auch mit dem Zug immer entlang der Küste nach VRSTA fahren und dort den Bus oder ein Taxi nach Alcoutim nehmen. Der Bahnhof befindet sich im Stadtzentrum. Landschaftlich ist es eine sehr schöne Strecke, allerdings sind die Züge oft sehr alt und nicht immer ganz sauber. Fahrtzeit 1 Std. 10 Min., Fahrpreis € 5,25, Fahrpläne unter www.cp.pt

Ein Taxi von Faro nach Alcoutim kostet knapp € 100, dazu kommen € 8,50 Mautgebühr. An Wochenenden und Feiertagen kommt noch ein Aufschlag hinzu.

♦ Ur Transfers bietet alle möglichen Transfers und Fahrdienste an. www.urtransfers.com, booking@urtransfers.com, 927 64 51 32

Es lohnt sich, vor oder nach der Wanderung in Faro einen Zwischenstopp einzulegen, um die Lebendigkeit in den schönen Straßen und gepflasterten Gässchen mit den vielen Cafés und Restaurants zu erleben und den historischen Altstadtteil mit der Kathedrale (13. Jh.) zu erkunden. Die Verwaltungshauptstadt der Algarve liegt am naturgeschützten Haff der Ria Formosa und war früher wegen ihrer Lage, des Hafens und der reichen Fischgründe ein wichtiger Handelsplatz.

☺ Probieren Sie die Cataplana, das traditionelle Gericht aus dem Kupferkessel der Algarve! In dem traditionellen Topf werden Fisch oder Meeresfrüchte mit Kartoffeln und Paprika in einem leckeren Sud aus Olivenöl und Weißwein gedünstet – köstlich!

Alcoutim

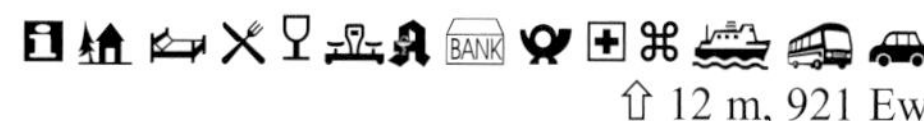

⇧ 12 m, 921 Ew.

www.cm-alcoutim.pt

Posto de Turismo, Praça da República, ☏ 281 54 61 79, Mo bis Fr 9:00-13:00 und 14:00-17:00, Sa und So geschlossen. In der Touristeninformation haben sie, falls vorrätig, das Kartenmaterial zur Via Algarviana.

Pousada de Juventude de Alcoutim, ☏ 281 54 60 04, Reservierungen sind über die Homepage www.pousadasjuventude.pt oder über den Hotelanbieter www.booking.com möglich. Die schöne Jugendherberge mit Swimmingpool liegt über dem Fluss am nördlichen Ortsrand und damit direkt an der Via Algarviana. 70 Betten, Bett im Mehrbettzimmer je nach Saison ab € 11, DZ mit WC und (einfachem) Frühstück € 26-45 pro Zimmer. Die Jugendherberge schließt Mitte Dezember bis Mitte Januar.

Alojamento Central Ilda, Rua Dr. João Dias 10, nahe dem Hauptplatz, ☏ 281 54 64 11, 962 65 44 93, einfache Privatunterkunft mit 4 Zimmern, DZ mit kleinem Frühstück im Pavillon über dem Fluss € 30. An der Tür hängt ein Schild mit dem Hinweis auf „Zimmer". Informationen auch am Café-Pavillon am Guadiana-Fluss.

♦ Hotel d'Alcoutim, Avenida de Espanha 43 (direkt unterhalb der JuHe gelegen), ☏ 281 54 63 24, hotelalcoutim@gmail.com. Reservierungen auch über das Hotelportal www.booking.com. 4-Sterne-Hotel, geöffnet seit März 2017 – die luxuriöse Übernachtungsvariante, mit schönem Swimmingpool, DZ je nach Saison € 65-95. Das Frühstück wird separate berechnet (€ 6) und ab 8:30 serviert. Es wird auch ein Lunchpaket für € 6 angeboten; zukünftig sind günstigere Übernachtungspreise für Via-Algarviana-Wanderer geplant.

In Alcoutim gibt es mehrere Restaurants (vor allem am Hauptplatz und an den umliegenden Straßen) und kleine Bars, o besonders schön ist der Kiosk (Pavillon) auf einem kleinen Platz über dem Guadiana-Ufer, wo Sie bei herrlicher Aussicht auf das spanische Sanlúcar einen café, Erfrischungsgetränke, kleine Törtchen oder ein Eis genießen können.

Restaurant O Camané, Praça da República A, 964 10 85 85, Regionalküche und Tagesgerichte, Mi-Mo 12:00-15:00 und 19:00-21:30, Di geschlossen

Restaurant O Soeiro, Rua do Município 4, 281 54 62 41, Regionalküche und Grillspezialitäten, Mo-Fr 8:00-18:00, Sa und So geschlossen

Im kleinen Laden in der Straße Rua 25 de Abril, parallel zur Praça da República, mit dem Schild „Electromercado Soeiro", können Sie sich für die erste(n) Etappe(n) mit Brot, Käse, Wurst, Obst, Keksen, Wasser usw. eindecken, es gibt auch Batterien, Zahnbürsten, Taschentücher etc., Mo-Fr 9:00-12:00 und 15:30-19:00, Sa 9:00-13:00, So geschlossen.

BANK Um den Hauptplatz herum gibt es mehrere Geldautomaten. Den nächsten Geldautomaten gibt es erst wieder in Cachopo (Ziel der Etappe 4)!

Wer etwas Zeit mitbringt, kann die Burg und das kleine Museum innerhalb der Burgmauern besichtigen, in dem archäologische Funde der Megalithkultur sowie aus römischer und arabischer Zeit zu sehen sind. April-Sep 9:00-19:00 und Okt-März 9:00-17:30, € 2,51

Eine kleine Motorbootfähre bringt Sie für € 1,50 über den Fluss ins spanische Sanlúcar (wenn das Kassenhäuschen am Fähranleger besetzt ist). Der Anleger befindet sich unterhalb der Igreja Matriz (dies ist der Begriff für die Hauptkirche in den Städten, in denen es z. B. keine Kathedrale gibt). Da es der einzige Anlegesteg ist, kann man ihn nicht verfehlen. Der Fährbetrieb wird von dem privaten Anbieter Fun River durchgeführt, offizielle Fahrpläne gibt es nicht. Der Bootsführer ist in der Regel täglich von 9:00-19:00 besetzt. Um auf Nummer sicher zu gehen und falls er einmal nicht da sein sollte, können Sie ihn telefonisch unter 926 68 26 05 erreichen.

Die Bushaltestelle befindet sich in der Nähe des Hauptplatzes vor der kleinen Brücke, die über die Ribeira de Cadavais führt. Hier hält der Bus, der aus VRSTA kommt.

Taxi Alcoutim: Firma Palma Rodrigues, 964 09 44 91. Die nette Taxifahrerin besitzt das einzige Taxi im Ort. Sie spricht allerdings kein Englisch.

Am Osterwochenende findet die Feira de Doces d'Avo statt, ein Markt, bei dem Sie vor allem die traditionellen Süßspeisen kosten können. Sie werden staunen, was man aus den typischen Algarveprodukten Mandeln, Honig, Johannisbrot, Feigen, Eigelb etc. alles herstellen kann! Ein schöner Anlass, sich unter die Leute zu mischen, bevor es mit der Wanderung losgeht.

☺ Ab 2019 wird von José Cavaco (📱 926 68 26 05) eine neue Internetplattform betrieben, auf der es alle möglichen Informationen zum Aufenthalt in Alcoutim geben wird. Auf dieser Homepage können Privatzimmer und auch ein Abholservice vom Flughafen gebucht (ca. € 85) werden. Darüber hinaus gibt es in diesem Portal Informationen zu Restaurants, Sehenswürdigkeiten und Aktivitäten in und um Alcoutim. 💻 www.visitalcoutim.com (momentan im Aufbau)

Das beschauliche Städtchen **Alcoutim** hatte aufgrund seiner Lage am Grenzfluss Guadiana schon früh eine wichtige strategische Bedeutung inne. Mit der Stadtgründung 1304 konnte die Grenze gegenüber Spanien gesichert und der Handel (sowie der Schmuggel, an den die Skulpturen am Fluss erinnern) besser kontrolliert werden. Älteste archäologische Funde weisen jedoch schon bis in die Jungsteinzeit zurück (☞ Museum). Auch die Römer siedelten hier, später die Araber. Der malerische Ort war immer wieder Schauplatz von Feindseligkeiten und Grenzstreitereien zwischen den beiden Städtchen beiderseits des Guadiana, bis Portugal und Kastilien 1371 einen Friedensvertrag, den „Frieden von Alcoutim", schlossen und diesen symbolisch in der Mitte des Flusses unterzeichneten. Auf dem Hauptplatz wurde 2017 ein Denkmal für die Gefallenen in den Kolonialkriegen aufgestellt, das an die jüngere Geschichte des Landes erinnert.

1. Etappe: Alcoutim – Balurcos de Baixo

24,2 km, 6-7 Std., ↑ 817 m, ↓ 592 m, ⇧ 11-208 m

0,0 km	⇧	11 m	Alcoutim (Bootsanleger) ⌘
7,4 km	⇧	138 m	Cortes Pereiras
10,2 km	⇧	134 m	Menhire ⌘
15,3 km	⇧	95 m	Fluss Ribeira dos Cadavais
24,2 km	⇧	206 m	Balurcos de Baixo (VA-Tafel an der Landstraße)

Die erste Etappe ist landschaftlich sehr reizvoll. Einen schöneren Start könnte man sich für die VA kaum wünschen. Im Auf und Ab der Hügelketten führt sie vorbei an Menhiren, durch kleine Dörfer und kleinere Wasserläufe. Mit der Ribeira dos Cadavais wird ein größerer Fluss überquert. ✋ Nach langem Regen und im frühen Frühjahr kann die Überquerung gefährlich sein und viel Zeit kosten.

Die Etappe startet am Bootsanleger am Ufer des **Guadiana**, wo die erste VA-Tafel steht. Der Weg führt über den Hauptplatz (Praça da República) und nach rechts weiter über die Brücke, die über den kleinen Fluss Ribeira de Cadavais führt. Bis zum Cabo de São Vicente sind es ab hier 300 km, nach Balurcos de Baixo 24,1 km. Nach der Brücke gehen Sie an den überdachten Parkplätzen vorbei und biegen an der nächsten Kreuzung nach rechts in die Av. de Espanha. Folgen Sie dem Straßenverlauf, vorbei am Hotel d'Alcoutim. Nach dem Hotel führen eine Treppe und ein schmaler Steinpfad bis zur Rezeption der Jugendherberge hinauf.

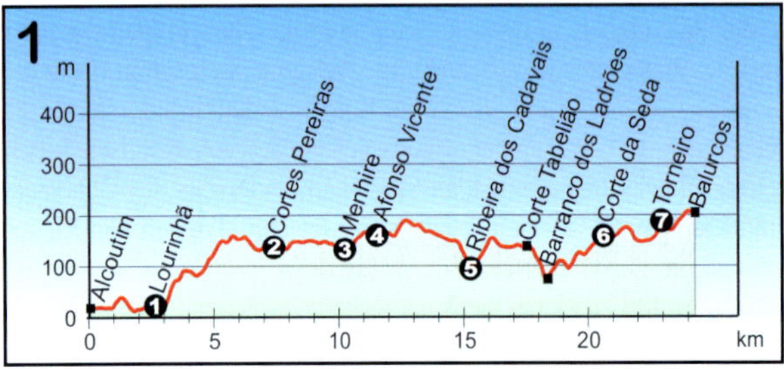

Wer in der Jugendherberge übernachtet hat, startet am nächsten Tag direkt von hier aus. Wenn Sie aus der Jugendherberge treten, gehen Sie nach rechts weiter.

Nach ein paar Metern beginnt ein fast ebener Erdweg, der parallel zum Guadiana verläuft und immer wieder schöne Aussichten bietet. Der Weg ist gesäumt von herrlich duftenden Zistrosen, Mandel-, Feigen-, Pinien-, Eichen- und Olivenbäumen, die den Reiz der Landschaft ausmachen. An der nächsten Kreuzung halten Sie sich rechts. Hier steht ein braunes Hinweisschild zu den Resten einer alten Festung (Castelo velho), die sich oben am Berg befindet. Der Weg geht leicht bergab. Links wird er von einer alten Steinmauer gesäumt, rechts liegt ein kleiner Hof mit schönem Garten, in dem Zitrusfrüchte und Kakteen prächtig gedeihen.

Gehen Sie an der nächsten Kreuzung nicht geradeaus weiter, sondern folgen Sie der Markierung nach links. Bei der nächsten Gelegenheit halten Sie sich rechts, der Weg steigt hier leicht an. Folgen Sie dem leicht geschwungenen Weg im sanften Auf und Ab und erfreuen Sie sich an der reichen Vegetation und den im Frühjahr blühenden Zistrosen, die weiße Farbtupfer in der Landschaft hinterlassen.

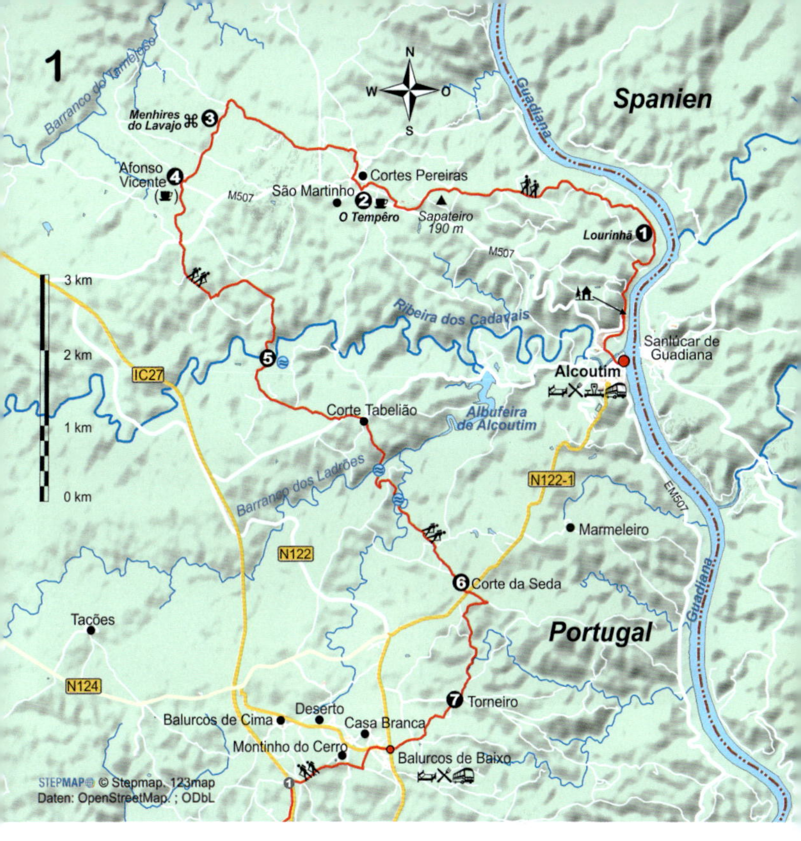

Rechts liegt ein **Gehöft** ❶ (Lourinhã) mit Wellblechwänden, an dem Sie schon von den bellenden Hunden begrüßt werden. Nach ein paar Metern erreichen Sie eine Gabelkreuzung, an der Sie nach links den steinigen Weg bergauf gehen. Rechts gibt es immer wieder schöne Ausblicke auf den Guadiana und die Bäume entlang des Weges spenden etwas Schatten. Folgen Sie dem geschwungenen Weg im leichten Auf und Ab. In einer Linkskurve entfernt sich der Weg in westlicher Richtung vom Flusslauf des Guadiana (km 4,4). Hier dominieren Pinienwälder das Landschaftsbild. Nach 100 m folgen Sie der VA-Markierung nach rechts (von links unten stößt hier ein Weg auf die VA). Folgen Sie dem Hauptweg und ignorieren Sie die kleinen Wege und Pfade, die immer wieder auf den Weg stoßen. Nach 1 km haben Sie eine kleine Anhöhe erreicht, die einen herrlichen

Panoramablick bietet. Hier sehen Sie zum ersten Mal das Dorf Cortes Pereiras, auf das der Weg direkt zuläuft. Nach 6,6 km stößt der Weg auf die aus Alcoutim kommende **Landstraße** M507.

Blick auf Cortes Pereiras

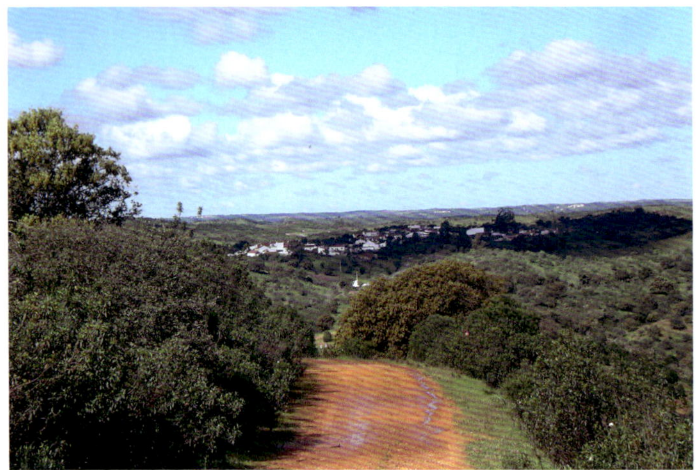

Gehen Sie für 300 m nach rechts auf der Straße weiter und folgen Sie dann der Markierung nach rechts wieder weg von der Straße und auf die Häuser zu. Laufen Sie immer weiter geradeaus und folgen Sie dem ansteigenden Weg, ohne direkt auf die Häuser zuzugehen. Der Weg führt auf einem alten, steinigen Hirtenpfad entlang einer alten Steinmauer leicht bergauf. Sie kommen zum Ortseingang von **Cortes Pereiras** (⇧ 138 m) und stoßen dort auf eine asphaltierte Straße, der Sie entlang blumengesäumter Mauern nach links in die Ortschaft hinein folgen. An der nächsten Kreuzung erreichen Sie das Café **O Tempêro ❷** (täglich von 8:30-18:00), wo es allerdings keine Speisen, sondern nur Getränke gibt.

Aus dem Café kommend wenden Sie sich nach rechts auf die Straße und folgen der Markierung durch den Ort hinaus. Obwohl die Dörfer von Überalterung gekennzeichnet sind, werden Ihnen einige neu renovierte Häuser auffallen. Sie gehören häufig den Kindern oder Enkeln, die Häuser und Grundstücke geerbt haben, allerdings nicht mehr im Ort oder sogar gar nicht mehr im Land wohnen, sondern sich hier nur einen Wochenend- oder Feriensitz einrichten. Am Weg liegt auch die kleine Keramikwerkstatt Cerâmicas de Alcoutim. Am Ortsausgang sehen Sie einen Hof mit einer Schafzucht.

Der VA-Pfeil, dem Sie hier folgen, zeigt nach Afonso Vicente (3 km) und Balurcos de Baixo (15,6 km). An der nächsten Gabelung halten Sie sich links und folgen nun dem Schild „Monumento Megalítico, Menires do Lavajo“, bis Sie bei km 10,2 bei den beiden umzäunten **Menhiren ❸** angekommen sind. Eine kleine Holztreppe führt Sie auf einem kurzen Abstecher zu den Steinen hinauf.

☝ Das offizielle VA-Schild gibt die Entfernung bis Alcoutim mit 8,6 km an, das ist hier ein Fehler, lassen Sie sich davon nicht irritieren!

⌘ Menhire

Die Menhire von Lavajo stammen aus der Megalithkultur des Neolithikums (Jungsteinzeit) und wurden um 3.500 v. Chr. auf der kleinen Anhöhe als Grenzmarkierung und/oder als heilige Stätte errichtet. Der größere der aus Sandstein (Grauwacke) gearbeiteten Menhire ist mit einer Höhe von 3,14 m der größte Portugals. Beide weisen deutlich erkennbare in den Stein geritzte Verzierungen in Form von Furchen, Linien und Kreisen auf.

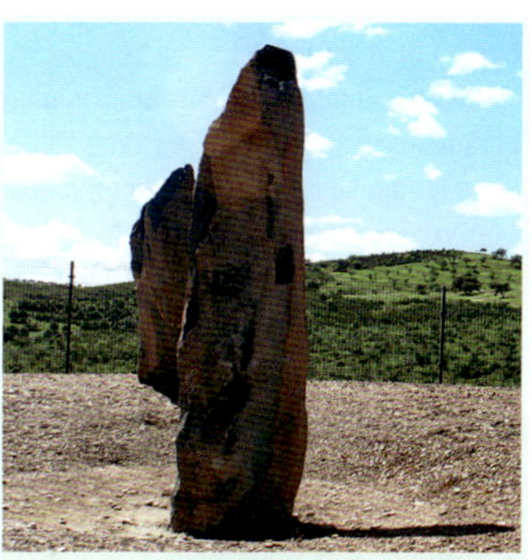

Die Menhire von Lavajo

Folgen Sie dem steinigen, schattenlosen Hauptweg weiter durch die hügelige Landschaft. Der von Zistrosen und schönen Wiesen gesäumte Weg führt an einer alten Steinmauer entlang direkt auf das kleine Dorf Afonso Vicente zu. Kurz vor der Ortschaft bieten zwei einbetonierte Malereimer eine Überquerungshilfe für den im Frühjahr oft überfluteten Weg. Folgen Sie der Straße geradeaus, die jetzt nach **Afonso Vicente ❹** (⇧ 167 m) hinaufführt. Der Hauptweg verläuft links weiter, nach rechts weist ein brauner Pfeil den Weg zum ☕ Centro Cultural/Café, das nach 30 m auf der linken Seite auftaucht (ein weißes Gebäude mit grünen Fensterläden und einer Terrasse davor). Das kleine Café hat allerdings sehr unregelmäßig geöffnet und wenn, dann gibt es keine Speisen. Innen können Sie bei einem café die alte Schreibmaschine bestaunen, mit der bis heute die wenigen Verwaltungsarbeiten erledigt werden.

Zurück auf dem Hauptweg (am VA-Schild) geht es an der nächsten Kreuzung rechts weiter. Der Weg führt rechts und gleich darauf wieder links zwischen alten, teilweise halb verfallenen Häusern durch die Ortschaft. Folgen Sie den Markierungen an den Strommasten immer weiter geradeaus zwischen für die Gegend typischen Schieferhäuschen hindurch aus der Ortschaft hinaus. An der ersten Weggabelung hinter der Ortschaft verlassen Sie die geteerte Straße nach rechts. Der steinige Weg verläuft jetzt leicht ansteigend weiter durch die offene, fast liebliche Hügellandschaft mit ihren vielen Oliven- und Mandelbäumen in Richtung Süden. In einer Linkskurve führt die VA abfallend durch ein kleines Flussbett und dann wieder hoch zur **Straße M507**. Überqueren Sie die Straße und folgen Sie dem VA-Schild, das hier den Weg nach Corte Tabelião (5 km) und Balurcos de Baixo (11,4 km) weist.

400 m hinter der Straße kommen Sie zu einer Weggabelung, an der Sie geradeaus weitergehen. Der Weg fällt hier leicht ab. Nach weiteren 400 m stoßen Sie auf eine kleine Weggabelung, an der Sie sich rechts halten, und nach ein paar Metern erreichen Sie eine größere 4er-Kreuzung, an der Sie nach links weitergehen und dem Weg leicht bergab folgen. Der Weg verläuft im ständigen Auf und

Überquerung des Flusses Ribeira dos Cadavais

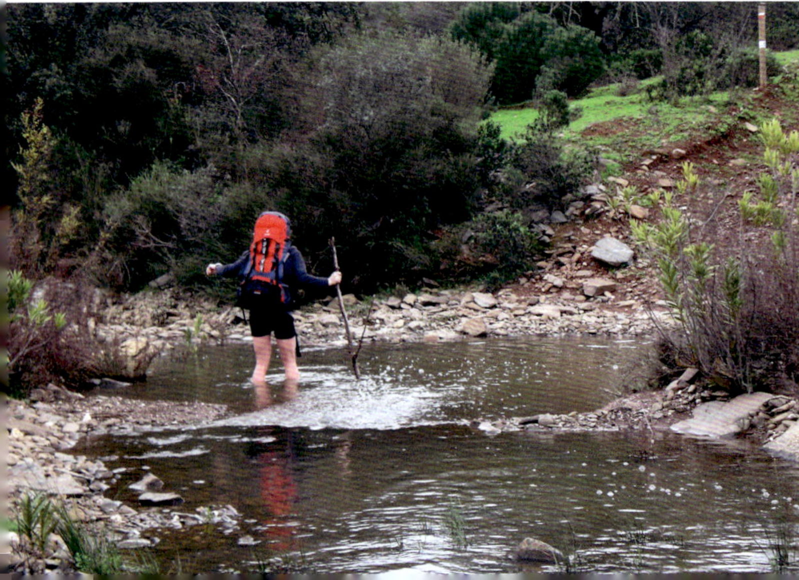

Ab. An der nächsten Kreuzung halten Sie sich der Markierung folgend rechts. Nach 500 m stoßen Sie auf eine etwas unübersichtliche Kreuzung. Folgen Sie dem Weg geradeaus und dann in einem Rechtsbogen zunächst leicht aufwärts, bis er Sie dann abwärts bis zum **Fluss Ribeira dos Cadavais ❺** (km 15,3) führt.

☞ Nach starken Regenfällen (besonders zu Beginn des Frühjahrs) kann der Fluss sehr viel Wasser führen und die Überquerung gefährlich sein. Im Notfall müssen Sie den Fluss mithilfe von festen Stöcken (eventuell Bambus) durchqueren. Gehen Sie zunächst ohne Gepäck quer zur Strömung durch den Fluss, um den Untergrund abzutasten. Dann verstauen Sie Kleider und Schuhe wasserdicht (in Plastiktüten) im Rucksack und waten mithilfe von Stöcken vorsichtig durch den Fluss.

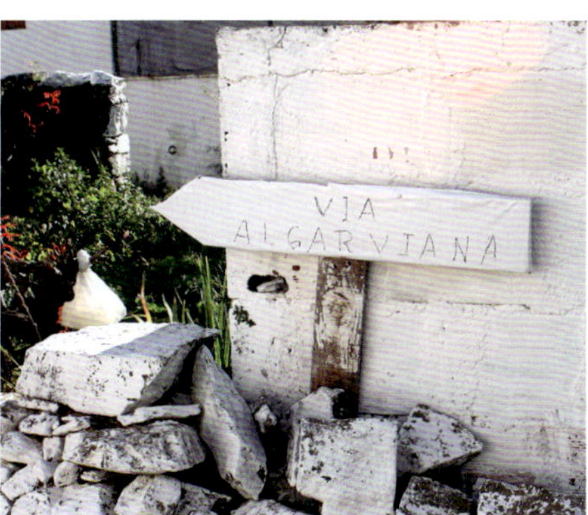

Handgeschriebener Wegweiser in Corte Tabeliao

Nach der Flussüberquerung folgen Sie dem ansteigenden Weg aus dem Flusstal hinaus. An der ersten Weggabelung laufen Sie auf dem Hauptweg nach links (von rechts stoßen zwei kleinere Pfade auf Ihren Weg), der auf eine kleine Anhöhe führt. Folgen Sie dem Hauptweg immer geradeaus; er führt Sie wieder an einen kleinen Wasserlauf. Die Durchquerung ist hier dank großer Steine unproblematisch. Sie gehen auf dem steinigen Weg im leichten Auf und Ab an alten Mauern vorbei und am Horizont sehen Sie Windräder auf der Hügelkette stehen. Bei km 17,2 überqueren Sie erneut die Straße, an der auch ein VA-Pfeil steht („Corte Tabelião 0,3 km“, „Balurcos 6,6 km“). Folgen Sie auf der von Mandelbaeumen und Eichen gesaumten Strasse nach links bis in die Ortschaft (⇧ 144 m) Corte Tabelião hinein.

Wenden Sie sich hinter dem Ortsschild an der dritten Möglichkeit (bei den Briefkästen) nach rechts und gehen Sie weiter, bis Sie auf den kleinen **Dorfplatz** Largo do Povo kommen. Über den Dorfplatz kommend gehen Sie an einem kleinen Madonnenschrein (Nossa Senhora da Conceição geweiht) vorbei, hinter dem ein altes Backhaus steht. Gehen Sie um die kleine Kapelle herum und folgen Sie dann dem Mauerlauf auf einem steinigen Pfad aus dem Dorf hinaus.

Der Weg fällt hier leicht ab. Die Mauer verläuft links von Ihnen. Sie sehen alte Rebstöcke und Gärten, rechts erstreckt sich offenes Gelände mit schönen Oliven- und Mandelbäumen, außerdem sind auch hier eingefallene Häuser zu sehen. Der Weg führt steil hinab bis zum **Fluss Barranco dos Ladrões** (km 18,2), der bei hohem Wasserstand ebenfalls nur ohne Schuhe durchquert werden kann.

Nach der Flussüberquerung wandern Sie wieder aus dem Flusstal hinaus bergauf. Der Weg macht eine scharfe Linkskurve und führt bis auf eine kleine Anhöhe, wo Sie weiter geradeaus gehen. Nach 900 m kreuzt noch einmal ein kleiner **Wasserlauf** den Weg, der durchquert werden muss. Pinienwälder säumen den ansteigenden Weg und dominieren das Landschaftsbild. Folgen Sie dem Hauptweg immer geradeaus. Nach einem knappen Kilometer stößt von rechts ein Weg auf die VA, den Sie ignorieren. An der darauffolgenden Weggabelung gehen Sie nach rechts weiter. In sanftem Auf und Ab führt Sie die VA in den halb verlassenen Weiler **Corte da Seda ❻** (⇧ 163). Auch hier sehen Sie neben vielen eingefallenen Häusern einige neu renovierte Immobilien.

Halten Sie sich hinter dem Ortsschild gleich links. Der VA-Pfeil gibt die Entfernung nach Corte da Seda mit 0,1 km, nach Balurcos de Baixo mit 3,8 km an. Wandern Sie auf der asphaltierten Straße leicht bergauf, vorbei an verlassenen Häusern. An der nächsten Kreuzung folgen Sie der Markierung am Strommast weiter geradeaus und auch am Haus mit der hellblauen Tür gehen Sie weiter geradeaus (nicht nach rechts abbiegen). An der nächsten Möglichkeit halten Sie sich rechts, laufen am gelben Backhäuschen vorbei und dann nach links. Sie kommen an einem dunkelgrünen Schaukasten der Gemeindeverwaltung von Alcoutim vorbei. Verlassen Sie die Ortschaft auf der asphaltierten Straße, überqueren Sie die Hauptstraße und gehen Sie geradeaus weiter. Der VA-Pfeil unter einem großen Eukalyptusbaum gibt Auskunft über die Entfernung nach Torneiro (2 km) und Balurcos de Baixo (3,4 km).

Folgen Sie der steinigen Erdpiste weiter geradeaus, bis Sie nach 400 m an eine Weggabelung kommen, an der Sie scharf nach rechts abbiegen (nicht geradeaus weitergehen!). Der alte Schäferweg schlängelt sich durch die offene Landschaft, rechts öffnet sich noch einmal der Blick auf die Ortschaft Corte da Seda. An der nächsten Kreuzung gehen Sie scharf links weiter. Durch eine sehr reiche und ursprüngliche Vegetation, vorbei an verschiedenen Eichen, Mandel- und Granatapfelbäumen, führt der Weg im stetigen Auf und Ab bis hinauf in das

Dörfchen **Torneiro** ❼ (⇧ 187 m). In den letzten Jahren wurden hier einige Wanderwege angelegt, sodass Sie auch mehrere Schilder und Markierungen sehen. Der VA-Pfeil gibt hier die verbleibende Entfernung nach Balurcos de Baixo mit 1,5 km an. Folgen Sie der Markierung nach rechts und gehen Sie dann weiter geradeaus. Vor dem rosafarbenen Haus mit der Aufschrift „Baltazar Perreira" gehen Sie nach links; der Weg fällt hier leicht ab. An der nächsten Kreuzung wandern Sie geradeaus weiter; rechts sehen Sie eine Straße, die Sie ignorieren. Gehen Sie an der nächsten Abzweigung nicht nach links weiter, sondern leicht nach rechts an der Mauer entlang. Nach dem letzten Haus verlassen Sie Torneiro entlang der alten Mauer, die rechter Hand verläuft, in Richtung Balurcos de Baixo.

Sie kommen nochmals an eine Weggabelung, an der Sie nach rechts weiter bergauf und dann immer geradeaus gehen, bis Sie auf die Hauptstraße stoßen und bei km 24,2 **Balurcos de Baixo** erreicht haben. Hier steht neben der Bushaltestelle auch die mittlerweile sehr ausgeblichene VA-Tafel. Zur Unterkunft gehen Sie nach rechts die Straße hinunter.

Balurcos de Baixo

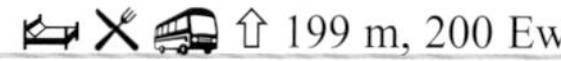

⇧ 199 m, 200 Ew.

Casa do Vale das Hortas (Turismo Rural), Estrada Nacional 122, ☏ 281 54 70 35, 962 93 15 14 oder 964 67 69 46, www.valedashortas.com, reservas@valedashortas.com, 6 schöne und sehr gepflegte Zimmer mit Bad und TV, Swimmingpool im Garten. Nach Voranmeldung können Sie dort auch zu Abend essen (€ 15-20, je nach Gericht). DZ mit reichhaltigem Frühstück € 45, EZ € 35. Das nette Ehepaar, das die Unterkunft führt, hat das schöne Steinhaus vor einigen Jahren liebevoll hergerichtet und spricht etwas Deutsch, da es mal in Deutschland gelebt hat, allerdings kein Englisch. Auf alle Fälle vorher reservieren bzw. den Besuch ankündigen. Hier können Sie auch Wasser und ein Vesper (€ 4-5) für die nächste Etappe kaufen, da es sonst (außer einem kleinen Café) wenige Einkaufsmöglichkeiten im Dorf gibt.

Restaurant Taberna do Ramos, ☏ 281 54 71 39, das Restaurant befindet sich an der N122 nach Alcoutim, etwa 1 km die Straße abwärts in Richtung Alcoutim, direkt vor der kleinen Tankstelle. Angeboten werden regionale Speisen und Wildküche in hervorragender Qualität. Di-So 10:00-15:00 und 18:00-23:30, Mo geschlossen

Es fährt täglich um 8:45 ein Bus nach Lissabon (Rede Expressos), Ankunft in Lissabon 13:15, Fahrpreis € 17,40.

Bevor die Schnellstraße IC27 (Itinerário Complementar, eine Art Nationalstraße) gebaut wurde, war viel mehr Leben an der alten Nationalstraße N122, an der sich der kleine Ort befindet. Seitdem aber der meiste Verkehr jetzt über die mautfreie IC läuft, ist Balurcos de Baixo von der einstigen Betriebsamkeit abgeschnitten. Infolgedessen haben einige kleinere Cafés und Restaurants schließen müssen, die Bevölkerung wird immer älter, die Jugend zieht weg. Ein Schicksal, das man oft im Hinterland beobachten kann.

2. Etappe: Balurcos de Baixo – Furnazinhas

14,3 km, 4 Std., ↑ 392 m, ↓ 440 m, ⇧ 20-238 m

0,0 km	⇧	199 m	Balurcos de Baixo (VA-Tafel an der Landstraße)
1,7 km	⇧	219 m	Unterführung IC27
8,2 km	⇧	22 m	Foupana-Flussquerung
10,5 km	⇧	176 m	Corte Velha ()
14,3 km	⇧	180 m	Furnazinhas (Dorfmitte)

Die kürzeste Etappe der Via Algarviana führt durch ein Meer von Zistrosen durch das hügelige Hinterland. Unterwegs wird die Ribeira da Foupana, einer der größten Flüsse der VA, überquert. Erkundigen Sie sich nach dem Wasserstand; bei Hochwasser oder starker Strömung ist es gefährlich, den Fluss zu durchqueren!

Ausgangspunkt der Etappe ist die VA-Tafel an der Landstraße, die Sie überqueren, bevor Sie auf der Straße in den oberen Ortsteil Balurcos de Cima gehen. Nach 400 m steht auf der rechten Seite ein Brunnen mit Waschstelle, hier folgen Sie der Markierung nach links in einen Feldweg und verlassen damit die asphaltierte Straße. Der Weg verläuft jetzt auf einem sehr schönen Abschnitt zwischen alten Steinmauern, die von Mandel-, Oliven- und Eichenbäumchen gesäumt sind. Nach 300 m kommt eine Weggabelung, an der Sie sich rechts halten. Ein VA-Pfosten markiert den Weg, der jetzt leicht ansteigt. Nach weiteren 200 m gehen Sie auf der kleinen Anhöhe nach rechts weiter und halten sich dann gleich wieder links. Laufen Sie auf die asphaltierte Straße, wo Sie rechts einen Blick auf das Dörfchen Montinho haben und immer wieder schöne traditionelle Bauerngärten mit Zitrusbäumchen, alten Reben und Kohl sehen können.

An der nächsten Weggabelung steht ein braunes Schild mit dem Hinweis auf ein Museum, das die Straße hinab zurück ins Dorf weist. Die VA geht hier jedoch links weiter, der Weg bleibt zunächst auf der Höhe und läuft weiter an Gärten und

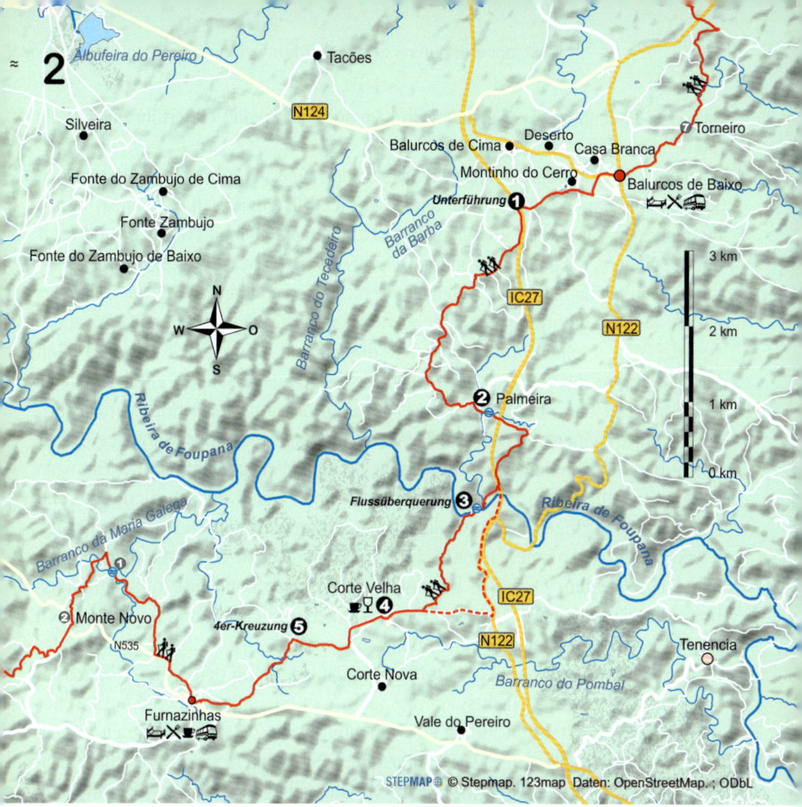

Wiesen vorbei. Nach 100 m gehen Sie an der Kreuzung nach links. Der Weg führt weiter gesäumt von Steinmauern durch offenes Gelände, bis nach 300 m ein Weg rechts abzweigt, den Sie aber ignorieren, und wo Sie geradeaus weitergehen. Nach 100 m kommen Sie an eine Kreuzung, an der Sie sich rechts halten. Unmittelbar danach gabelt sich der Weg noch einmal; hier gehen Sie geradeaus (die linke der zwei Wegvarianten) weiter, vorbei

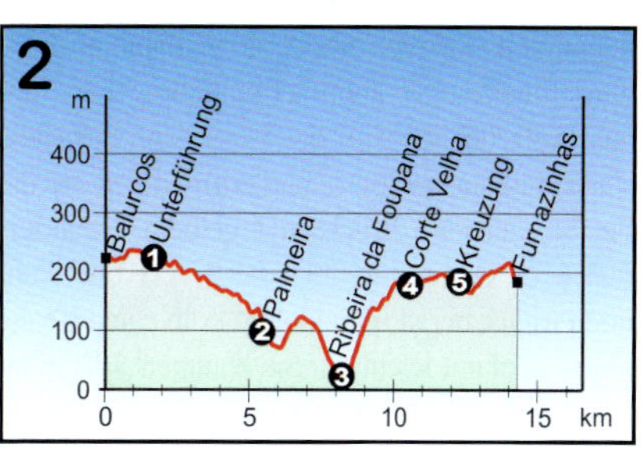

an vielen Pinienbäumen. Kurz danach kommen Sie an eine **Unterführung ❶**, die die Straße IC27 unterquert (km 1,7).

Nach der Unterführung wenden Sie sich nach links. Der Weg verläuft zunächst auf Asphalt parallel zur Straße und entfernt sich dann nach 700 m in einem Rechtsbogen von dieser. Die VA geht jetzt in einen steinigen Weg über und führt durch offenes Gelände, vorbei an vielen Zistrosenbüschen und zahlreichen jungen Pinienpflanzungen. Folgen Sie dem klar erkennbaren Weg immer weiter geradeaus und ignorieren Sie abgehende Wege und Pfade. Nach 200 m windet sich der Weg in einer Linkskurve leicht abwärts und unten gabelt er sich. Halten Sie sich hier rechts (km 2,8) und folgen Sie danach dem Hauptweg, der zunächst leicht ansteigt und dann im Auf und Ab durch die von Pinien dominierte Landschaft führt. Kleinere, abzweigende Wege werden ignoriert, der Hauptweg ist klar erkennbar. Sie kommen auf einer **Anhöhe an eine Weggabelung**, an der Sie nach **links** weitergehen. Der Weg fällt zunächst ab und verläuft danach wieder auf und ab entlang der Hügelketten. An der nächsten Kreuzung (km 4,5) halten Sie sich wieder links. Sie kommen an eine Hügelkuppe und sehen vor sich die gut ausgebaute IC27 liegen. Der Weg beginnt hier abzufallen und führt in einem Linksbogen, gesäumt von Mandel- und Olivenbäumen, weiter abwärts, bis Sie vor sich das kleine Dorf **Palmeira ❷** sehen (km 5,5).

Bei den ersten Häusern am Dorfeingang laufen Sie an der ersten Möglichkeit vor dem Brunnen nach rechts. An der nächsten Kreuzung gehen Sie links weiter und folgen der geteerten Straße steil hinunter. Nach 200 m überqueren Sie auf einer kleinen **Brücke** den Fluss. Hinter der Brücke gehen Sie **sofort scharf nach rechts** und folgen dem Fluss, der rechts von Ihnen fließt. Der Weg führt durch ein Tal mit üppiger Vegetation aus Oleanderbüschen, Oliven-, Zitrus- und Granatapfelbäumen, Kakteen und hohem Bambus. Nach 300 m stehen Betonsteine im Fluss, über die Sie aber nicht hinübergehen. Stattdessen gehen Sie weiter geradeaus. Kurz danach wird der Fluss dann tatsächlich überquert (bei hohem Wasserstand mithilfe von Betonpfeilern). Folgen Sie dann der geteerten Straße aufwärts, die Sie auf eine **Brücke mit gelbem Geländer** bringt, die **über die IC27** führt (km 6,2). Gehen Sie über die Brücke und laufen Sie auf dem asphaltierten Weg noch weiter bergauf. Bald geht er in einen steinigen Weg über und steigt von Zistrosen gesäumt leicht an. Sie kommen 500 m hinter der Brücke auf einer Anhöhe an eine Kreuzung, an der Sie nach rechts abbiegen. Hier sehen Sie die große **Autobrücke der IC27**, die über die Ribeira da Foupana führt, vor sich. Der Weg verläuft zunächst auf der Höhe und beginnt dann stetig parallel zur Straße zum Fluss hin abzufallen.

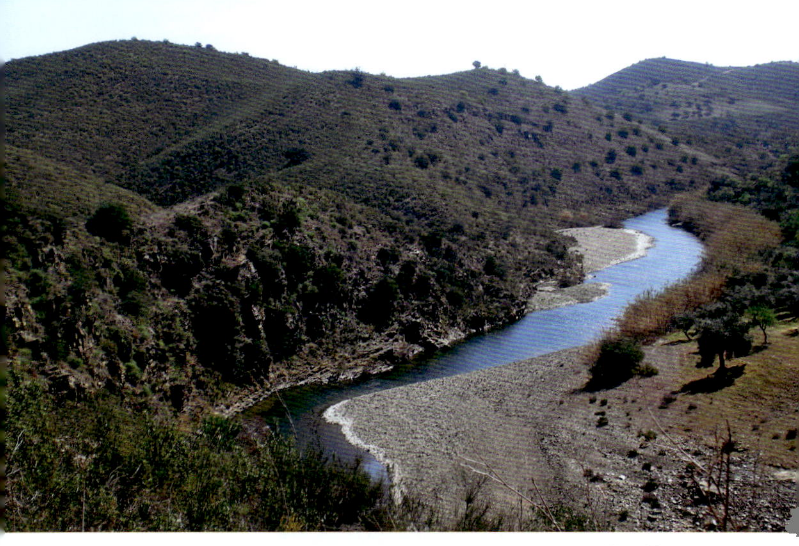

Der Foupana

Unterqueren Sie die Brücke und folgen Sie dahinter dem Weg weiter nach links. Parallel zum Wasserlauf fällt er weiterhin allmählich ab. In einer Linkskurve, noch im Abwärtsgehen, verlassen Sie den Hauptweg nach rechts. Die VA macht hier einen scharfen Rechtsknick und führt an den Bambusbüschen über einen kleinen Zulauffluss der Foupana. Der Weg führt noch weiter am Ufer entlang (die Brücke haben Sie im Rücken). Sie stoßen wieder auf einen VA-Pfeil, der nach links die günstigste Stelle für die **Flussüberquerung** ❸ anzeigt („Ribeira Foupana travessia") und in Richtung Furnazinhas (6,1 km) weist. Zur Orientierung: Durchqueren Sie den Fluss noch vor den Ruinen (km 8,2).

☺ Das Ufer der **Foupana** weist eine sehr reiche Vegetation mit vielen Wildkräutern, gelbem Ginster, weißen Zistrosen, Schopflavendel, Weiden, schönen Oleanderbüschen, Pinien, Steineichen etc. auf. Besonders im Frühjahr blüht es hier herrlich! Da die Etappe nicht sehr lang ist, können Sie die Gelegenheit nutzen und am Flussufer eine Pause einlegen, um die herrliche Landschaft zu genießen, die sich hier tummelnden (Wasser-)Schildkröten zu beobachten oder auch um zu baden. Aber überprüfen Sie vorher, ob der Wasserstand des Flusses und die Strömung überhaupt eine Durchquerung zulassen!

Alternative zur Flussdurchquerung: Kann der Fluss nicht durchquert werden, gibt es nur eine etwas ungemütliche Möglichkeit: Gehen Sie zurück zur Brücke und versuchen Sie, **auf die Brücke**, also auf die IC27, zu kommen. Eigentlich ist dort ein Zaun, aber man kann sich zwischen Zaun und Brückenpfeiler durchdrücken. Am besten geht es auf der Seite, die der, auf der Sie hinuntergekommen sind, entgegengesetzt ist.

Wenn der Foupana zu viel Wasser führt, bleibt nur der Weg über die Autobahn

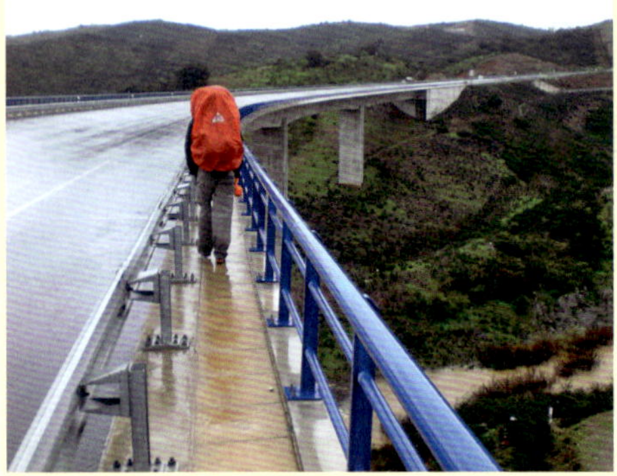

Auf der Brücke gibt es neben der Fahrspur einen schmalen Seitenstreifen hinter der Leitplanke, auf dem Sie gehen können. In der Regel ist diese Straße zum Glück kaum befahren. Kurz vor dem Ende der Brücke sehen Sie nach ein paar Metern rechts die **alte IC2**, die fast parallel zur neuen IC27 verläuft. Gehen Sie 450 m auf der IC27, bevor Sie auf die **alte Straße** (N122) kommen und dieser für 1,5 km folgen, bis Sie an der nächsten Kreuzung nach rechts abbiegen und weiter in **Richtung Corte Velha** gehen, wo Sie nach knapp 1 km kurz vor der Ortschaft wieder auf die markierte VA stoßen.

Nachdem die Foupana durchquert ist, geht es am anderen Ufer rechts weiter. Das Gelände ist hier etwas unübersichtlich und eine klare Wegmarkierung ist nicht auszumachen. Gehen Sie nach wie vor entlang des Flusslaufes (die Brücke haben Sie im Rücken) weiter, bis Sie auf der linken Seite zwischen zwei Hügeln den klar erkennbaren Weg sehen, der wieder nach oben führt. Am Fuß des Weges gibt es eine Markierung am Stein. Hier verlassen Sie das Flusstal und steigen auf dem steinigen **Weg steil nach oben**. Die Vegetation auf den umliegenden Hügeln ist vielseitig und gelegentlich sehen Sie hier Schafherden über die Hügel ziehen. Im Anstieg sehen Sie bald auf der rechten Seite Bienenkästen stehen. Nach dem ersten steilen Wegstück geht der Anstieg gemäßigt weiter, gesäumt von Zistrosen, Pinien und Eichen. Oben angekommen stoßen Sie auf die Straße.

☺ Sollten Sie die Alternativroute über die Brücke gewählt haben, stoßen Sie hier wieder auf die VA.

Folgen Sie der Straße nach rechts bis zur Ortschaft **Corte Velha**, die Sie nach 30 m erreichen. Am **Ortseingang ❹** (km 10,5) gehen Sie noch vor dem weißen Bushaltestellenhäuschen (auf der rechten Seite) nach links in die Ortschaft hinauf. Auf der linken Seite sehen Sie einige eingefallene Häuser liegen. An der nächsten Kreuzung gehen Sie nach rechts, dann nach links (die Müllcontainer bleiben rechts von Ihnen) und laufen dann gleich wieder nach rechts. An der Wasserstelle gehen Sie links nach unten weiter und an der nächsten Möglichkeit wieder nach rechts. Auf der rechten Seite kommen Sie am Backofen und der nur sehr unregelmäßig geöffneten ☕ 🍷 Bar **Ti Emídio** vorbei (☎ 281 49 52 69, 🚪 keine festen Öffnungszeiten).

An den Steinmauern entlang geht es aus der Ortschaft hinaus. Biegen Sie **nicht** gleich an der ersten Möglichkeit nach links in den Feldweg ab, sondern folgen Sie immer dem Lauf der Straße, die eine weite Linkskurve macht und links von einer neu errichteten Steinmauer gesäumt ist. Bei km 11,4 **verlassen Sie dann die asphaltierte Straße** nach rechts und folgen dem leicht ansteigenden, steinigen Weg. Der Weg macht eine Rechtskurve und führt weiter zwischen alten Mauern und mit Eichen bestückten Wiesen über die landschaftlich sehr reizvolle Hochebene. Immer wieder sehen Sie hier alte Windmühlen, die auf den ehemals wichtigen Getreideanbau hinweisen, heute jedoch nach und nach zu Ruinen zerfallen. Hier oben begegnen Sie gelegentlich auch Hirten, die bis heute ihre Schaf- oder Ziegenherden über die Hügel mit ihren würzigen Wildkräutern führen.

Nach 800 m kommen Sie bei km 12,2 an eine **4er-Kreuzung ❺**, an der Sie links weitergehen und dem leicht abschüssigen Weg folgen. Rechts ist ein Garten mit alten Rebstöcken und herrlichen Obstbäumen. Folgen Sie dem klar erkennbaren Weg im sanften Auf und Ab immer geradeaus und ignorieren Sie kleinere Wege, die von rechts und links auf die VA stoßen bzw. von ihr abgehen. Zur Orientierung: Rechter Hand sehen Sie eine **alte Windmühle** und auf diesem Wegstück unterqueren Sie eine Stromleitung. An der ersten Weggabelung, nachdem Sie die Stromleitung unterquert haben, gehen Sie nach rechts weiter. Der Weg steigt hier leicht an. Folgen Sie also nicht dem Hauptweg weiter, der bergab führt.

Auf der nächsten Anhöhe sehen Sie links in einer kleinen Talsenke das Dorf **Furnazinhas** liegen. Die alte Windmühle liegt rechts und vor Ihnen der weiße Wasserspeicher, auf den Sie geradeaus zugehen. Der Weg führt leicht bergab direkt auf die Ortschaft zu. Am Wasserspeicher laufen Sie über Stufen hinunter ins Dorf. Folgen Sie dem gepflasterten Weg abwärts und dann nach rechts in die Ortschaft hinein. An der ersten Kreuzung halten Sie sich links und gehen die Rua do Fontanário hinunter. An der folgenden Weggabelung gehen Sie zunächst nach rechts, dann wieder nach links weiter und folgen dem Pflasterweg, der Sie auf die Hauptstraße im Ort bringt.

Gehen Sie nach rechts auf der Straße weiter. Um zur Unterkunft zu kommen, biegen Sie nach links in die Rua do Comércio ein. Dort sehen Sie schon die beiden sich gegenüberstehenden weiß getünchten Häuser mit gelben Fenster- und Türumrahmungen und dem Schild „Casa do Lavrador“.

Furnazinhas

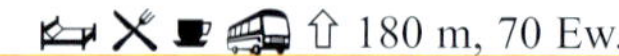

Casa do Lavrador (Turismo Rural), Furnazinhas, ☏ 281 49 57 48, 915 22 98 94 (Judite Henriques) oder 927 65 04 81 oder 934 25 16 81, acasadolavrador@gmail.com, geführt wird dieses schöne Turismo Rural mit 4 Zimmern von João Henriques; seine Frau Judite spricht Englisch und Französisch. Sie sollten auf jeden Fall mindestens eine Woche vorher anrufen oder eine E-Mail schreiben, um Ihren Besuch anzukündigen. Da es sonst keine Einkaufsmöglichkeiten im Ort gibt, sollten Sie ihr auch sagen, ob Sie ein Lunchpaket (€ 6,50) mitnehmen möchten, und sie besorgt die benötigten Dinge vorher. (Auch der Brotmann kommt nicht jeden Tag ins Dorf, daher muss rechtzeitig Bescheid gegeben werden.) Auf Wunsch und nach Voranmeldung können Sie auch zu Abend essen (€ 16). Das bestehende Haus wurde in den letzten beiden Jahren erweitert, im schönen Anbau gibt es neue Bäder, eine Küche zur Benutzung und einen schönen Außenbereich mit Sitzplatz und Fahrradstellplätzen. Die Preise variieren je nach Zimmerkategorie (mit oder ohne Privatbad), EZ zwischen € 37,50 und 40 und DZ zwischen € 55 und 60, inklusive reichhaltigem Frühstück.

Es gibt ein kleines Café am Dorfplatz mit weißer Markise, allerdings gibt es dort keine Speisen. In der Regel hat das Café bis 21:00 geöffnet, feste Öffnungszeiten gibt es allerings nicht.

Es gibt einen sehr eingeschränkten Busverkehr der Linie 73: EVA fährt an Nicht-Schultagen Mo, Mi und Fr (offizielle Feiertage ausgenommen) um 6:20 nach VRSTA und abends um 18:20 von dort aus zurück nach Furnazinhas, Fahrtdauer 1 Std. 50 Min., Fahrpreis € 4,30. Die Bushaltestelle befindet sich genau in der Ortsmitte neben den Briefkästen.

Es gibt in Furnazinhas **keinen Geldautomaten** und Sie haben direkt im Dorf schlechten Handyempfang!

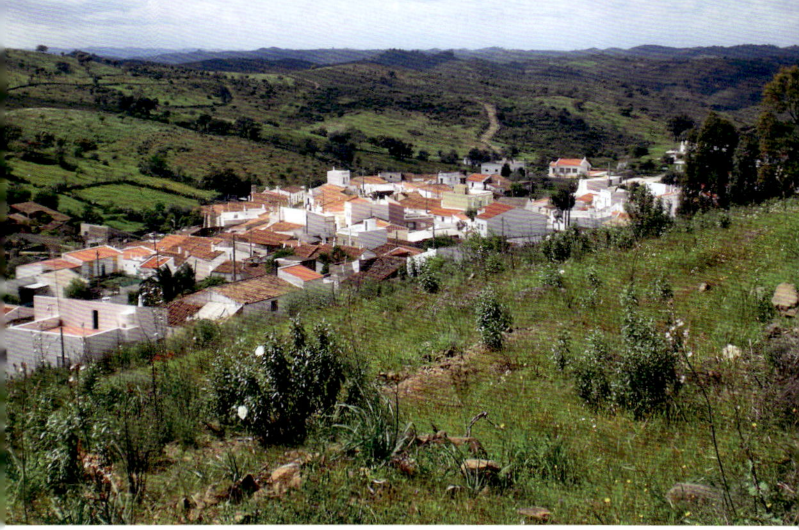

Blick auf Furnazinhas

Furnazinhas ist ein typisches Dorf im Hinterland der Algarve, in dem die Einwohnerzahl nach und nach sinkt und die jüngeren Leute schon lange weggezogen sind. Neben der Bushaltestelle stehen noch viele Briefkästen, doch längst werden nicht mehr alle regelmäßig geleert ... Das Dorfleben ist durch Landwirtschaft charakterisiert, überall sehen Sie schöne Bauerngärten.

3. Etappe: Furnazinhas – Vaqueiros

22,6 km, 6 Std., ↑ 578 m, ↓ 463 m, ⇧ 92-295 m

0,0 km	⇧ 180 m	Furnazinhas (Dorfmitte)
4,1 km	⇧ 185 m	Monte Novo
10,3 km	⇧ 261 m	Monte das Preguiças
14,4 km	⇧ 252 m	Malfrades
22,6 km	⇧ 228 m	Vaqueiros (Unterkunft)

Die Etappe verläuft, nachdem zu Beginn kleinere Wasserläufe überquert werden, überwiegend auf ebenem Terrain mit nur leichten Ab- und Anstiegen in meist schattenlosem Gelände. Der Weg verläuft auf landschaftlich sehr schöner Strecke recht einsam durch das Hinterland und hält immer wieder schöne Aussichten bereit. Unterwegs gibt es keine Einkaufsmöglichkeiten oder Cafés, nehmen Sie also daher ausreichend Wasser und Proviant mit!

Aus der Unterkunft Casa do Lavrador kommend folgen Sie zunächst der Hauptstraße ein Stück nach links. Ausgangspunkt der Etappe ist die Dorfmitte (Largo 1° de Maio) vor dem braunen Informationsschild zu Furnazinhas. Hier gehen Sie vor der VA-Tafel nach rechts in die Rua Anterio Quintal, vorbei am Café mit der weißen Markise. An der nächsten Möglichkeit halten Sie sich links und folgen dem grob gepflasterten Weg zunächst geradeaus, dann in einer Linkskurve zwischen zwei Mauern hindurch. Auch an der nächsten Möglichkeit gehen Sie wieder links, die Markierung sehen Sie am Strommast. Vorbei an Gärten und kleinen Höfen verlassen Sie Furnazinhas auf einem steinigen, leicht ansteigenden Weg in Richtung Norden. Nach 200 m geht es weiter nach links, auf der rechten Seite liegen eingezäunte Weiden. Bei km 0,5 erreichen Sie die **Nationalstraße** N535, die aus Furnazinhas kommt, und gehen auf der Straße nach rechts weiter. Nach 100 m stößt von rechts ein Schotterweg auf die Straße, den Sie ignorieren. Sie gehen auf der Straße weiter, die jetzt eine Linkskurve macht und leicht bergab führt. Nach 400 m weist der VA-Pfeil nach rechts („Vaqueiros 19,4 km"). Hier verlassen Sie die asphaltierte Straße. Hier sehen Sie auch andere Wandermarkierungen („Percurso Pedestre Barrancos").

Der Erdweg führt auf eine Anhöhe und verläuft in leichtem Auf und Ab durch die offene Landschaft. Ignorieren Sie kleinere Abzweigungen und folgen Sie dem Hauptweg, der schöne Aussichten auf die umliegenden Hügelketten bietet. Bei km 1,6 gehen Sie an der Weggabelung weiter geradeaus und folgen dem abfallenden Weg in einer weiten Linkskurve (gehen Sie nicht nach rechts oben weg). Schieferhänge säumen den Weg, der sich zwischen Zistrosen, Disteln und Schopflavendel weiter abwärts schlängelt und nach 800 m eine weite Linkskurve macht. Linker Hand sehen Sie schon den Flusslauf mit seiner üppigen Ufervegetation. Der Weg führt parallel zum Wasserlauf noch weiter bergab, bis der **Fluss Barranco da Maria Galega ❶** (⇧ 92 m) nach 300 m zum ersten Mal überquert wird. Dann geht es in einer leichten Rechtskurve bergauf weiter.

400 m nach der Flussquerung verlassen Sie den Hauptweg in einem scharfen Linksknick. Gleich danach kommen Sie an eine Weggabelung und gehen hier nach rechts weiter, abwärts in Richtung Fluss, der neben schönen Oleander- und Bambusbüschen zum zweiten Mal überquert wird. Dahinter steigt der Weg wieder an und macht eine weite Linkskurve. Noch in der Kurve kommen Sie an

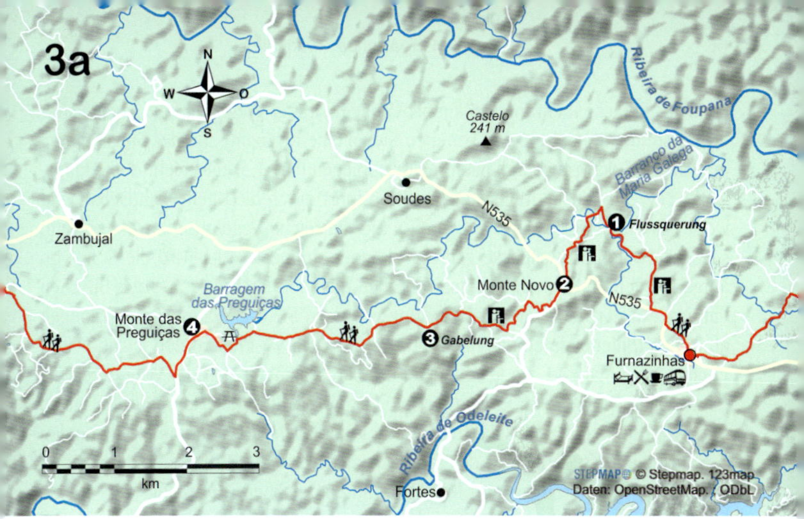

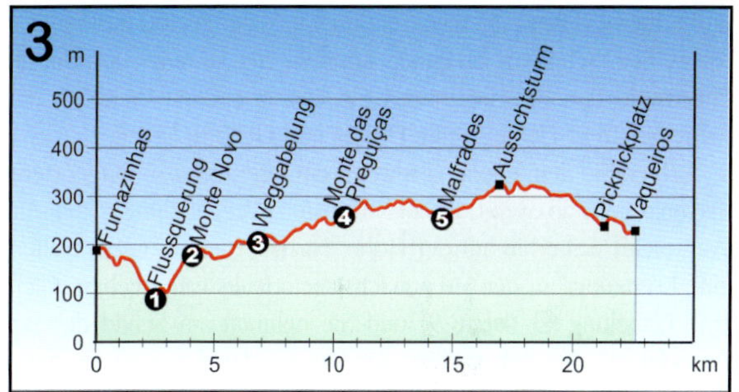

eine Weggabelung, an der Sie nach links weiter aufwärtsgehen und auf der linken Seite eine herrliche Fernsicht genießen können. Folgen Sie dem Hauptweg, bis Sie an eine 4er-Kreuzung kommen, an der Sie der Linkskurve folgen, also geradeaus weitergehen. Der Weg ist hier von Mandelbäumen gesäumt und steigt weiter an. An einem **Eukalyptusbaum** erreichen Sie eine Weggabelung. Hier gehen Sie nach links weiter und folgen dem Weg weiter bergan, bis Sie bei km 4,1 in den kleinen Weiler **Monte Novo ❷** kommen (⇧ 185 m). Gehen Sie zwischen den Häusern geradeaus und dann nach rechts weiter, bis Sie bei den Briefkästen wieder auf die Straße stoßen, die aus Furnazinhas kommt.

Laufen Sie geradeaus über die Straße und folgen Sie dem weißen Schild Richtung „Fortes“ und „Alta Mora“. Der VA-Pfeil an der Straßenkreuzung weist ebenfalls in diese Richtung (16 km bis Vaqueiros). Der Weg geht bald in eine steinige Piste über. Nach 400 m kommen Sie an eine Kreuzung, an der Sie an einem markanten **Eukalyptusbaum nach rechts** abbiegen (km 4,5) und nicht dem Hauptweg weiter geradeaus folgen. Der Erdweg führt durch die offene Landschaft und weist keine Schwierigkeiten auf, sodass Sie die reiche Vegetation am Wegesrand sowie die schönen Ausblicke genießen können. Immer wieder wird die Stille von aufgescheuchten Rebhühnern unterbrochen, die hier erschreckt aus den Büschen flattern. An der nächsten **4er-Kreuzung** verlassen Sie den Hauptweg und biegen an hohen **Pinienbäumen** nach links ab, wo auch ein VA-Pfosten den leicht ansteigenden Weg markiert. Im leichten Auf und Ab schlängelt sich der Weg durch die Landschaft. Die Vegetation wird vielseitiger und dichter, der Hang auf der linken Seite wirft immer wieder Schatten auf den Weg. Nach 600 m kommen Sie bei km 5,6 an eine **T-Kreuzung**, an der Sie nach rechts auf den Erdweg abbiegen. Der Weg beginnt anzusteigen und führt bald an eine **größere Kreuzung**. Hier gehen Sie zunächst geradeaus und sofort **dahinter nach rechts**. Der Weg steigt leicht an und führt an vielen Pinien vorbei durch das Jagdgebiet, das Sie an den zahlreichen rot-weißen Schildern erkennen können. Sie kommen an eine **Anhöhe am Pinienwald** (km 6). Hier haben Sie einen schönen Weitblick und sehen in der Ferne verstreut kleine, weiße Dörfer und Gehöfte liegen.

Folgen Sie dem ebenen Erdweg weiter geradeaus und ignorieren Sie den Weg, der bald links abzweigt. An der nächsten Weggabelung halten Sie sich links, der Weg bleibt weiterhin auf der Höhe. Nach weiteren 700 m treffen Sie erneut auf eine Kreuzung, an der Sie zunächst geradeaus weitergehen. Gleich danach folgt eine **Gabelung ❸** (km 6,9) und Sie nehmen am **Schild des Jagdreviers „Caça Associativa“ den linken Weg**, der hier wieder durch einen Pfosten markiert ist. Das gleichbleibende Landschaftsbild begleitet den Weg, der sich hier ohne besondere Merkmale fast wie ein Höhenweg durch die Landschaft schlängelt. Bald öffnen sich auf der rechten Seite schöne Ausblicke, später wieder auf der linken Seite. An der nächsten **größeren Weggabelung (eine T-Kreuzung)** halten Sie sich rechts (km 8). Nach 1,1 km kommt die nächste Kreuzung, an der Sie dem Hauptweg geradeaus zunächst leicht bergab, dann bald wieder bergan weiter geradeaus folgen. Nach 500 m folgen Sie dem Hauptweg in einer Linkskurve leicht abwärts. Sie sehen schon die weißen Häuser des Dorfes Monte das Preguiças vor sich liegen. Rechts von Ihnen sehen Sie einen **kleinen See (Barragem das Preguiças)**, der im Frühjahr von farbigen Blütenteppichen gesäumt wird.

Bevor der Weg zur Ortschaft ansteigt, gehen Sie in der kleinen Talsenke (rechts liegt jetzt der See) an der Mauer nach links und noch nicht direkt in den

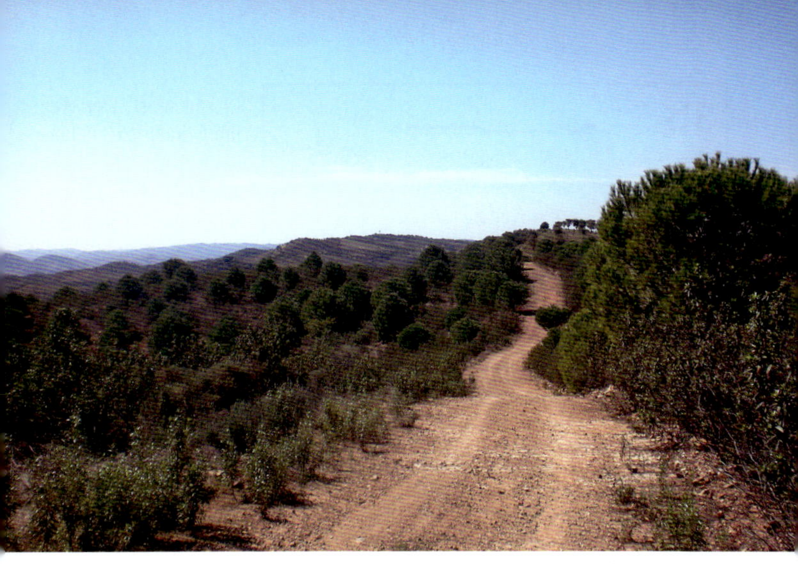

Einsamer Höhenweg vor Monte das Preguicas

Ort hinein. Vor dem Abzweig gehen Sie nach links weiter, rechter Hand liegt ein ⩩ Picknickplatz. In einer weiten Kurve laufen Sie zunächst in einem Bogen um das Dorf herum und folgen dem Lauf der schönen Steinmauer. An der nächsten Kreuzung halten Sie sich rechts und gehen entlang der Mauer auf das Dörfchen **Monte das Preguiças ❹** (⇧ 261 m) zu. Ein kleiner Fluss wird auf Betonpfosten überquert, links liegt ein Steinbrunnen. Der Weg ins Dorf hinein verläuft leicht ansteigend zwischen wunderschönen alten Steinmauern, die ihrerseits von Olivenbäumen gesäumt sind. Sie kommen an dem eingezäunten Garten mit Orangenbäumchen, Reben und Olivenbäumen der Quinta Dom Dinis vorbei. Folgen Sie dem Hauptweg bergan in das Dorf und gehen Sie geradeaus zwischen den niedrigen, weiß getünchten Häusern hindurch, die Markierung sehen Sie an der Straßenlaterne. Auf der linken Seite steht ein Brunnen, Sie gehen immer weiter geradeaus. Der Weg macht eine Linkskurve und führt aus dem Dorf hinaus.

Hinter der Ortschaft treffen Sie bei km 10,8 wieder **auf die Autostraße**, auf der Sie nach links in Richtung der alten Windmühle weitergehen. Von hier sind es noch 9,4 km bis Vaqueiros, wie der VA-Pfeil angibt. Nach 500 m auf der ansteigenden Straße, vorbei an der alten Windmühle (auf der linken Seite), biegen Sie noch vor den Häusern von Balurquinho nach rechts in einen Feldweg ein. An der Kreuzung steht auch der VA-Pfeil, der nach Malfrades (in 3,2 km) und Vaqueiros

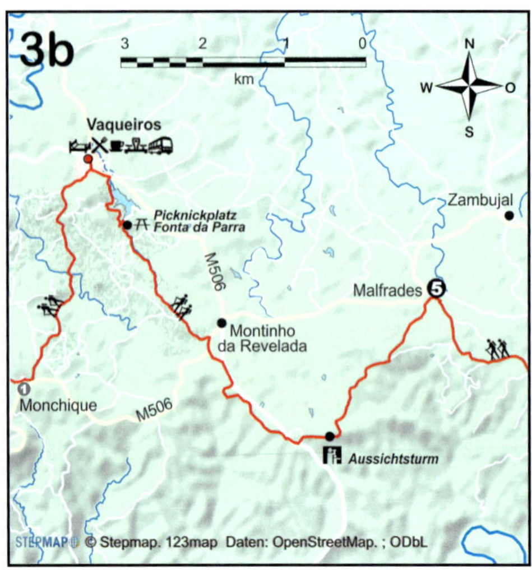

(9 km) weist. Der Weg führt durch alte Kulturlandschaft, die noch Auskunft über das traditionelle Landleben früherer Zeiten gibt. Das hügelige Landschaftsbild ist mit den alten Mandel-, Eichen- und Olivenbäumen sehr abwechslungsreich und im Frühjahr verwandeln sich die Wiesen in bunte Blütenteppiche.

350 m nach der Kreuzung macht der Weg an einer Weggabelung (km 11,6) einen **Linksknick** und steigt leicht an. Links gehen Sie an einem weißen Brunnen vorbei und gleich dahinter kommt eine 4er-Kreuzung, an der Sie den zweiten Weg von links nehmen und in einer Linkskurve weitergehen. Der Weg steigt an und bietet keinen Schatten. Nach 600 m kommt eine Weggabelung, an der Sie dem Hauptweg nach links leicht bergauf durch die offene Landschaft folgen. Nach 300 m gehen Sie an der nächsten Kreuzung nach rechts auf die **Pinienbäume** zu. 300 m weiter stoßen Sie nach einem kleinen Anstieg auf eine Weggabelung, an der Sie dem Hauptweg nach rechts durch Zistrosenhaine folgen. Nach 400 m haben Sie bei km 13,2 auf einer **Anhöhe** (⇧ 294 m) nach links einen schönen Panoramablick in die Ferne, bevor der Weg wieder leicht abfällt. Folgen Sie an der nächsten Weggabelung der Markierung nach rechts und laufen Sie nach 500 m an der folgenden Kreuzung geradeaus weiter. Der Weg führt direkt auf die Häuseransammlung zu. Der Weg ins Dorf wird links von einer alten, halb eingestürzten Mauer begleitet und ist von Olivenbäumen gesäumt. Er schlängelt sich leicht abwärts auf das Dorf **Malfrades** ❺ (⇧ 252 m) zu. Kurz vor dem Dorf gehen Sie links weiter, direkt auf die weißen Häuser zu, die Sie bei km 14,4 erreichen.

Bevor Sie in den Ort hineingehen, sehen Sie unten **eine Infotafel zum traditionellen Hausbau** in dieser Region stehen. In Malfrades folgen Sie der betonierten Straße zunächst nach rechts und gehen dann links zwischen den Steinmauern ein kurzes Stück in die Ortschaft hinauf. An dem alten **Ofen** wandern Sie in einer Linkskurve vorbei und an der nächsten Möglichkeit gehen Sie am Brunnen nach links. Sie verlassen den kleinen Ort auf einem breiten Erdweg, der sich zwischen Wiesen und Gärten durch die offene Landschaft schlängelt. Nach 100 m auf dem Erdweg bleiben Sie weiterhin auf dem Hauptweg, dem Sie in einer Rechtskurve folgen.

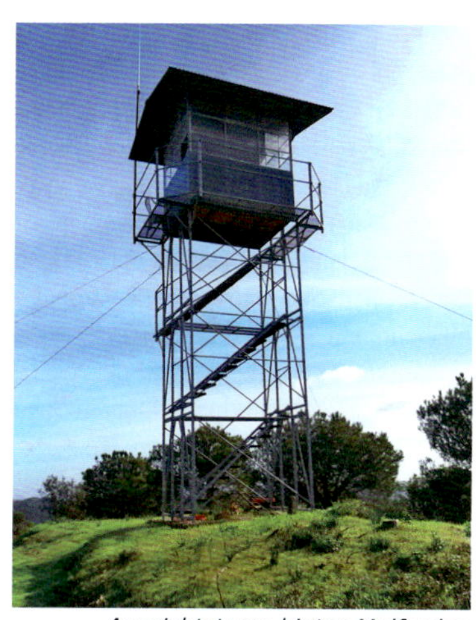

Aussichtsturm hinter Malfrades

Gehen Sie bei km 15,5 rechts und damit leicht ansteigend weiter und folgen Sie nicht der Linkskurve abwärts. Folgen Sie nun weiterhin dem breiten Erdweg immer geradeaus (und ignorieren Sie kleine Abzweigungen), bis Sie bei km 16,9 einen **Aussichtsturm** erreichen, auf den Sie hinaufsteigen können und mit einer schönen Weitsicht belohnt werden. Gehen Sie nach einer kleinen Pause geradeaus am Turm vorbei und folgen Sie weiterhin dem gut erkennbaren Erdweg. 300 m hinter dem Turm kommen Sie an eine Kreuzung, an der Sie nach links weitergehen. Der Pfad führt Sie nach 100 m direkt auf die **Straße M506**, auf der Sie nach rechts weitergehen. Nach 110 m verlassen Sie die Straße wieder nach links und kommen auf einen steinigen Erdweg, der nach Nordwesten führt und kurz darauf ansteigt und dann wieder abfällt. Der Weg ist jetzt von vielen Pinien gesäumt.

Der Weg verläuft jetzt im leichten Auf und Ab in etwas Entfernung parallel zur Straße und führt nach 1 km wieder an eine Kreuzung, an der Sie geradeaus weitergehen. Rechter Hand liegt hier ein Eukalyptuswäldchen. Nach knapp 200 m geht es **nach rechts in einen schmalen Pfad hinein**, der von Zistrosen und Pinien gesäumt ist. Gehen Sie an dieser Stelle nicht geradeaus weiter. Der schmale Pfad führt bei km 18,7 wieder auf die **Straße M506**, auf der Sie erneut nach links ein Stück weitergehen. Nach 300 m verlassen Sie die Straße dann nach links.

Nach 200 m kommen Sie an eine größere Kreuzung, an der Sie geradeaus weitergehen und der asphaltierten Straße folgen. Hier steht ein VA-Schild, das die verbleibende Entfernung bis nach Vaqueiros mit 3,2 km angibt. Nach 200 m auf der Straße zweigt links ein Erdweg ab, dem Sie nun folgen. 400 m weiter gehen Sie weiter geradeaus und biegen nicht nach links ab. Die VA verläuft nun ohne viel Auf und Ab durch die reizvolle Landschaft. An der nächsten Kreuzung gehen Sie weiter geradeaus und folgen damit weiterhin dem Hauptweg.

Bei km 21 kommen Sie dann an eine Kreuzung, an der Sie dem Hauptweg wiederum geradeaus folgen. Vor Ihnen liegt ein Hügel mit erkennbarem Sendemast, auf den der Weg zuläuft und der einen guten Orientierungspunkt bietet. 200 m weiter führt Sie die VA an einen ⩫ **Picknickplatz**, den **Parque de Merendas da Fonte da Parra**, der Sie mit schattigen Steinbänken erwartet. Nach dem Picknickplatz kommen Sie an eine V-Kreuzung, an der Sie nach links weitergehen. Der Weg macht hier eine enge Links- und kurz danach eine Rechtskurve und steigt dann leicht an. Auf der Anhöhe sehen Sie rechts unten zum ersten Mal den kleinen **See Barragem de Vaqueiros** liegen, um den Sie, auf der Höhe bleibend, ein Stück herumgehen.

Bei km 21,8 gehen Sie an der Kreuzung nach rechts und damit in Richtung des Sees. Dem weiterhin sichtbaren Sendemast wenden Sie nun den Rücken zu. Die VA verläuft nun dichter am Seeufer entlang, bis Sie nach 200 m das Seeende

Barragem de Vaqueiros

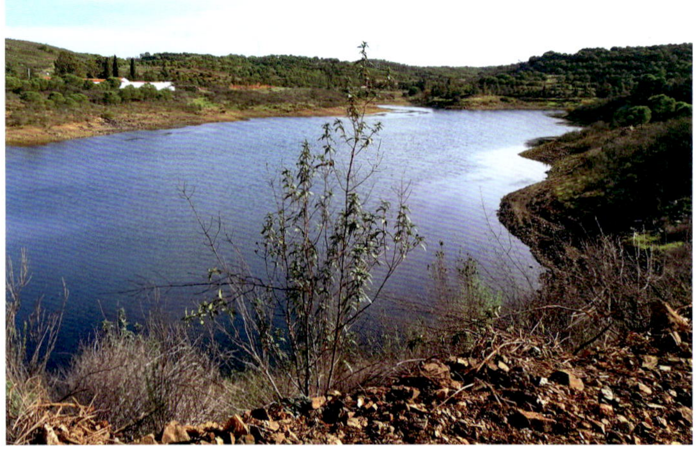

erreicht haben und ihn hinter sich lassen. Vor Ihnen wird bereits das Tagesziel Vaqueiros sichtbar. Bei km 22,2 stoßen Sie am Ortseingang auf die **Straße M506** (die hier den Namen Rua do Poço Novo hat) und gehen auf dieser nach **links in den Ort hinein**. Die Straße steigt leicht an – linker Hand liegt die Bushaltestelle – und führt dann weiter geradeaus bis auf den **Kirchplatz (Largo da Igreja)** von Vaqueiros. Hier startet am nächsten Tag die folgende Etappe. Um zur Unterkunft Casas d´Aldeia (☞ Unterkunft Vaqueiros) zu gelangen, gehen Sie, die Kirche im Rücken, nach rechts in die Rua Dr. João Dias, an der nächsten Kreuzung nach links und dann wieder, jetzt leicht ansteigend, nach rechts. Vor Ihnen liegt nun die Unterkunft (km 22,6).

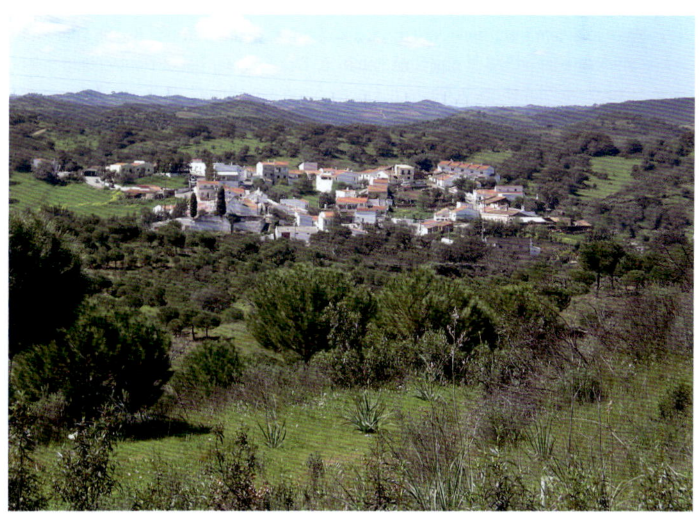

Blick auf Vaqueiros

Vaqueiros

⇧ 228m, 680 Ew.

www.jf-vaqueiros.pt

Casas d'Aldeia, Rua de São Pedro 8, 962 65 22 36, casas.d.aldeia.al@gmail.com, fünf schöne und neu renovierte Zimmer in einem charmant gestalteten Ort, EZ € 35, DZ € 50, inklusive Frühstück. Reservierungen sind sowohl per E-Mail als auch über die Facebook-Seite (https://www.facebook.com/Casas-da-Aldeia-727967080593162/) möglich.

Die Besitzerin spricht zwar kein Deutsch, aber Englisch, Französisch und Spanisch. Ihrer Mutter (Dona Rita) gehört das ehemals gut laufende Restaurant Casa de Pasto Teixeira im Ort, das sie aus gesundheitlichen Gründen nicht mehr regelmäßig öffnet. Da es sonst keine Essensmöglichkeiten im Ort gibt, sollten Sie ein Abendessen rechtzeitig mit der Zimmerreservierung vorbestellen; es wird dann in diesem Restaurant eingenommen. Es ist auch möglich, eine Vesper für den folgenden Tag zu bestellen, der Preis variiert je nach Umfang des Lunchpakets. Sollten Sie ein Taxi benötigen, können Sie auch hier um Hilfe bitten.

Die Besitzer des kleinen Cafés und Gemischtwarenladens neben dem Spielplatz (☞ unten) vermieten auch Zimmer: **Privatunterkunft** bei Dona Maria Catarina Domingos und ihrem Mann José, ☏ 281 49 82 87, 927 06 53 76. 4 einfache Zimmer in einem frisch renovierten Haus im Dorf, € 25 pro Bett und Nacht, zum Frühstücken können Sie in das Café kommen. Das Ehepaar hat in Deutschland gelebt und spricht daher etwas Deutsch. Gehen Sie in den Laden bzw. in das Café, um mit den Besitzern zu sprechen.

Kleiner **Gemischtwarenladen** neben dem dazugehörigen **Café** rechts neben dem kleinen Sportplatz, wenn Sie der Straße vom Kirchplatz abwärts folgen, vorbei an der Bushaltestelle und der alten Grundschule. (☺ Wenn Sie nicht erst durch das Dorf laufen wollen, können Sie an der VA-Tafel auch gleich links auf der Straße weitergehen, vorbei an den öffentlichen Toiletten (rechts) und dann an der nächsten Möglichkeit wieder links der Straße abwärts folgen.) Der Laden ist an der roten Olá-Eisfahne zu erkennen. Hier gibt es eine kleine Auswahl an Lebensmitteln sowie sonstige praktische Dinge. Es gibt keine festen Öffnungszeiten.

Der Linienbus 128 des Busunternehmens EVA fährt von Mo bis Fr frühmorgens um 6:30 über Alcoutim nach VRSA, Fahrtdauer 2 Std. 30 Min., Fahrpreis € 6,55€.

Es gibt ein Taxi vor Ort, der Fahrer Manuel António Lourenço kennt die ganze Gegend und hat viel Erfahrung im Transport von VA-Wanderern – auch wenn er selbst keine Fremdsprachen spricht. 966 40 48 06. Sollten Sie zweimal in Vaqueiros statt in Cachopo übernachten wollen, kostet eine Taxifahrt zwischen beiden Orten etwa € 20. Nach der zweiten Nacht fährt er Sie dann für weitere € 20 zurück nach Cachopo zum Ausgangspunkt der nächsten Etappe.

☺ Am 2. Sonntag im März findet im Dorf das große Fest **Feira do Queijo Fresco e do Pão Quente** (das „Frischkäse-und-warmes-Brot-Fest“) statt, das einen Besuch wert ist! Im Dorfzentrum werden Backöfen aufgestellt und das Brot wird warm serviert. Dazu gibt es die ganze Bandbreite der regionalen Spezialitäten, allen voran Frischkäse und Wurstspezialitäten, Süßspeisen, aber auch warme Gerichte und Kunsthandwerk. Außerdem wird musiziert und getanzt.

Es gibt **keinen Geldautomaten** in Vaqueiros (erst wieder in Cachopo)! Handyempfang haben Sie nur auf den umliegenden Hügeln.

Die kleine Ortschaft Vaqueiros lebt traditionellerweise von der Landwirtschaft und der Viehzucht. Auch die Jagd spielt in der Region eine große Rolle, was sich in der regionalen Küche zeigt: Wildschwein, Hase, Rebhuhn werden ebenso serviert wie Schweine- und Ziegenfleisch. Dazu gibt es selbst gekelterten Wein und zum Abschluss einen selbst gebrannten Medronho, den typischen Algarveschnaps.

4. Etappe: Vaqueiros – Cachopo

➲ 14,8 km, ⌛ 4-5 Std., ↑ 568 m, ↓ 449 m, ⇧ 235-416 m

0,0 km	⇧ 268 m	Vaqueiros (Kirchplatz)
3,2 km	⇧ 331 m	Monchique
6,7 km	⇧ 340 m	Amoreira
10,6 km	⇧ 368 m	Casas Baixas
14,8 km	⇧ 386 m	Cachopo (Restaurant Retiro dos Caçadores) BANK

Eine wunderschöne Berglandschaft erwartet Sie auf dieser Etappe, bei der es immer wieder auf und ab geht. Daher ist sie trotz der geringen Länge nicht zu unterschätzen. Sie kommen durch kleinste, teils zerfallene Dörfer und Häuseransiedlungen und bekommen einen guten Einblick in das (frühere) Leben im Hinterland. Es gibt unterwegs keinerlei Einkehr- und Einkaufsmöglichkeiten.

Ausgangspunkt der Etappe ist der Kirchplatz (Largo da Igreja). Hier gehen Sie links weiter und folgen der Straße (Rua do Boavista) leicht bergan. An der nächsten Kreuzung halten Sie sich wieder links und gehen in die Rua do Monchique. Links liegt ein weißes Gebäude, in dem die Associação dos Caçadores de Vaqueiros, der örtliche Jagdverein, ihren Sitz hat. An der Weggabelung gehen Sie nach rechts und folgen der Straße in einem leichten Rechtsbogen, vorbei am VA-Pfeil (Monchique in 3 km, Cachopo in 14,5 km). Hier verlassen Sie die asphaltierte Straße und laufen an der nächsten Kreuzung nach links weiter, vorbei an einem Brunnenhäuschen. Dort gibt es noch andere Wandermarkierungen (z. B. eine rot-gelbe Markierung), die darauf hinweisen, dass in dieser Region in den letzten Jahren viele Wanderwege angelegt wurden, um sie auch für Tagestouristen oder Küstenurlauber attraktiv zu machen. Entlang einer alten, teils eingefallenen Steinmauer wandernd lassen Sie Vaqueiros hinter sich.

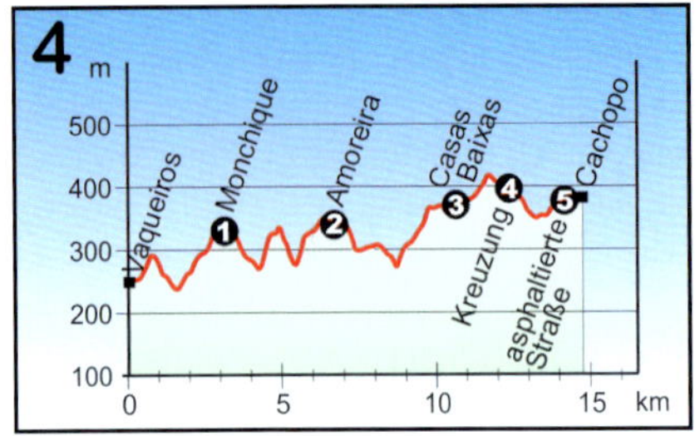

Hinter Vaqueiros steigt der Weg leicht an und Sie tauchen gleich in das typische Landschaftsbild dieser Gegend mit seiner artenreichen und vielseitigen Vegetation ein. Folgen Sie an der nächsten Weggabelung (km 0,5) dem Schild des anderen Wanderwegs nach **links bergauf in Richtung Monchique**. (Nach rechts weist ein Schild in Richtung „Pão Duro", das Sie ignorieren.) 200 m nach dem Wanderschild kommen Sie vor der Anhöhe an eine Kreuzung und gehen dort geradeaus weiter nach oben, rechts öffnet sich ein schöner Fernblick. Nach der Anhöhe fällt der Weg wieder ab, vor Ihnen liegen viele mit Pinien bepflanzte Hügel. Nach 400 m ignorieren Sie den nach rechts abzweigenden Weg und folgen dem Weg abwärts, bis Sie an einen kleinen **Flusslauf** (km 1,6) kommen, der von vielen Oleanderbüschen halb überwachsen ist und der dank der aufgestellten Steine problemlos überquert werden kann. Nach dem Fluss folgt ein längerer Anstieg.

Wandern Sie auf dem Hauptweg immer geradeaus. Vor Ihnen liegen viele **pinienbewachsene Hänge**. Sie kommen auf der Anhöhe an eine Weggabelung. Ignorieren Sie den linken Weg und gehen Sie weiter geradeaus. Der Weg fällt zunächst wieder ab, bis Sie nach 200 m einen kleinen Wasserlauf überqueren und danach erneut aufwärtsgehen, bis Sie auf einen geteerten Weg kommen. Diesem folgen Sie nach rechts und gelangen vorbei an einem alten Brunnen (links) in einem Rechtsbogen in das **Dörfchen Monchique ❶** (km 3,2). Hier sehen Sie viele verlassene und zerfallene Häuser. Folgen Sie der Straße geradeaus bis zur Weggabelung, wo ein VA-Pfeil steht. Die Straße macht hier eine Linkskurve, aber Sie verlassen den geteerten Weg nach rechts in Richtung Amoreira (3,4 km) und Cachopo (11,4 km).

Der Weg führt an einem großen, eingezäunten Garten (rechts) mit herrlichen Orangenbäumen sowie alten Reben vorbei. Die alten **Gärten**, die immer wieder am Wegesrand auftauchen, zeigen, wovon die Menschen hier im Hinterland leben: Oliven, Mandeln, Orangen, Kohl, Kartoffeln und Zwiebeln gedeihen neben

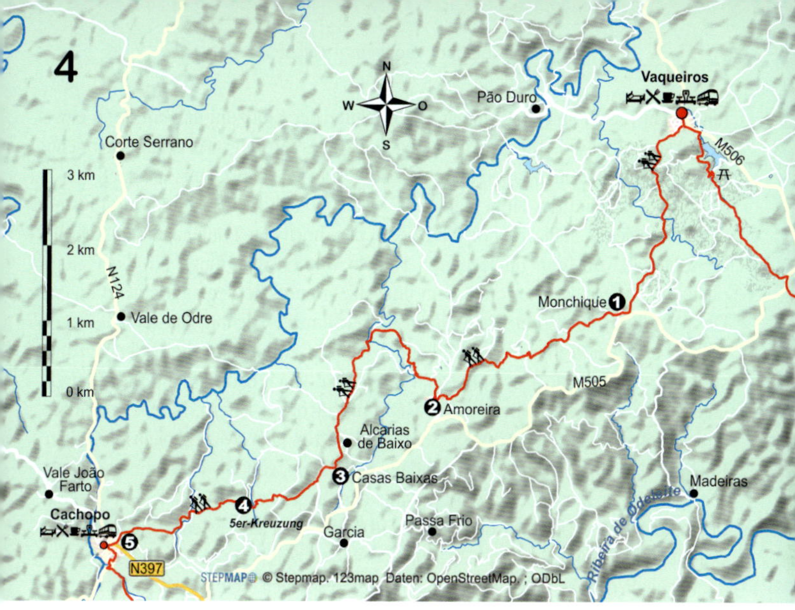

alten Rebstöcken. **Hinter Monchique** schlängelt sich der Weg wieder leicht abwärts. Nach 200 m kommen Sie an eine **Weggabelung**, an der Sie nicht geradeaus weitergehen, sondern **links** dem steileren, zistrosengesäumten Weg bergab folgen. Links stehen Eukalyptusbäume am Weg. Der Weg windet sich einsam durch die hügelige Landschaft mit ihrer reichen Vegetation, teilweise entlang eines kleinen Flussbettes und an eingestürzten Mauern vorbei. Bei km 4 gehen Sie an der Weggabelung links weiter abwärts. Nach 100 m liegen links ein Flusslauf und eine Kreuzung, die Sie aber ignorieren (den Wasserlauf noch nicht überqueren!). Sie gehen geradeaus in einer Rechtskurve weiter, dem Weg weiterhin bergab folgend. Der **Flusslauf** wird weiter unten im Tal überquert.

60 m hinter der Flussquerung kommen Sie erneut an eine Weggabelung, an der Sie nicht nach links weiter aufwärtsgehen, sondern nach rechts noch einmal leicht bergab wandern, um einen weiteren kleinen Wasserlauf zu überqueren, bevor Sie dann in einer weiten Linkskurve dem **steilen und schattenlosen Weg aufwärts** folgen. Unterwegs laden schöne Aussichten in die Ferne zu kleinen Verschnaufpausen auf diesem kernigen Anstieg ein. Nachdem Sie bei km 4,7 die vorübergehend höchste Anhöhe erreicht haben, fällt der Weg noch einmal leicht ab, bevor er zum höchsten Punkt des Anstiegs wieder nach oben führt. Kurz davor kommen Sie noch an eine Kreuzung, an der Sie in einer Linkskurve weiter bergauf

(und nicht rechts abwärts!) gehen. 50 m hinter der Kreuzung haben Sie in einer Rechtskurve bei km 4,9 den höchsten Punkt des Anstiegs (⇧ 332m) erreicht. Das schöne Höhenpanorama entschädigt für den mühsamen Aufstieg!

Nach 20 m auf der Höhe fällt der Weg dann nach rechts, durch den Pfosten markiert, wieder steil ab (noch bevor er den höchsten Punkt auf der Anhöhe erreicht hat). Auf den umliegenden Hügeln wurden die Hänge für die Pinienpflanzungen terrassiert, die die ursprüngliche artenreiche Vegetation verdrängen. Der Weg führt kurvenreich auf einem sehr schönen Abschnitt mit dichter Vegetation bergab und immer wieder können Sie am Wegesrand die Erdbeerbaumsträucher entdecken, dessen herrlich orange-rot leuchtende Früchte die Grundlage des an der Algarve berühmten Medronho-Schnaps liefern. Bald kommen Sie an ein (oft ausgetrocknetes) Flussbett und setzen den Weg zunächst in einer Rechts-, dann in einer Linkskurve entlang einer alten, von Olivenbäumen gesäumten Steinmauer weiter bergab fort. Rechts des Weges verläuft der kleine Flusslauf, der nach wenigen Metern überquert wird, bevor der Weg wieder auf steinigem Boden **steil ansteigt.**

Kurz vor der Anhöhe dieses langen Anstiegs gabelt sich der Weg bei km 6,5 erneut und Sie gehen nach rechts weiter. Auf der **Anhöhe** haben Sie einen schönen Blick auf die offene Landschaft, die sich gerade im Frühjahr in herrlicher Blütenpracht zeigt. Folgen Sie dem Weg durch diese wunderschöne Gegend wieder leicht abwärts auf das halb verlassene und etwas verwahrloste Dörfchen **Amoreira** ❷ (⇧ 340 m) zu. An der nächsten Kreuzung gehen Sie nach rechts weiter, wo der VA-Pfeil die Entfernung bis Cachopo mit 8,1 km angibt.

Das VA-Schild gibt hier die Entfernung nach Casas Baixas mit 0,5 km an. Hierbei handelt es sich allerdings um einen Fehler, da die nächste Ortschaft Amoreira ist. Lassen Sie sich davon nicht irritieren!

Links liegt ein großer entwurzelter Baum und auf den umliegenden Wiesen stehen geschälte Korkeichen. Den Weg ins Dorf säumen alte Mauern. Er führt an teils noch bewirtschafteten Gärten und zum Teil schon eingefallenen Häusern vorbei. Auf einem schmalen Weg zwischen zwei alten Mauern gehen Sie weiter durch die Häuseransammlung und halten sich gleich an der ersten Möglichkeit rechts. Folgen Sie dem Weg geradeaus entlang der Mauer am alten Backofen (links) vorbei bis zur nächsten Kreuzung. Hier gehen Sie an einem **renovierten weißen Haus** mit gelben Fenster- und Türumrahmungen nach rechts leicht aufwärts weiter. An der Straßenlaterne sehen Sie schon die Markierung und wandern an der nächsten

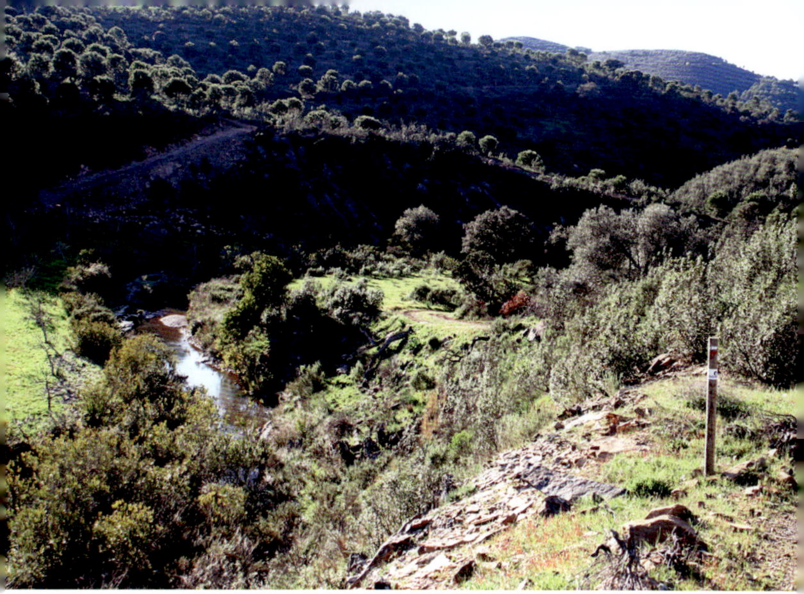

Landschaft hinter Amoreiras

Kreuzung nach links aus dem Dorf hinaus. Der Weg verläuft in einer weiten Kurve und bleibt auf der Höhe. Hier können Sie diesen herrlichen Abschnitt durch die abwechslungsreiche Landschaft mit vielen tollen Ausblicken in vollen Zügen genießen! Gleichzeitig werden Ihnen viele Strommasten auffallen – hier befindet sich die wichtigste Stromverteilungsstation Südportugals!

Nach 300 m kommt eine kleine Abzweigung, an der Sie dem Hauptweg nach links weiter bergab folgen (nicht nach rechts bergauf gehen). Der steinige, von Zistrosen gesäumte Weg fällt konstant ab, bis die VA nach 200 m einen **scharfen Rechtsknick** (km 7,4) macht (Markierung und Wegweiser vorhanden).

Gehen Sie hier nicht weiter geradeaus abwärts Richtung Fluss!

Der Weg macht einen U-Turn nach links und schlängelt sich fast eben durch die Landschaft, gesäumt von Disteln, Büschen und Zistrosen, aber ohne Besonderheiten, bevor er dann bis zum Fluss hinunter abfällt. Kurz vor dem Flussbett geht rechts ein steiler Weg ab, den Sie ignorieren. Sie gehen weiter geradeaus. Sie überqueren den Fluss ohne größere Schwierigkeiten und setzen dann den wieder ansteigenden Weg in einer Linkskurve fort. An den Hängen der

Hügel ringsherum werden immer neue Terrassen angelegt, daher können aufgrund der Bauarbeiten einige Markierungen oder VA-Pfosten fehlen oder schlecht sichtbar sein. Der Wegverlauf ist aber dennoch sehr übersichtlich. Der von schönen Oleanderbüschen gesäumte Weg steigt weiterhin sanft an und wird links von einem im Sommer ausgetrockneten Bachlauf begleitet. Sie gehen unter den Stromleitungen durch und überqueren sofort dahinter ein weiteres Rinnsal. Mit leichten Anstiegen und in weiten Kurven laufen Sie auf der VA durch die hügelige Landschaft. Folgen Sie dem Hauptweg weiter bergauf und halten Sie sich an der nächsten Weggabelung links, bis Sie bei km 9,7 wieder eine **Anhöhe** und den höchsten Punkt des Anstiegs (⇧ 366 m) erreicht haben.

Links sehen Sie das Dörfchen Casas Baixas und rechts am Hang einen runden und auffällig in der Landschaft liegenden **Ziegenstall** (curral) aus aufgesetzten Steinen. An diesem Stall gehen Sie in einer Linkskurve vorbei und auf das Dorf zu. Eingefallene Mauern und verlassene Häuser sind Zeitzeugen vergangener Jahrzehnte, in denen das Hinterland dichter besiedelt war. Noch vor Casas Baixas vor dem Ortsteil Alcarias de Baixo steht rechts auf der Anhöhe eine einzelne, sehr **markante Eiche**, deren Schatten zu einer kleinen Verschnaufpause auf den Mauersteinen einlädt. Hier steht auch der VA-Pfeil, der (dieses Mal richtig!) die Entfernung nach Casas Baixas mit 0,5 km angibt. Nach Cachopo sind es noch 4,5 km.

Markanter Baum und schöner Ruheplatz

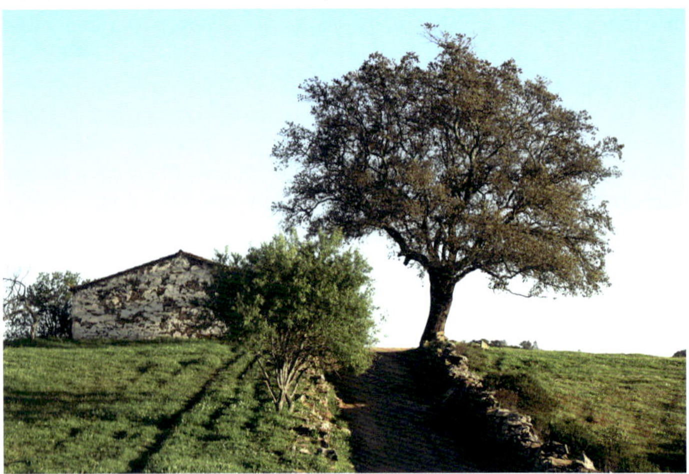

Dem VA-Pfeil folgend gehen Sie rechts auf der **asphaltierten Straße** weiter, die zunächst abfällt und dann in einem Rechtsbogen noch einmal leicht ansteigt. Links sehen Sie die teils eingefallenen, teils aber auch frisch renovierten Häuser von **Casas Baixas ❸** (km 10,6, ⇧ 368 m). Um das Dorf herum gibt es verschiedene Wanderwege, daher gibt es hier mehrere Markierungen. Lassen Sie sich davon nicht beirren!

Der Weg nach Cachopo führt nicht durch die Gässchen des Dorfes, sondern geht an dem braunen Unterkunftsschild (✋ weist zu einer ehemaligen Unterkunft) rechts weiter, immer noch ein Stück auf der asphaltierten Straße. Nachdem Sie das Dorf hinter sich gelassen haben, stoßen Sie bei km 10,8 auf eine große **Hinweistafel**, auf der die Wanderwege um Cachopo eingezeichnet sind. An dem Schild gehen Sie nach links weiter und folgen der asphaltierten Straße noch 300 m (rechter Hand liegt ein Garten mit vielen Reben), bevor Sie die Straße am VA-Pfeil bei km 11 **nach rechts** verlassen und den Weg nach Cachopo (3,6 km) fortsetzen. Der Weg schlängelt sich entlang eines kleinen Rinnsals durch die hügelige Landschaft vorbei an vielen Oleanderbüschen, Eichen, Oliven- und Feigenbäumen, Zistrosen und Erdbeerbäumen.

Auf einem landschaftlich reizvollen Abschnitt führt er über verschiedene Anhöhen durch die offene Landschaft, teils gesäumt von alten Steinmauern. Bei km 11,6 erreichen Sie nochmals eine Anhöhe. Folgen Sie an der Kreuzung auf der Anhöhe dem Hauptweg geradeaus in eine Linkskurve und leicht bergab. 100 m nach der Anhöhe erreichen Sie die nächste T-Kreuzung, an der Sie nach links weitergehen und dem markierten Weg folgen, der kurz danach eine scharfe Rechtskurve macht und wieder durch offenere Landschaft führt. 300 m weiter kommt erneut eine Weggabelung (km 12), an der Sie scharf links abbiegen. Rechts unten sehen Sie einen ehemals bewirtschafteten Garten. Der Weg fällt weiterhin leicht ab und kreuzt ein **kleines Rinnsal**, bevor er in einer Rechtskurve wieder auf eine Anhöhe ansteigt.

100 m nach dem Rinnsal kommt bei km 12,3 eine **größere 5er-Kreuzung ❹**. Folgen Sie dem Hauptweg in einer Rechtskurve 100 m weiter aufwärts auf die nächste Anhöhe (⇧ 400 m). Anschließend fällt der steinige Weg wieder ab; rechts sehen Sie ein Pinienwäldchen. Der Weg führt langsam aus dem Tal hinaus in Richtung Cachopo, etwas weiter hinten von einem kleinen Bach begleitet und von einer Mauer gesäumt. Überqueren Sie den kleinen Bach, danach folgen Sie bei km 13,1 dem markierten Hauptweg weiter geradeaus aus dem Tal hinaus. Auch wenn es nicht mehr weit bis Cachopo ist, lässt sich die kleine Ortschaft noch

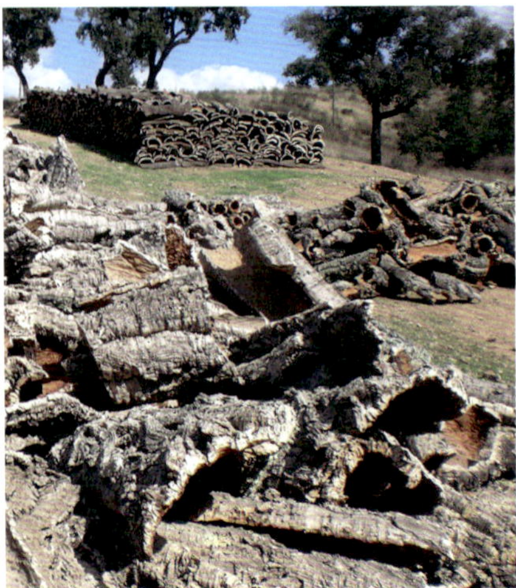
Korkrinden vor Cachopo

nicht blicken. Lassen Sie sich davon nicht irritieren, Sie sind dennoch auf dem richtigen Weg. 100 m nach dem Bach kommt eine weitere Weggabelung, an der Sie dem Weg nach rechts abwärts folgen (km 13,2). Kurz danach wird ein weiterer **Bach** mithilfe von **Steinpfählen** durchquert. Hinter dem Bach führt Sie der Weg nach links weiter und steigt, rechts von einer Steinmauer gesäumt, an. Links begleitet der Flusslauf den Weg, der bald zwischen zwei alten Mauern durch die dichte Vegetation aus dem Tal hinausführt. Nach ein paar Metern verlassen Sie den Flusslauf, der Weg steigt nochmals leicht an und führt bei km 13,7 an eine T-Kreuzung, an der Sie rechts weitergehen. Nach 500 m gabelt sich der Weg erneut. Gehen Sie nach rechts weiter und folgen Sie damit dem Hauptweg in einer Rechtskurve. Bald kommt nochmals eine **größere 5er-Kreuzung**; hier halten Sie sich **ganz links**. Jetzt taucht erstmals die Ortschaft Cachopo vor Ihnen auf und Sie gehen auf sie zu. Links sehen Sie ein weißes Gebäude, davor stehen markante Eichen und schöne Korkeichenrinden sind zum Trocknen aufgestapelt. Folgen Sie der Markierung am Strommast bis nach Cachopo hinein. Bevor Sie auf die **asphaltierte Straße** ❺ stoßen, sehen Sie zur Begrüßung das Schild der VA am Straßenrand stehen (km 14,6). Überqueren Sie die Straße nach rechts, gehen Sie durch den Kreisverkehr und halten Sie sich links, um zur Unterkunft und zum Restaurant (durch ein großes Schild gut erkennbar) zu kommen.

Cachopo

BANK ⌘ ✞ ⇧ 386 m, 996 Ew.

www.jf-cachopo.pt, www.cm-tavira.pt

Café/Restaurant Retiro dos Caçadores, an der Hauptstraße Rua Padre Júlio de Oliveira 64, ☏ 289 84 41 74, neben dem Restaurantbetrieb werden 2 sehr einfache Zimmer für € 20 pro Person und Nacht vermietet (ohne Frühstück). Das Frühstück kann unten im Restaurant eingenommen werden, der Preis variiert, je nachdem, was gegessen wird. Außerdem können Sie bei Bedarf auch Proviant für unterwegs mitnehmen. Portugiesischkenntnisse helfen bei der Reservierung weiter, ☞ Kleiner Sprachführer. Im Restaurant gibt es hervorragende, teilweise deftige Gerichte und Wildspezialitäten. Hier können Sie auch den typischen Algarveschnaps Medronho probieren. täglich 7:30-23:30 (je nach Betrieb können die Zeiten variieren)

Restaurant A Charrua, ☎ 918 46 57 89, Regionalküche, vor allem Wildgerichte stehen auf der Karte. Die Dekoration erinnert an die Bedeutung der Landwirtschaft in der Gegend. Daher auch der Name des Restaurants, Charrua, was „Pflug" bedeutet. Täglich 12:00-15:00, abends ist nur geöffnet, wenn Betrieb herrscht.

BANK Vor dem Restaurant Retiro dos Caçadores führt eine Straße nach links in die Ortschaft hinein, der Sie 20 m zum BANK Geldautomaten (Crédito Agrícola) folgen können.

Wenn Sie Lebensmittel einkaufen wollen, gehen Sie hinter dem Geldautomaten nach links weiter, bis Sie links zum Minimercado Eduarda kommen. täglich 8:00-19:30, sonntags manchmal nur am Vormittag geöffnet

⌘ Im kleinen ethnografischen Heimatmuseum in der Rua Matos da Casaca in der Antiga casa dos Cantoneiros wird das Alltagsleben der Menschen im Hinterland in wechselnden Ausstellungen lebendig gehalten.

✞ Die Hauptkirche Igreja Matriz de Santo Estevão wurde 1535 errichtet.

Der Bus Nr. 42 (EVA) fährt von Montag bis Freitag (außerhalb der Ferien) frühmorgens (7:05) in Richtung Tavira (Ankunft 8:10) und abends zurück (Abfahrt in Tavira 18:00, Ankunft Cachopo 19:05), Fahrpreis € 4,30.

Es besteht ein Taxiservice (aus Tavira), der über das Restaurant Retiro dos Caçadores bestellt werden kann. Den Taxifahrer Senhor Nelson aus Tavira erreichen Sie unter ☎ 289 84 41 51. Eventuell müssen Sie längere Wartezeiten in Kauf nehmen. Alternativ kann das Taxi aus Vaqueiros angefordert werden (☞ Vaqueiros).

Obwohl das Dorf Cachopo nur knapp 40 km von der stärker touristisch geprägten Küste entfernt liegt, hat es seinen ursprünglichen Charakter bewahrt. Seit jeher leben die Bewohner von der Landwirtschaft, der Vieh- und Bienenzucht, Kunsthandwerk (Web- und Stickarbeiten) sowie der Korkproduktion. Sie können im Dorf sogar noch einem Schmied und einem Sattler bei der Arbeit über die Schulter schauen. Besonders erfreulich ist, dass man hier einiges zur Erhaltung der lokalen Kultur getan hat und das Dorf damit interessant für Besucher und Wanderer ist. Es wurde ein regionales Museum eingerichtet, im Kiosk der alten Windmühle können (wenn Sie aus dem Restaurant Retiro dos

Caçadores kommend der Straße nach links folgen, sehen Sie die ehemalige Windmühle (o moinho) auf der rechten Seite liegen, Öffnungszeiten variieren) lokale (Kunsthandwerks-)Produkte gekauft werden, in den Restaurants werden die lokalen Wildgerichte angeboten und rund um Cachopo wurden viele Wanderwege angelegt.

Blick zurück auf Cachopo

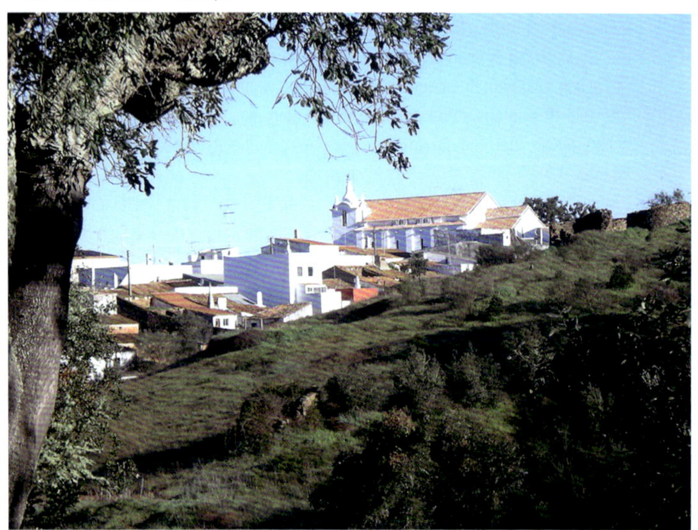

5. Etappe: Cachopo – Barranco do Velho

29,1 km, 8 Std., ↑ 1.221 m, ↓ 1.128 m, ⇧ 257-498 m

0,0 km	⇧ 386 m	Cachopo (Restaurant Retiro dos Caçadores) BANK
9,5 km	⇧ 449 m	Abzweig nach Feiteira
13,3 km	⇧ 388 m	Castelão
14,4 km	⇧ 270 m	Ribeira de Odeleite
17,1 km	⇧ 464 m	Parises
29,1 km	⇧ 481 m	Barranco do Velho (Pension A Tia Bia)

Eine lange und reizvolle Bergetappe durch die Serra da Caldeirão liegt vor Ihnen, bei der es immer wieder steil bergauf und -ab geht. Obwohl Sie sich nur zwischen 257 und 498 Höhenmetern bewegen, werden Sie am Ende 1.221 m Aufstieg und 1.128 m Abstieg hinter sich gebracht haben! Unterwegs wird mit der **Ribeira de Odeleite** *wieder ein großer Fluss überquert. Nach starken Regenfällen kann er nicht überquert werden (hier sind schon viele Unfälle passiert), erkundigen Sie sich daher unbedingt nach dem Wasserstand! Sollte die Flussquerung nicht möglich sein, dann gehen Sie bis Feiteira und von dort aus auf der Nationalstraße N124 bis Barranco do Velho, auch wenn Sie dadurch ein besonders schönes Wegstück verpassen.*

In Parises gibt es eine Snackbar/Café. Alternativ können Sie auch ein Teilstück mit dem Taxi zurücklegen und einen späteren Einstieg wählen oder die Etappe von Anfang an auf zwei Tage aufteilen. Neben dem Taxifahrer aus Vaqueiros könnten Sie auch auf einen Transport der Unterkunft A Tia Bia in Barranco do Velho zurückgreifen.

Starten Sie an der Telefonzelle (wenn Sie aus dem Restaurant Retiro dos Caçadores kommen, nach rechts) und folgen Sie den weißen Schildern „Centro" und „WC públicos" nach rechts in die Rua 1° do Maio (und lassen Sie sich nicht von der fehlenden Markierung im Ort abhalten). Nach 20 m steht links der Geldautomat. Gehen Sie weiter geradeaus und laufen Sie an der nächsten Möglichkeit an einem frisch renovierten, weinrot-weißen Haus wieder links, vorbei am Minimercado Eduardo. Die Straße führt zur weiß getünchten Kirche. Gehen Sie an der **Kirche rechts vorbei**, ein Stück den Largo da Igreja entlang und vorbei an den öffentlichen Toiletten auf der linken Seite. Dann biegen Sie wieder nach **rechts** ab, dem zunächst noch gepflasterten und leicht abschüssigen Weg folgend. Zwischen älteren Häusern hindurch führt der Weg weiter die Rua da Igreja abwärts. Gehen Sie auch an der nächsten Kreuzung weiter geradeaus abwärts, bis Sie an der Straßenlaterne wieder die weiß-rote Markierung sehen. Am Ende der Straße halten Sie sich wieder rechts und biegen in eine schmale Gasse ein. Folgen Sie dem Weg in einer Links-Rechts-Kombination steil abwärts und dann nach links weiter nach unten (Travessa de Santo Estevão), bis Sie unten wieder nach links gehen müssen und an der Travessa do Terreiro auf die **Nationalstraße** N124 stoßen. Überqueren Sie die Straße am **Zebrastreifen**; hier sehen Sie den VA-Pfeil, der nach Barranco do Velho (29 km) und Currais (4 km) weist. Folgen Sie dem Weg noch weiter bergab, bis Sie den kleinen **Fluss** auf Betonquadern überqueren. Rechts an einem alten **Brunnen** vorbei steigt der Weg wieder an und Sie kommen erneut auf die **Nationalstraße**, die Sie überqueren und auf der Sie ein kurzes Stück nach links weitergehen, bis der Wanderweg (bevor die Leitplanke beginnt) nach 500 m **nach rechts** in Richtung Currais von der Straße abzweigt.

Der erste Abschnitt hinter Cachopo ist landschaftlich sehr reizvoll. Der Weg führt vorbei an alten Mauern durch vielseitige Vegetation, besonders die dichten Eichenwälder und gelben Ginsterbüsche fallen ins Auge. Der Weg steigt leicht an, die dichten Bäume entlang des Weges spenden hier Schatten. 1 km hinter Cachopo kommen Sie an eine Kreuzung, an der Sie dem Weg steil nach rechts bergauf folgen – die GR-23-Markierung weist ebenfalls in diese Richtung. Nach dem ersten steilen Aufstieg laufen Sie auf dem Weg nach rechts weiterhin ansteigend durch **Pinienwälder**. Rechts öffnet sich noch einmal ein schöner Blick zurück auf Cachopo. Nach weiteren 400 m kommt wieder eine Kreuzung, an der Sie die abfallenden Wege ignorieren und nach rechts immer weiter bergauf gehen. Bei km 1,7 haben Sie eine kleine Anhöhe (⇧ 475) erreicht, wo sich rechts ein großer **Hundezwinger**, in dem Jagdhunde gehalten werden, befindet. Folgen Sie dem Weg in einer Linkskurve weiter geradeaus, bis Sie nach 20 m an eine Kreuzung kommen, an der Sie weiter aufwärts nach links auf eine Windmühlenruine zugehen. Nach weiteren 100 m haben Sie den ersten Aufstieg geschafft, vor Ihnen liegt das Dorf Currais. Der Weg fällt in einer Linkskurve wieder ab; rechts unten sehen Sie die Häuser liegen. Nach 100 m kommen Sie erneut an eine 4er-Kreuzung, von der aus Sie rechts steil abwärts auf das Dorf zugehen.

In **Currais** ❶ (⇧ 417 m) werden Sie am Ortseingang an Hundezwingern von Gebell begrüßt. Folgen Sie der asphaltierten Straße nach rechts und gehen Sie zwischen den weißen Häusern und Gärten in den Ort hinunter. An den Briefkästen (links) macht der Weg einen Rechtsbogen, dann eine Linkskurve, bis Sie an eine 3er-Kreuzung kommen, an der Sie nach links weiter und aus der Ortschaft hinaus-

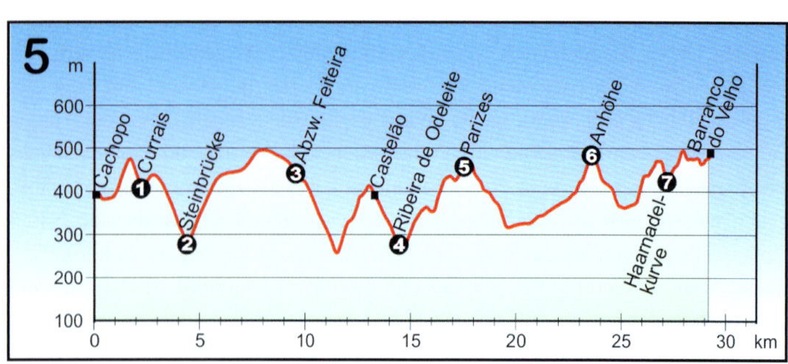

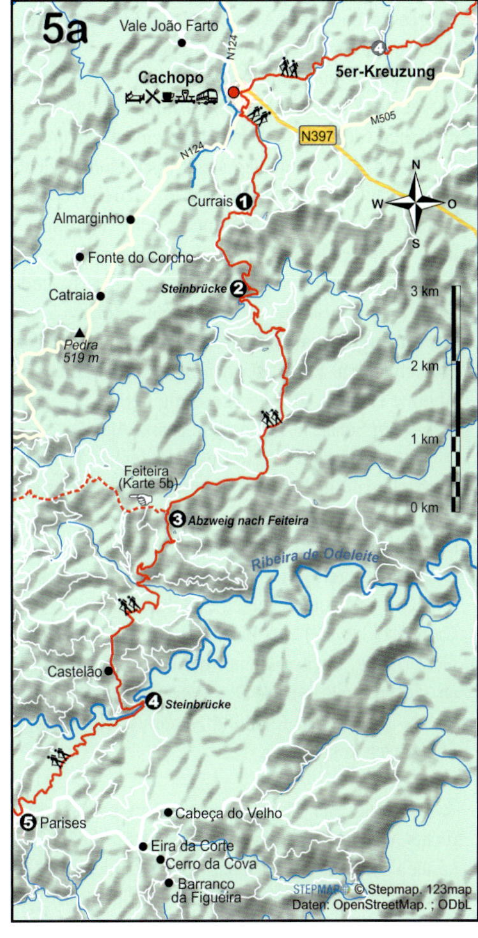

gehen. Nach ein paar Metern liegt links wieder ein alter Brunnen mit einer Steinbank und schön geschälten Korkeichen. Der Weg verlässt hier die asphaltierte Straße.

Folgen Sie dem Weg weiter geradeaus aufwärts. Nach 100 m gehen Sie nicht links weiter bergauf, sondern folgen dem Weg geradeaus, der zunächst fast eben verläuft. Auf der nächsten Anhöhe öffnet sich links ein schöner Panoramablick auf die Berge der Serra do Caldeirão. An der Wegkreuzung folgen Sie dem **weißen Straßenschild in Richtung „Alcaria Alta"** weiter geradeaus. Die Pfosten an zwei Mauerenden geben den Weg wie ein Eingangstor frei. Vorbei an vielen Eukalyptusbäumen, die immer wieder angenehmen Schatten spenden, verläuft der Weg zunächst auf der Höhe und fällt dann stetig ab. Linker Hand haben Sie einen schönen Fernblick. Ignorieren Sie kleinere Wege und Pfade, die immer wieder vom Weg abgehen, und folgen Sie dem Hauptweg, der in Kurven kontinuierlich abwärtsführt. In der Talsohle angekommen **überqueren** Sie bei km 4,4 **auf einer Steinbrücke einen kleinen Bach** ❷. Hinter der Brücke steht eine große terrakottafarbene **Villa**, eingezäunt von

Zypressen und einer Mauer, um die Sie in einer Linkskurve herumgehen, bevor Sie dem Weg wieder aufwärts folgen.

Es kommt nun ein längerer **Anstieg**, auf dem Sie abgehende Wege ignorieren, bis Sie bei km 5,9 die nächste **Anhöhe** (⇧ 438 m) erreicht haben. Nach 200 m erreichen Sie noch auf der Höhe eine Kreuzung, an der Sie geradeaus weitergehen (km 6,1). Der Weg steigt noch einmal leicht an und bleibt dann für etwa 600 m auf der Höhe. Bei km 6,4 zweigt ein Weg nach rechts ab, den Sie ignorieren, und Sie folgen immer dem Hauptweg. Bei gutem Wetter haben Sie links einen herrlichen Weitblick. Auf den umliegenden Hügeln wurden nach dem großen Waldbrand von 2012 viele Zistrosen- und Pinienpflanzungen angelegt. Der Weg führt Sie bei km 6,7 an eine größere 5er-Kreuzung, an der Sie **geradeaus** weitergehen und dem wieder leicht ansteigenden Hauptweg folgen. Alle abzweigenden Wege können ignoriert werden. Bald haben Sie die nächste **Anhöhe** erreicht. An der **Kreuzung** bei km 7,7 halten Sie sich rechts (folgen Sie nicht dem Schild in Richtung „Alcaria Alta").

Folgen Sie dem Wegweiser nach rechts. Der Weg steigt zwischen Korkeichen noch einmal an, bis Sie bei km 8,1 den **höchsten Punkt des Anstiegs** erreicht haben (⇧ 498 m). Sie kommen an eine größere **Kreuzung, an der weiße Straßenschilder** stehen. Nehmen Sie den Weg, der rechts in einem Bogen in Richtung „Feiteira" weiterführt. Er fällt leicht ab. Am Wegesrand sehen Sie Zistrosenbüsche und Erdbeerbäume. Folgen Sie dem nächsten VA-Pfeil nach links, in Richtung Castelão (3,8 km) und Barranco do Velho (✋ die Angabe von 15,5 km ist hier nicht richtig, ebenso stimmt die Kilometerzahl, die zurück nach Cachopo weist, an dieser Stelle nicht). Der **Weg fällt jetzt schattenlos wieder ab**. Bei km 9,5 zweigt der Weg in Richtung Feiteira nach rechts ab ❸, die VA geht an dieser Stelle nach links weiter.

⇨ Sollte der Fluss Odeleite nicht passierbar sein, biegen Sie am ❸ nach rechts ab und nehmen ab Feiteira die Straße nach Barranco do Velho. Alternativ können Sie auch bis Castelão weiterwandern und sich dort an der Bushaltestelle von einem Taxi abholen lassen. Sie befindet sich genau an der Stelle, wo die VA auf die Straße am Ortseingang trifft, neben grünen Mülltonnen. (☞ Taxi aus Vaqueiros oder ☞ Transport der Unterkunft A Tia Bia in Barranco do Velho)

Sie kommen an eine 4er-Kreuzung, an der Sie geradeaus steil bergab weitergehen. Nach 100 m macht der Weg bei km 10 eine **scharfe Haarnadel-Rechtskurve** (hier folgen Sie **nicht** dem Hauptweg ins Tal) und windet sich schattenlos in

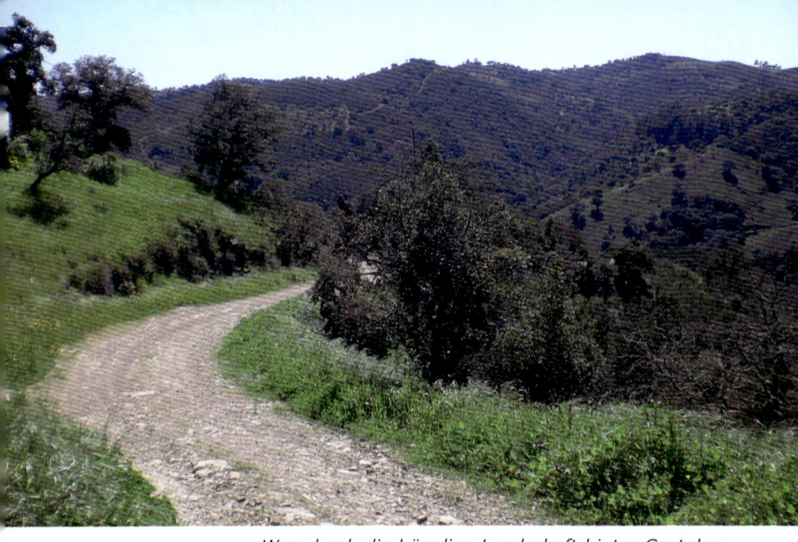

Weg durch die hügelige Landschaft hinter Castelao

Serpentinenkurven immer weiter abwärts, begleitet von Erdbeerbäumen, Korkeichen, Zistrosen und Pinienbäumen. Nach 300 m macht der Weg durch einen Pfosten markiert eine **scharfe Linkskurve** und geht auf einem landschaftlich schönen (wenn auch schattenlosen) Stück weiter steil nach unten. Er führt an eine T-Kreuzung. Hier gehen Sie weiter nach rechts unten. Nach 200 m macht der Weg wieder eine scharfe Linkskurve (durch einen Pfosten markiert) und jetzt sehen Sie unten einen kleinen Fluss im Tal fließen. Bei km 11,4 haben Sie an einem **Bach** zunächst den tiefsten Punkt (⇧ 257 m) des Abstiegs erreicht und überqueren diesen.

Auf den nächsten 300 m folgt ein steiler **Anstieg** bis zu einer Kreuzung. Gehen Sie nach rechts weiter (Haarnadelkurve). Ab hier ist der Anstieg deutlich moderater. Folgen Sie dem Hauptweg immer weiter leicht aufwärts. Auf einer kleinen **Anhöhe** (⇧ 392 m) kommen Sie bei km 12,6 an eine Kreuzung, an der Sie sich rechts halten und einen schönen Blick in das nächste Tal haben. Der Weg verläuft zunächst wieder eben, bis er nach 100 m erneut leicht ansteigt. Folgen Sie dem Hauptweg und ignorieren Sie den Weg, der rechts abgeht, bis Sie nach weiteren 100 m auf der Anhöhe wieder an einen VA-Pfeil kommen (Barranco do Velho 16,2 km, Castelão 0,3 km). Folgen Sie dem Pfeil und der asphaltierten Straße nach links leicht bergab Richtung **Castelão** (⇧ 388 m). In der Umgebung werden Ihnen immer wieder die Brandspuren vergangener Waldbrände auffallen.

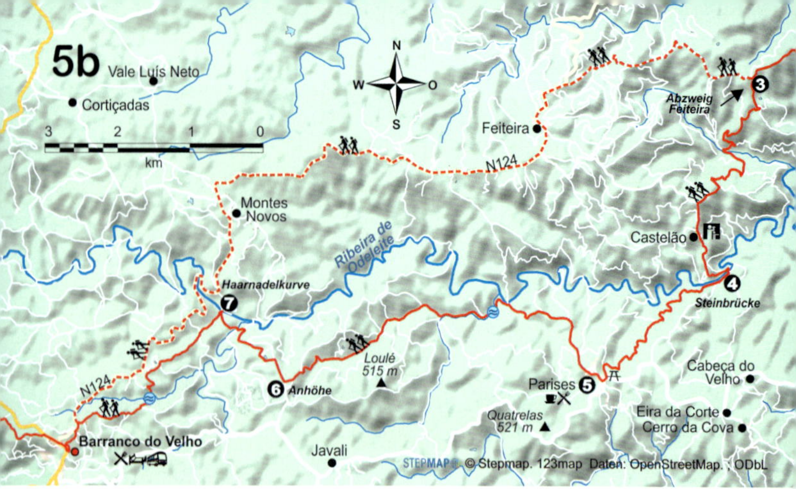

Gehen Sie auf der Hauptstraße zwischen den weißen Häusern mit den typischen arabischen Kaminen und den Steinmauern durch den Ort und genießen Sie links die schöne Fernsicht. An der ersten Kreuzung im Ort gehen Sie nach links weiter und an einem Brunnen vorbei immer weiter abwärts. Auch an der nächsten Weggabelung halten Sie sich links und laufen an einem weiteren Brunnen vorbei, bis Sie an der nächsten Wegkreuzung nach rechts weitergehen (am linken Weg steht ein Sackgassenschild). Vorbei an drei Olivenbäumen, unter denen eine kleine Bank steht, verlassen Sie bei km 13,8 das schmucke Dörfchen. Hier endet der Asphalt und der steinige Weg führt mit schönen Aussichten in weiten Kurven weiter ins Flusstal, einmal mehr gesäumt von schönen Korkeichen.

Sie kommen an eine 4er-Kreuzung, an der Sie den Weg ganz rechts weiter abwärts in Richtung Fluss nehmen. Nach 200 m zweigt in der Rechtskurve rechts ein Weg ab, den Sie ignorieren. Stattdessen folgen Sie dem Hauptweg weiter in einer Linkskurve abwärts. Hier hören Sie bereits den **Odeleite** im Tal fließen, den Sie dann rechts unten sehen und bei km 14,4 auf einer **Steinbrücke überqueren** ❹. Das Flusstal lädt mit seiner herrlichen und artenreichen Vegetation zu einer verdienten Verschnaufpause ein, bevor der Weg wieder ansteigt.

Nach dem Fluss geht es **rechts** weiter zum nächsten **langen Anstieg** Richtung Parises. Rechts unten begleitet Sie noch ein Stück das Rauschen des Odeleite. Nach 200 m kommt eine Weggabelung, an der zwei Wege links und rechts nach oben führen. Nehmen Sie hier den rechten, der parallel zum Fluss verläuft und weiter ansteigt. Kurvenreich leitet Sie der Weg weiter bergauf, rechts begleitet Sie der schöne Panoramablick über die Serra do Caldeirão. Der Weg fällt nochmals leicht ab und führt an einer geschälten Korkeiche an die nächste Gabelkreuzung, an der Sie links weiter bergauf gehen. Hier ist die Vegetation dichter. Besonders reizvoll ist es im Frühjahr, wenn die Büsche blühen. Der Weg steigt weiter an und bald sehen Sie auf der Hügelkuppe vor sich weiße Häuser liegen. Kurz vor dem Dorf verliert der Weg noch einmal kurzzeitig an Höhe, geht dann aber links wieder ansteigend weiter (durch einen Pfosten markiert). Hier liegen rechter Hand schöne saftige Wiesen mit alten Baumbeständen.

Der Weg führt weiter aufwärts bis zum Ortseingang von **Parises** (⇧ 463 m) ❺, das Sie bei km 17,4 erreichen. Auf der Straße am Ortseingang kommen Sie an der VA-Tafel sowie am VA-Pfeil vorbei. Linker Hand stehen ⩩ Tische und Bänke für ein Picknick bereit. Gehen Sie auf der Straße, die hier leicht ansteigt, ein Stück nach rechts, vorbei an einer Hinweistafel, die auf die sogenannte „Korkroute" (Rota da Cortiça) aufmerksam macht. In Parises kreuzt die Via Algarviana diese Route, die auf die Herkunft, Produktion und Weiterverarbeitung des Korks als wichtigste wirtschaftliche Aktivität in der Region aufmerksam macht. Der Kork in dieser Region gilt als der qualitativ beste weltweit. Hier steht auch ein Schild eines Verbindungsweges der VA, der bis nach São Brás de Alportel führt

Ribeira de Odeleite

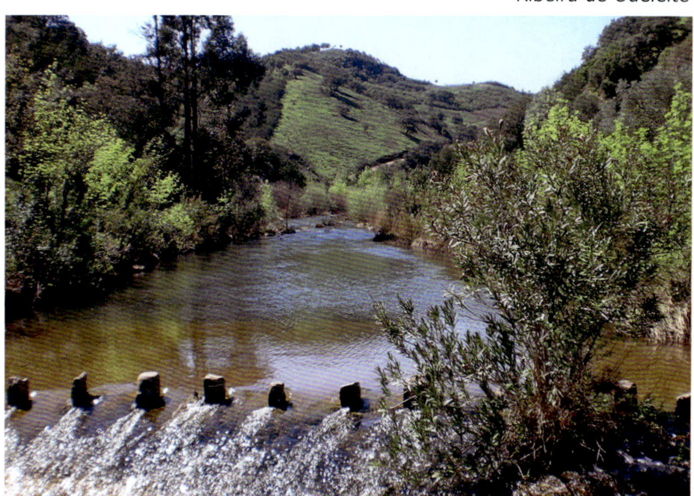

Korkeichen (port. *sobreiro, lat. Quercus suber*)
Portugal ist der weltweit größte Exporteur von Kork. Über 50 % des weltweiten Korkvorkommens stammt aus dem Süden Portugals. Täglich werden durchschnittlich 30 Mio. Korken hergestellt. Die Korkeichen prägen das Landschaftsbild des Hinterlandes und immer wieder wird Sie der Weg an geschälten Bäumen oder zum Ausharzen aufgestapelten Rinden vorbeiführen. Die Korkeiche ist in Portugal geschützt und darf nicht geschlagen werden. Der Charakterbaum des Südens ist gleichzeitig ein Symbol der Langsamkeit, denn erst nach 25 Jahren kann man die Korkrinde zum ersten Mal abnehmen und gute Qualität bekommt man erst ab ca. 45 Jahren geliefert! Wer eine Korkeiche pflanzt, wird also selbst nicht viel Nutzen davon haben, sondern die Enkelgeneration. Laut Gesetz darf eine Korkeiche nur alle neun bis zehn Jahre geschält werden. Die letzte Ziffer der Jahreszahl, in der die Korkeiche das letzte Mal geschält wurde, wird mit weißer Farbe auf den Stamm geschrieben, eine 8 etwa steht für 2018. Das Schälen mit einer speziellen Axt ist mühsame Handarbeit, geschält wird nur im Sommer. Die rot leuchtende Farbe der frisch geschälten Bäume gibt sich der Baum als eine Art Schutzmantel selbst; sie werden nicht bemalt. Der Kork wird nicht nur für Wein- und Champagnerkorken verwendet, sondern auch im Bausektor zu Fußbodenbelag oder Dämmmaterial weiterverarbeitet. In den letzten Jahren hat die kunsthandwerkliche Verarbeitung des Korkes stark zugenommen – sie bekommen heute Handtaschen, Hüte, Gürtel oder Schuhe aus Kork!

Frisch geschälte Korkeichen

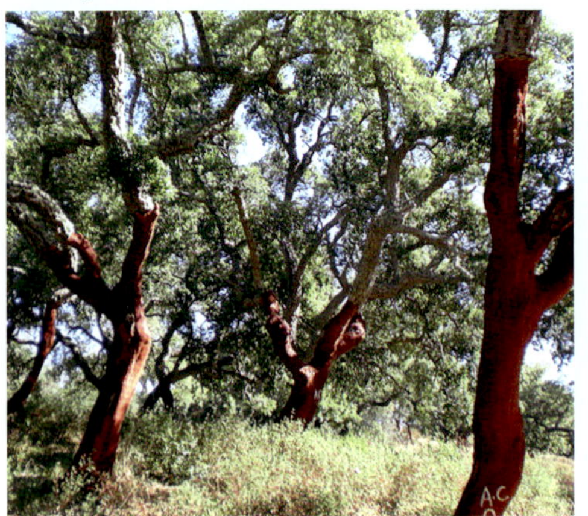

Folgen Sie der Straße bis auf eine Anhöhe, wo der nächste VA-Pfeil den Weg nach rechts in Richtung Barranco do Velho (11,6 km) weist.

↳ Wenn Sie jedoch noch weiter zur Snackbar Fortes gehen möchten, folgen Sie der Straße weiter geradeaus, vorbei an den Briefkästen. Nach 100 m kommt linker Hand die Snackbar ☕ ✕ Fortes (☎ 289 84 61 47, 🚪 öffnet täglich früh und schließt erst weit nach Mitternacht), wo es sowohl kleine Speisen wie einen ganz kleinen angeschlossenen Laden gibt. Um wieder auf die VA zu kommen, müssen Sie wieder ein Stück die Straße zurück bis zum VA-Pfeil gehen und dann (vom Café kommend) nach links abbiegen.

Nach 50 m kommen Sie rechts an der kleinen Kneipe ☕ Snackbar M. Dias (mit Torrié-Schild) vorbei. Die kleine Kneipe hat täglich geöffnet, allerdings gibt es keine Speisen. Folgen Sie der asphaltierten Straße. Vor Ihnen liegen saftige Wiesenhänge, auf denen zwischen Korkeichen Ziegen weiden. An der ersten Gabelkreuzung – noch in der Ortschaft – gehen Sie nach links weiter, vorbei an alten Mauern und einem Brunnen. Auch an der nächsten Weggabelung halten Sie sich links. Der Weg beginnt wieder abzufallen. Am Ende des Dorfes steht ein **Steinkreuz** auf einem weißen Sockel. Bei km 17,8 endet die asphaltierte Straße dann und Sie folgen dem steinigen Weg abwärts. Nach 200 m erreichen Sie eine etwas unübersichtliche Kreuzung, an der Sie geradeaus weitergehen. 600 m weiter gehen Sie an der Gabelkreuzung geradeaus und auf dem **Hauptweg** durch die offene Landschaft weiter talwärts. Sie kommen an einen kleinen **Bach**, durch den Sie weitergehen (sollte er viel Wasser führen, laufen Sie durch die Olivenbäume neben der Mauer links oberhalb des Flusslaufes).

Nach 100 m steht an einer Kreuzung bei km 19,7 wieder ein weißes Verkehrsschild mit der Aufschrift „Parises“. Hier gehen Sie nach **links** (bei der Recherche fehlte hier die Markierung) weiter und entfernen sich damit vom Fluss. Hier wurde die Wegführung im Vergleich zur ersten Auflage leicht verändert. Folgen Sie der breiten Erdpiste, die zunächst ein ganzes Stück auf der Ebene verläuft und keine nennenswerten Aufstiege mit sich bringt. Hier können Sie noch einmal Kräfte für den anstrengenden Schlussteil der Etappe sammeln. Es folgt ein moderater, jedoch langer Anstieg, allmählich gewinnen Sie wieder an Höhe. Der am Ende **steile Aufstieg** belohnt nochmals mit schönen Fernblicken. Auf der **Anhöhe** ❻ (⇧ 488 m) können Sie die **Aussicht** genießen und die letzten Kräfte für die verbleibenden 5,5 km bis Barranco do Velho sammeln.

Auf der **Anhöhe** stehen zwei weiße Verkehrsschilder (nach rechts geht es nach „Montes Novos“, nach links in Richtung „Javali“). Gehen Sie **nach rechts** weiter und folgen Sie dem von Buschwerk gesäumten Weg, der steil abfällt. Nach 300 m kommen Sie an eine Kreuzung, an der Sie auf dem Hauptweg nach links weiter bergab wandern. Rechts liegt ein **kleiner See**, an dem Sie vorbeigehen; laufen Sie an der Kreuzung hinter dem See in einer Rechtskurve weiter bergab. An der nächsten Weggabelung gehen Sie weiter geradeaus. Der Weg macht hier eine Rechtskurve (folgen Sie dem Verkehrsschild in Richtung „Montes Novos“ steil bergab) und nach 300 m bei km 25,2 eine **scharfe Linkskurve** (gehen Sie hier **nicht** weiter geradeaus!). An dieser Stelle ist auch eine gelb-rote Wandermarkierung eines Weges aus Montes Novos zu sehen. Folgen Sie dem Weg weiter steil bergab in Richtung **Flusslauf**, den Sie nach 100 m auf im **Wasser aufgestellten Betonpfosten** überqueren. Danach macht der Weg eine Linkskurve und steigt wieder an. Sie unterqueren einen großen Strommasten und folgen dem Weg, der im leichten Auf und Ab verläuft und hier mit einer weiß-rot-gelben Markierung versehen ist. Oberhalb des Weges sehen Sie die Leitplanke der Straße, die aus Feiteira bzw. Montes Novos kommt und direkt nach Barranco do Velho führt. Nach 400 m wird ein weiterer **Flusslauf mit Betonpfeilern** sichtbar.

Vorsicht: Hier macht der Weg **noch vor den Betonpfeilern eine scharfe Haarnadelkurve nach links ❼**, gehen Sie nicht weiter zur Straße!

Sie haben jetzt den Fluss im Rücken und folgen dem steinigen Weg, der nochmals leicht ansteigt. Nach 400 m kommt eine T-Kreuzung, an der Sie nach links weitergehen (hier trennt sich die gelb-rote Markierung von der weiß-roten Markierung, der Sie weiterhin folgen). 40 m nach dieser Kreuzung gehen Sie dann nach rechts weiter. Ein VA-Pfeil gibt die verbleibende Entfernung nach Barranco do Velho mit 3,6 km an. Der Weg führt ein weiteres Mal über einen kleinen **Wasserlauf** und steigt dann in einer Rechtskurve **steil** und auf steinigem Untergrund an. Sie erreichen eine Anhöhe, bevor der Weg, der immer parallel zur Straße verläuft, wieder abfällt, um danach wieder anzusteigen. Nach 300 m kommen Sie an eine Weggabelung, an der Sie weiter der Linkskurve folgen, bevor Sie an der sofort danach erreichten Gabelung rechts weitergehen, wo der Weg erneut ansteigt. 200 m weiter gabelt sich der Weg ein weiteres Mal. Sie nehmen den linken Weg, der von Zistrosen, Heidekraut und Ginsterbüschen gesäumt ist. Nach 200 m wandern Sie rechts wieder abwärts, links laufen parallel die Strommasten. Der Weg fällt weiterhin ab, macht eine scharfe Linkskurve und führt hinunter zu einem weiteren **Flusslauf**, der durchquert wird. Nun geht es zunächst nach links, bevor der Weg in einer Rechtskurve wieder steil ansteigt.

Durch wildere Vegetation laufen Sie bis zu einer Weggabelung, an der Sie nach rechts weitergehen. Folgen Sie dem Hauptweg im kurvigen Verlauf und stetigen Auf und Ab (die Strommasten befinden sich jetzt auf der rechten Seite), bis Sie nach 500 m wieder eine Anhöhe erreicht haben und mit einem schönen Rundumblick belohnt werden. Linker Hand sehen Sie einen Jägerstand, der gleichzeitig als **Aussichtspunkt** (km 27,9) dient, sowie eine alte **Windmühle**. Hinter der Anhöhe fällt der Weg wieder ab. Gehen Sie an der nächsten Kreuzung nach rechts weiter (ein Schild weist nach links zum Trimm-dich-Pfad (circuito de manutenção)), wo Sie nach wenigen Metern links einen großen **Pavillon** des Centro Comunitário mit Parkplatz sehen. Dahinter stoßen Sie bei km 28,4 auf die N124 und folgen ihr ein Stück nach links. Auf der rechten Straßenseite sehen Sie den VA-Pfeil, der zurück nach Cachopo (28,3 km) weist. Noch in der Kurve sehen Sie links ein schönes, **weißes Haus** (Casa de Cantoneiros), wo ein Straßenschild die Entfernungen zu einigen portugiesischen Städten angibt (z. B. Faro 31 km, Lisboa 268 km). Direkt hinter dem Haus wendet sich der Weg nach links, verläuft entlang einer Mauer und verlässt die asphaltierte Straße. Hier weisen zwei weiße Schilder den Weg zu alten Brunnen („Fonte do Serro Alto"/„Fonte do Chafariz"). Der Weg fällt nochmals leicht ab, führt am **Brunnen Fonte do Chafariz** (km 28,7) vorbei und wendet sich an der nächsten Weggabelung wieder leicht ansteigend nach links. Nach ein paar Metern stoßen Sie auf die asphaltierte **Hauptstraße** N2, wo auf der anderen Straßenseite die braunen Hinweisschilder zur Unterkunft (alojamento) nach rechts und zum Kunsthandwerksladen (artesanato) nach links weisen. Hier endet offiziell die Etappe, der VA-Pfeil zeigt in Richtung des nächsten Etappenziels Salir in 14,5 km. Zur Unterkunft gehen Sie auf der Straße nach rechts weiter aufwärts, bis Sie an einem Zebrastreifen links die Snackbar/Café Ponto do Encontro und rechts die Pensão A Tia Bia sehen.

Barranco do Velho ✕ 🛏 🚌 ⇧ 481 m, 50 Ew.

✕ 🛏 Pensão/Restaurante A Tia Bia, ☎ 289 84 64 25, 💻 www.atiabia.com, ✉ restatiabia@gmail.com, EZ ab € 45 mit Frühstück, DZ mit einem Bett € 57,50, DZ mit zwei Betten € 60, alle 9 Zimmer mit TV, Telefon, Klimaanlage und Bad. Zum Frühstück werden selbst gemachte Marmeladen (u. a. aus Medronhofrüchten) und Kompotte gereicht. Reservierungen sind auch über die Facebook-Seite (💻 https://de-de.facebook.com/atiabia/) möglich. Für etwa € 5 wird nach Wunsch ein Vesper für die folgende Etappe gemacht. Das angeschlossene Restaurant ist sehr zu empfehlen, alle Speisen sind hausgemacht, besonders die Wildgerichte sind ein wahrer Gaumenschmaus. Lassen Sie sich hier das Wildschwein (javali) mit

Kartoffeln in Koriandersoße nicht entgehen! Di-So 9:00-22:00, Mo hat das Restaurant ab 16:00 geschlossen. Unter der Woche (wenn im Restaurant nicht zu viel los ist) können Sie auch auf einen Pkw-Transport von oder nach Cachopo zurückgreifen, falls es nötig sein sollte. Das Ehepaar ist sehr hilfsbereit.

Gegenüber der Unterkunft A Tia Bia liegt die Bushaltestelle. Der EVA-Bus Nummer 61 fährt Mo-Fr um 7:40 nach Faro (Fahrtdauer ca. 1 Std., Fahrpreis € 4,30) und die Buslinie 20 nur freitags (Feiertage ausgenommen) um 19:09 nach Faro (Fahrtdauer ca. 1 Std., Fahrpreis € 4,30). Die Buslinie 26 fährt Mo-Fr um 7:40 nach Loulé (Fahrtdauer 35 Min., Fahrpreis € 3,30). Samstags sowie sonn- und feiertags fährt kein Bus!

Es gibt keine Einkaufsmöglichkeiten und keinen Geldautomaten!

Das kleine Bergdorf liegt direkt an der Schnittstelle der N2, die aus São Brás de Alportel kommt, und der N124, die weiter nach Cachopo führt. Der Reiz liegt in der Lage mitten in der Serra do Caldeirão.

6. Etappe: Barranco do Velho – Salir

14,9 km, 4 Std. 30 Min.-5 Std., 335 m, 655 m, 165-547 m

0,0 km	268 m	Barranco do Velho (Pension A Tia Bia)
3,3 km	524 m	Alte Windmühle
7,3 km	199 m	Ribeira do Carrasqueiro
9,4 km	165 m	Ribeira do Rio Seco
14,2 km	253 m	Kirche Salir ⌘
14,9 km	227 m	Salir (Bushaltestelle) B&B BANK ⌘

Nach der vorhergehenden langen Bergetappe ist die 6. Etappe eine angenehme Erholung. Nach einem sehr schönen Höhenstück hinter Barranco do Velho lassen Sie die Serra do Caldeirão hinter sich und es beginnt der Abstieg durch eine dicht bewachsene Schlucht in die teilweise mediterran anmutende und sehr fruchtbare Landschaft des Barrocal. Vor Salir, das von vielen Feldern, Orangen-, Mandel- und Olivenhainen umgeben ist, wird mit dem Rio Seco ein weiterer Fluss durchquert. Bis Salir gibt es keine Einkaufsmöglichkeiten.

Wenn Sie aus der Pension A Tia Bia treten, überqueren Sie die Straße gegenüber der Bushaltestelle und wenden sich nach rechts, um der Straße zu folgen. Nach 200 m biegen Sie nach links ab und verlassen damit die Straße. Wenden Sie sich an der Weggabelung gleich wieder nach rechts und folgen Sie dem VA-Pfeil in Richtung Salir (13,7 km). Neben der VA-Markierung gibt es auch andere Wanderzeichen, seien Sie also aufmerksam. Hier beginnt ein schöner Höhenweg, auf dem Sie bei gutem Wetter **herrliche Ausblicke** über die Serra, die Vorgebirgszone, bis zur Küste genießen können. Nach insgesamt 600 m kommen Sie an eine Weggabelung, an der Sie nach rechts oben weitergehen und den Weg, der von hinten links dazustößt, ignorieren. Der Weg verläuft hier (in einiger Entfernung) parallel zur Straße und ist wiederum von vielen geschälten Korkeichen, Pinien, Erdbeerbäumen und Zistrosenbüschen gesäumt. Nach insgesamt 960 m kommen Sie an eine Wegkreuzung, an der Sie links (leicht ansteigend) weitergehen. An der nächsten Weggabelung gehen Sie nach rechts (ein Wanderschild mit der Aufschrift „Percurso Pedestre do Barranco do Velho" weist nach links). Nach 500 m erreichen Sie eine kleine Anhöhe mit schöner Aussicht bis zum Meer und vor sich sehen Sie eine alte, weiße Windmühle, auf die Sie jetzt zugehen. Auf dem folgenden Wegstück stoßen immer wieder Wege von rechts auf die VA, die Sie ignorieren. Folgen Sie immer dem Hauptweg weiter geradeaus.

Schöner Fernblick auf der Höhe hinter Barranco do Velho

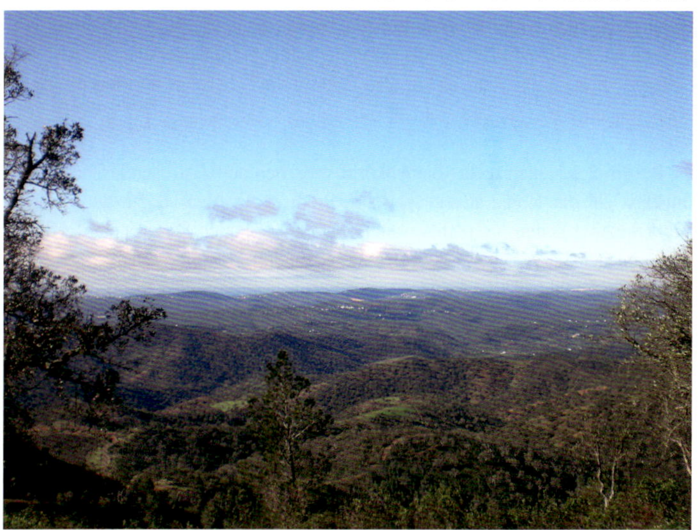

Westlicher Erdbeerbaum (port. *medronheiro*, lat. *Arbutus unedo*)

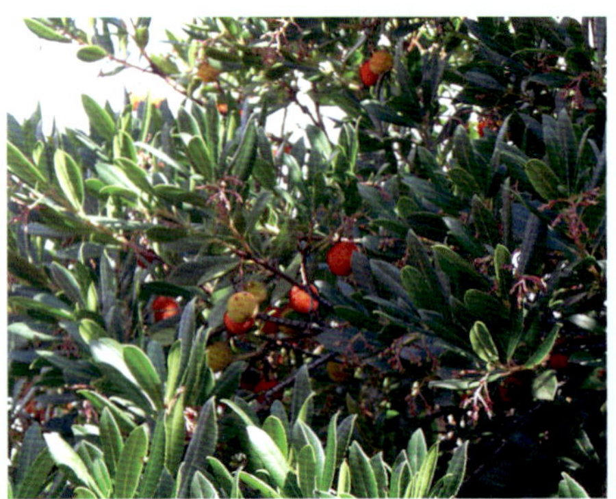

Medronho – Strauch mit Früchten

Zahlreiche medronheiros, immergrüne Büsche mit zunächst gelben, später orange-roten, kugeligen Früchten, säumen hier den Weg. Die Früchte sind zwar essbar, aber eher fad im Geschmack. Aus den im Herbst reifen Früchten wird der typische Algarve-schnaps **Medronho** gewonnen, der von vielen Bauern im Hinterland selbst gebrannt wird. Um einen Liter Schnaps zu gewinnen, benötigt man etwa 8 kg der Früchte – damit erklärt sich der hohe Preis des Medronho. Einen kommerziellen Anbau der Erdbeerbäume gibt es kaum, nur wenige Bauern haben eine offizielle Lizenz. Das Pflücken der Früchte und das Brennen ist auch heute noch mühselige Handarbeit. In den Gebirgsdörfern wird er auch mit Honig und Zitrone als Erkältungsmittel getrunken. Aber Vorsicht: Der Schnaps ist auch als Mata Bicho, also „Wurmtöter", bekannt und macht seinem Namen alle Ehre!

Bei km 2,5 stehen rechts **Bienenkörbe** zwischen den Zistrosenbüschen. Nicht umsonst gilt der Honig als ein typisches Produkt des Algarve. An der nächsten 3er-Kreuzung gehen Sie rechts weiter. Dahinter kommen Sie an eine 4er-Kreuzung, an der Sie geradeaus aufwärts weiterwandern, bis Sie bei km 3,3 die alte **weiße Windmühle ❶** (die Eira de Agosto) erreicht haben (⇧ 524 m). Hier sehen Sie schön das Monchique-Gebirge sowie den markanten, oben flachen Bergrücken des Rocha da Pena. Der Weg verläuft weiterhin auf dem Höhenkamm und nach 300 m kommen Sie erneut an eine Kreuzung, an der Sie geradeaus, zunächst in einer Links- und dann in einer Rechtskurve weiter auf die Anhöhe zugehen. Folgen Sie dem Hauptweg, der nach 800 m kurz steil ansteigt und dann wieder abzufallen beginnt. Nach 200 m kommen Sie an einen Parkplatz, der dicht an der Nationalstraße liegt. Hier steht wieder ein **VA-Pfeil**, der nach links in Richtung Salir (7,8 km) weist und damit den Beginn des Abstiegs markiert. (Eine

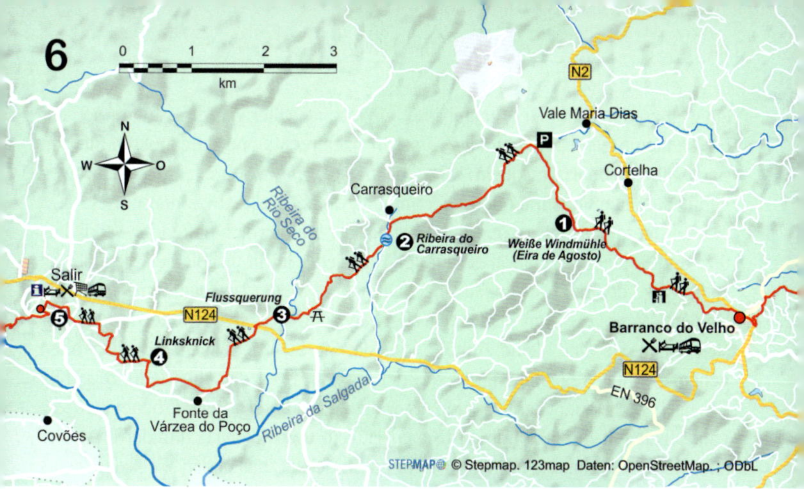

Bemerkung: Der Pfeil in Richtung Barranco do Velho zeigt hier 6,1 km an. Diese Entfernung stimmt nicht mit meinen Messungen überein, da ich an der Pensão A Tia Bia angefangen habe, den Weg aufzuzeichnen.) Zur Orientierung: An dieser Stelle steht auch ein weißes Verkehrsschild, das in Richtung Carrasqueiro weist.

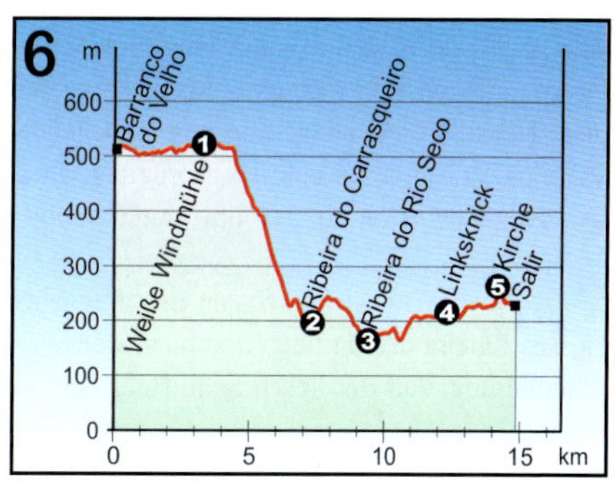

Der **Abstieg** beginnt gemäßigt und es liegt ein gemütliches Wegstück vor Ihnen, auf dem Sie stetig an Höhe verlieren. Immer wieder werfen Korkeichen ihren Schatten auf den Weg. An der nächsten Weggabelung halten Sie sich rechts, dem Weg weiter abwärts folgend. Gehen Sie entlang des Baches aus dem Tal hinaus. Nach 200 m stößt von hinten links ein Weg auf die VA, den Sie ignorieren; gehen Sie geradeaus weiter. Auch an der Stelle, wo der nächste Weg, dieses Mal von rechts, dazukommt, wandern Sie weiter geradeaus entlang des Flusses, direkt auf die weißen Häuser zu.

Nach 1 km erreichen Sie eine Kreuzung, an der rechts ein Weg über den Bach führt. Gehen Sie auch hier weiter leicht bergan geradeaus und folgen Sie damit dem weißen Straßenschild mit der Aufschrift N124. Der Weg wird rechts von einer braunen, teilweise eingestürzten Steinmauer gesäumt. Ebenfalls rechts liegt ein weißes Haus mit einer Steinbrücke. Gehen Sie weiter geradeaus und noch vor der kleinen Steinbrücke bei km 7,3 **scharf nach rechts und durchqueren Sie den Bach Ribeira do Carrasqueiro ❷**. Gehen Sie hier nicht weiter den Hauptweg geradeaus! Die Flussüberquerung kommt an dieser Stelle etwas unerwartet.

Auf der anderen Seite des Flusses steigt der von herrlich duftenden Wildkräutern und üppiger Vegetation gesäumte Weg wieder leicht an. Bleiben Sie auf dem Hauptweg, der bald in einer weiten Linkskurve weiter ansteigt. Ignorieren Sie kleinere Wege, die vom Hauptweg abgehen. Der Weg steigt weiter an und vor sich sehen Sie eine kleine Anhöhe, auf die Sie zu-, aber **nicht bis ganz oben gehen**. An der Weggabelung, an der der linke Weg auf die Anhöhe führt, gehen Sie nach rechts und dann geradeaus weiter nach unten. Rechts öffnet sich die Landschaft mit ihren charakteristischen Hügeln und Korkeichenwäldern. An der nächsten Weggabelung folgen Sie dem linken, leicht abfallenden Weg, der rechts von einer Steinmauer gesäumt wird. Er verläuft fast eben durch das Tal. Links am Weg steht ein einzelner, markanter Eukalyptusbaum. Dahinter taucht links ein Pinienwäldchen auf. Nach einer Rechtskurve läuft der Weg abfallend auf verschiedene Häuseransammlungen an den umliegenden Hügeln zu. Nach dem Abstieg kommen Sie unten an eine Wegkreuzung, an der Sie links weitergehen müssen. Der Weg fällt weiter ab und führt durch üppige Vegetation.

Nach 80 m gehen Sie an der Weggabelung nach **rechts in Richtung des Flusses Ribeira do Rio Seco** und nicht weiter geradeaus aus dem Tal hinaus. Zur Orientierung: Auf der linken Seite steht eine ⛼ Picknickbank, die zu einer Rast einlädt.

Halten Sie sich gleich wieder links; der Weg verläuft zunächst noch 30 m im breiten Kiesbett direkt am **Fluss** entlang, bevor dieser dann weiter hinten bei km 9,4 (durch einen Pfosten markiert) **durchquert ❸** wird. Hier kommen Sie nach Regenfällen wohl nicht darum herum, die Schuhe auszuziehen. Wenn Sie den Fluss durchquert haben, halten Sie sich zwischen den Eukalyptusbäumen rechts und gehen dann an der nächsten Möglichkeit an den Olivenbäumchen nach links weiter. Auf roter, steiniger Erde steigt der Weg leicht an, links und rechts wird er von Wiesen mit altem Olivenbaumbestand gesäumt und nach ein paar Metern sehen Sie auf der linken Seite ein **großes, beigefarbenes Haus** (Casa nas Colinas), an dem Sie vorbeigehen. Laufen Sie an der nächsten Weggabelung nach links. Nach 100 m, bei km 9,8, kommen Sie auf die **Nationalstraße** N124, die Sie überqueren. Auf der anderen Straßenseite sehen Sie den VA-Pfeil, der nach Salir in 4 km weist.

Der Weg verläuft zunächst auf einer **asphaltierten Straße**. Sie kommen an das Ortsschild von Alagoas und folgen der Straße weiterhin in einer Rechtskurve. Hier im Tal sehen Sie deutlich mehr Höfe, Ansiedlungen und bewirtschaftete Felder und Gärten als im bergigen Hinterland. Die Landschaft verändert sich allmählich. Sie haben jetzt die Serra hinter sich gelassen und befinden sich im Übergang zum Barrocal, einer Landschaft, die Sie auf den nächsten Etappen begleiten wird.

Barrocal

Als **Barrocal** wird das hügelige Bergvorland bezeichnet, das sich zwischen die Küste und die Bergketten schiebt. Charakteristisch ist die rote, eisenhaltige und fruchtbare Erde, die die Landwirtschaft begünstigt und aus dem Barrocal einen wahren Obstgarten macht. Entlang des Wanderweges werden Sie alle typischen Baumarten des Barrocal sehen: die hiesigen Eichenarten sowie Kulturpflanzungen aus Mandel-, Oliven-, Feigen- und Johannisbrotbäumen. In den letzten Jahren hat der Zitrusanbau eine größere Bedeutung eingenommen; Ihnen werden in den nächsten Tagen viele Orangenhaine auffallen. Für Pflanzen- und vor allem für Orchideenliebhaber sind die nächsten Etappen ein Genuss!

Die typische rote Erde des Barrocal

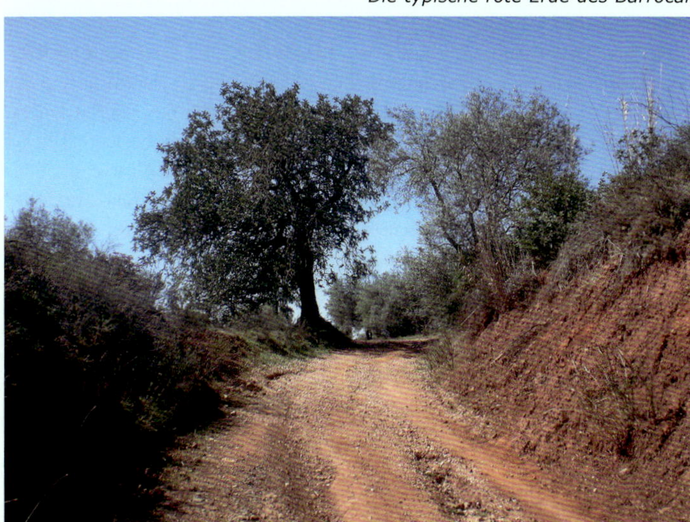

Der Weg führt in einer Linkskurve weiterhin auf Asphalt an einem Haus vorbei bergab und steigt kurz darauf wieder an. Die ersten beiden Feldwege, die rechts von der Straße abzweigen, ignorieren Sie und gehen weiter die Straße aufwärts. In der Linkskurve **verlassen Sie bei km 10,7** dann die Straße und gehen rechts auf einem erdigen Weg weiter. Er wird schmaler und steigt zwischen den Wiesen und dichtem Buschwerk an, bis Sie nach 200 m erneut auf die Straße treffen. Gehen Sie nach rechts auf dem Asphalt weiter. An dieser Stelle steht wieder ein VA-Schild, das den Verbindungsweg zum Bahnhof in Loulé anzeigt. Nach 200 m zweigt links ein Weg nach oben ab, der, wie ein Schild angibt, zum Brunnen Fonte da Várzea do Poço führt. Die VA geht jedoch rechts auf der Straße weiter, die hier von Mauern, Gärten, eingezäunten Grundstücken und unzähligen Obst- und Olivenbäumen gesäumt ist. Rechts haben Sie nochmals einen schönen Blick auf die Bergkette, die jetzt parallel verläuft. Bei km 11,6 macht die Straße einen Linksknick. Gehen Sie hier geradeaus zwischen alten Steinmauern weiter und verlassen Sie damit den asphaltierten Untergrund. Hier steht eine Infotafel zu den hiesigen typischen Kulturpflanzungen: „Pomares de sequeiro“. Es handelt sich um die Wegbegleiter der VA durch den Barrocal: Mandel-, Feigen- und Olivenbäume sowie Stein- und Korkeichen.

Legende der Mandelblüte

Der Mandelbaum (port. *amendoira, lat. Prunus dulcis*) ist einer der Charakterbäume der Algarve, die wohlschmeckenden Mandeln sind aus der Küche und den regionalen Süßspeisenkreationen nicht mehr wegzudenken. Besonders schmackhaft ist auch der Bittermandellikör Amarguinha. Die Blütezeit beginnt als erster Vorbote des Frühjahrs bereits Mitte Januar und taucht die Algarve bis Ende Februar in ein weißes und zart rosafarbenes Blütenmeer. Eingeführt wurde die Nutzpflanze während der maurischen Herrschaft und mit ihr wurde die Algarve um eine romantische Legende bereichert. Dieser zufolge soll sich einer der arabischen Kleinkönige in eine sehr schöne Dame aus Nordeuropa verliebt haben, die seine Liebe erwiderte und zu ihm nach Al-Gharb zog. Sie lebten glücklich an seinem Hof, ihr fehlte es an nichts. Doch die Jahre zogen ins Land und der Kleinkönig bemerkte, dass seine Herzensdame immer, wenn es auf den Winter zuging, melancholisch verstimmt und traurig wurde. In einem Winter war es besonders schlimm und es brach ihm das Herz, sie so traurig zu sehen. Er fragte sie, was ihr denn fehlte und mit brüchiger Stimme antwortete sie: „Es fehlt mir der Schnee meiner Heimat.“ Doch Schnee an der Algarve war unmöglich! Als sie sich jedoch an diesem Abend schlafen legte, hatte ihr Gemahl eine großartige Idee: Über

Nacht ließ er die gesamte Algarve mit Mandelbäumen anpflanzen, die alle wie durch ein Wunder am nächsten Morgen aufgeblüht waren. Und als die nordische Schönheit in der Früh wie jeden Morgen das Fenster öffnete und hinausschaute, standen die Bäume in weißem Blütenkleid da und es sah aus, als ob es geschneit hätte. Von da an war sie wieder glücklich und ihr Lächeln kehrte zurück.

Eine Anmerkung: Die letzten Kilometer bis Salir verlaufen im stetigen Zickzack durch Felder, Wiesen und an Höfen vorbei zwischen alten Steinmauern. Aufgrund der Privatbesitzrechte müssen Sie hier gut auf die Markierung achten bzw. sorgfältig lesen.

An der ersten Weggabelung nach 100 m geht rechts ein Weg ab, den Sie liegen lassen und weiter geradeaus gehen. Links verläuft eine Steinmauer, an der später die Markierung folgt. Nach 300 m kommen Sie an ein größeres **Haus mit Hof**, an dem Sie **scharf rechts** vorbeigehen und auf der Straße leicht bergauf weiterwandern. Nach 50 m kommen Sie an das **Ortsschild von Fujanca**, an dem Sie geradeaus weitergehen. Zur rechten Seite haben Sie einen schönen Blick auf den Gebirgszug.

Bei km 12,4 verlassen Sie den betonierten Weg. Die VA macht hier durch einen Pfosten markiert einen **scharfen Linksknick ❹**. Sie folgen nun dem schmalen Pfad entlang alter Steinmauern, der bei Regen sehr matschig sein kann. Der Weg macht eine Linkskurve, verläuft zwischen Feldern und Äckern und führt danach wieder zwischen Steinmauern abwärts. Sie kommen an eine Kreuzung, an der Sie geradeaus auf Asphalt nach unten weiterwandern (ignorieren Sie den Weg rechts zu einem Hof und ebenso den Feldweg links). Bei km 12,9 **verlassen Sie den Weg, auf dem Sie sich gerade befinden**, in einer abfallenden Linkskurve und gehen **geradeaus** auf einen schmaleren Pfad, der zunächst sehr steil abfällt. Am eingezäunten Grundstück mit dem Brunnenhäuschen macht der Weg eine Rechtskurve und steigt dann wieder an. Nach dem Anstieg gehen Sie **rechts** auf dem Erdweg weiter und **nach 100 m gleich wieder scharf links** an der Mauer entlang, an der Sie auch die Markierung finden (also nicht weiter dem Erdweg geradeaus folgen!). Sie gehen hier auf einem halb überwucherten, sehr **romantischen**, mauergesäumten Weg.

Nach 200 m kommen Sie wieder an ein **Gehöft**. Gehen Sie **geradeaus** zwischen den Häusern hindurch und biegen Sie **nach dem letzten Haus auf der rechten Seite** (ein Rohbau mit einem blauen, verwitterten Tor) **scharf nach rechts** in einen schmalen, mauergesäumten Pfad ein, der unter einem Johannisbrotbaum beginnt. Folgen Sie dem Pfad geradeaus. Bald beginnt links eine Steinmauer. Sie kommen an einem Haus an eine Weggabelung, an der Sie **links** weitergehen (die Markierung folgt am Strommast). Sie passieren ein **Haus** (rechts) und gehen weiter geradeaus. Bald sehen Sie auf der rechten Seite den Wasserturm von Salir. Rechts liegt ein größeres, eingezäuntes Grundstück, hinter dem Sie an der Weggabelung nach **rechts unten** auf betonierter Straße zwischen eingezäunten Grundstücken weitergehen. Nach 100 m kommen Sie bei km 13,6 auf die **Straße**, die ins Zentrum von Salir führt. Laufen Sie auf der Straße nach links weiter, bis Sie bei km 14,1 den **Ortseingang von Salir** erreicht haben. Auf der rechten Seite befindet sich die kleine ✕ Pastelaria Salir Doce (Mo-Fr 6:30-18:00, Sa 6:30-14:00, So geschlossen, ☎ 289 48 99 15) mit eigener, angeschlossener Bäckerei. Nach 100 m erreichen Sie eine **größere Kreuzung**, an der Sie nach **rechts** weitergehen und damit dem **Verkehrsschild in Richtung „Centro"** folgen. Laufen Sie die Straße entlang – links kommen Sie an einem kleinen Laden mit angeschlossener Post vorbei (8:00-13:00 und 15:00-20:00, samstags nur vormittags geöffnet, sonntags geschlossen) – und gehen Sie nach 20 m auf

Dorfszene in Salir

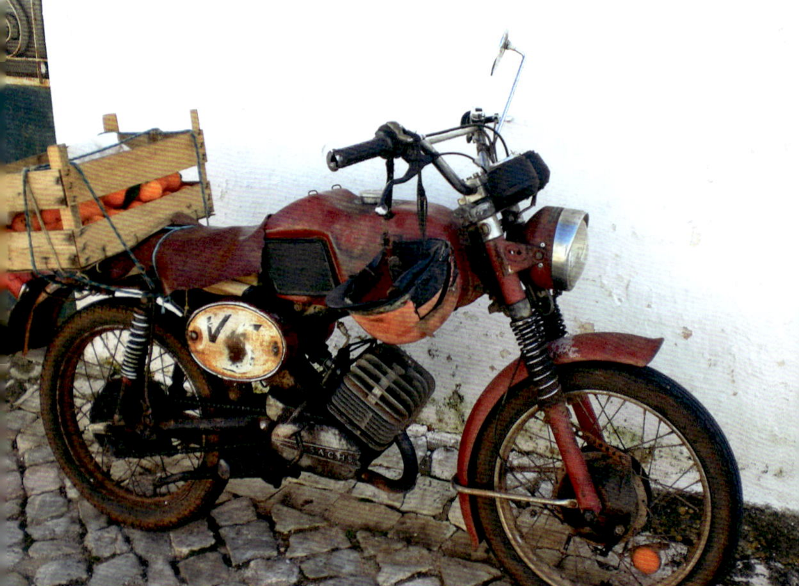

Pflastersteinen nach **rechts in Richtung Kirche (auf dem weißen Schild steht „Igreja Matriz“)** und dann die Treppen hinauf. Unterhalb der Kirche liegt ein kleiner, schattiger Park mit Bänken am Wasserturm, der zum Verweilen einlädt. Bei km 14,2 erreichen Sie den Platz vor der **Kirche ❺** (Igreja de S. Sebastião) und gehen dann nach links weiter. Direkt unterhalb der Kirche befindet sich die Tapasbar (mit Eisdiele und Café) Janela da Serra, die mit Außenbestuhlung zu einer Pause bei Wein und täglich wechselnden Tapas einlädt.

Vom Hauptportal der Kirche geht es am Largo 25 de Abril wieder abwärts, zwischen weißen, teils verlassenen, renovierungsbedürftigen oder zum Verkauf stehenden Häusern hindurch. Folgen Sie dem braunen **Schild „Ruínas do Castelo“** immer weiter die Rua Manuel Francisco Faisca hinab. Rechts stehen Müllcontainer und gleich danach kommen Sie an eine größere **Kreuzung**. Zur ⌘ Burgruine und zur Unterkunft Casa do Torreão geht es nach rechts oben, die abfallende Straße rechts (Rua do Poço) führt zur Unterkunft Casa da Mãe und die VA geht **nach links weiter** die Rua José Silva Elias hinab. Die Straße führt direkt auf das Restaurant/Pastelaria Porto Doce mit der roten Buondi-Markise und auf die Straße Rua José Viegas Gregório zu. Rechts neben dem Restaurant Porto Doce liegt das Restaurant Churrasqueira Papagaio Dourado (km 14,8).

Wenn Sie links die Rua José Viegas Gregório entlanggehen, kommt auf der linken Seite die **Bibliothek** und auf der anderen Straßenseite das **Centro de Saúde** (☏ 289 48 95 16). Wenn Sie der Straße noch weiter aufwärts folgen, gelangen Sie zur Bank Crédito Agrícola mit einem Geldautomaten.

Um zum Etappenziel an der (in der Zwischenzeit vollständig ausgebleichten) VA-Tafel zu kommen (bzw. zum Anfang der nächsten Etappe), gehen Sie nach dem Restaurant „Papagaio Dourado“ nach links und biegen an der nächsten Kreuzung gleich wieder links in die nächste Straße – Rua do Bom Sucesso – ein. Folgen Sie der Straße für gut 100 m abwärts, bis Sie zur Bushaltestelle kommen, wo die Etappe offiziell endet.

Salir B&B ⌘ ✝ ⇧ 251 m, 2.700 Ew.

www.salir.pt

Die Touristeninformation ist in der alten Grundschule an der Rua José Viegas Gregório (schräg gegenüber von dem Restaurant Porto Doce) untergebracht, ☏ 289 48 93 18, turismo.salir@cm-loule.pt, Mo bis Fr 9:00-12:30 und 14:00-17:00.

Casa da Mãe (Turismo Rural), Almeijoafra, 8100-155 Salir, ☏ 289 48 91 79, 967 34 98 62, casa.da.mae@sapo.pt, www.casadamae.com, etwa 2 km außerhalb von Salir, auf die Gäste warten ein Swimmingpool und gemütliche Zimmer in einer schön gepflegten Anlage, Sonderpreis für Wanderer: EZ € 37,50 und DZ € 60, inklusive Frühstück. Allerdings können Sie dort nicht zu Abend essen. Wegbeschreibung: Gehen Sie an der Kreuzung (wenn Sie die Straße von der Kirche abwärtsgegangen sind) nach rechts in die Rua do Poço weiter abwärts. Unten halten Sie sich an der Kreuzung rechts. Gehen Sie entlang der Straße immer geradeaus weiter und dann an der ersten Möglichkeit (an einem eingezäunten Gelände mit gelber Mauer) nach links. Das Turismo Rural ist bereits ausgeschildert. An der nächsten Weggabelung halten Sie sich rechts und laufen immer entlang der Straße weiter geradeaus bis nach Ameijoafra. Folgen Sie der Straße in den Ort, das Turismo Rural liegt auf der rechten Seite.

B&B Casa do Torreão, Rua do Castelo. 933 59 82 81, www.casadotorreao.com, reservation@casadotorreao.com, die Unterkunft befindet sich in einem bezaubernd renovierten alten Haus unterhalb der Burg und wird von einem jungen Ehepaar (Luna und Jerónimo) geführt, das lange in Belgien gelebt hat. Es gibt für VA-Wanderer günstigere Preise als der Listenpreis: EZ € 50, DZ € 55, inklusive Frühstück. Auf Wunsch wird auch ein Lunchpaket für € 7 vorbereitet.

Churrasqueira Papagaio Dourado, ☏ 289 48 96 09, empfehlenswertes Restaurant mit guter Küche und freundlichem Service; sehr leckere und preiswerte Tagesgerichte. Sie müssen nur ausreichend Zeit einplanen. Sie können auch draußen (allerdings an der Straße) sitzen. Mi-So 11:00-15:00 und 18:30-22:00, Mo 11:00-15:00, dienstags geschlossen

Restaurant/Pastelaria Porto Doce, ☏ 289 48 94 05, Mo-Sa 8:00-23:00, sonntags geschlossen

Janela da Serra (Tapas-/Weinbar mit Eisdiele und Café), ☏ 289 48 94 39, die Tapasbar wurde 2018 in einem schön renovierten Haus unmittelbar neben der Matriz-Kirche mit Fernblick und Außenbestuhlung eröffnet. Es werden täglich wechselnde Tapas und Wein angeboten. Darüber hinaus gibt es eine Eisdiele, eine umfangreiche Getränkekarte und kleine Speisen. Di-Sa 10:00-23:00, So 10:00-18:00, Mo geschlossen

Jafers Supermarkt: Der neu eröffnete Supermarkt befindet sich an der Nationalstraße N124 in Richtung Loulé (also entgegen der Laufrichtung nach Alte). Gehen Sie an der Tankstelle vorbei und folgen Sie der Straße weiter geradeaus, bis Sie rechts den Supermarkt sehen. täglich 8:00-20:00

Farmácia (Posto farmacêutico móvel), Rua José Viegas Gregório 34 (gegenüber den Restaurant Papagaio Dourado), ☏ 289 48 94 97, Mo-Fr 9:00-13:00 und 15:00-19:00, Sa und So geschlossen

Castelo de Salir: Die aus Lehm erbaute ehemalige maurische Festung der Almohaden aus dem 12. Jh. ist heute nur noch eine Burgruine und beherbergt ein kleines Museum mit einzelnen Ausgrabungsstücken. In der Zeit der christlichen Rückeroberung spielte die Burg von Salir als eine der letzten Festungen in arabischer Hand eine wichtige strategische Rolle.

Die Kirche S. Sebastião wurde dort errichtet, wo früher eine Moschee stand, und beim großen Erdbeben von 1755 fast vollständig zerstört. Danach wurde sie wieder aufgebaut. Leider ist die Kirche fast immer geschlossen.

Die EVA-Buslinie 25 fährt Mo-Fr um 8:50 und 14:25 nach Alte (Fahrtdauer 25 Std., Fahrpreis € 2,55). Von Salir nach Loulé gibt es folgende Verbindung: Mo-Fr um 10:00 und 15:52, Mo-Sa um 8:30 und So-Fr um 7:00 (Fahrtdauer 25 Min., Fahrpreis € 2,55). Die Bushaltestelle befindet sich neben der VA-Tafel an der Hauptstraße.

Taxi Loulé: ☏ 289 41 44 88

Festa da Espiga: Im Mai findet das traditionelle **Volksfest der Ähren** statt. Mit Ähren und Feldblumen geschmückte Wagen ziehen durch das Städtchen und die Menschen feiern mit Musik- und Kunsthandwerksständen die Ankunft des Frühlings.

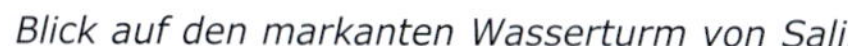

Blick auf den markanten Wasserturm von Salir

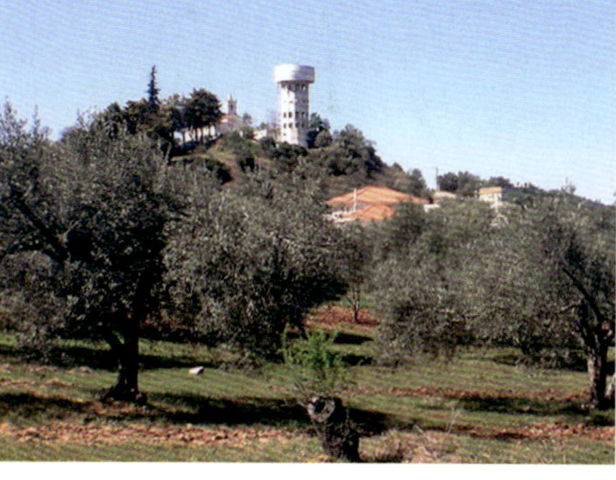

Die Kleinstadt Salir im Herzen dieser landwirtschaftlich geprägten Gegend blickt auf eine lange Besiedlungsgeschichte zurück, wie die Mauerreste der Burg aus arabischer Zeit beweisen. Eingebettet in die fruchtbare Landschaft des Barrocals zeigt sich der weiße Wasserturm schon aus der Ferne und unterhalb der Stadtkirche lädt ein kleiner Park zum Verweilen ein. Auch wenn das dörfliche Leben beschaulich und der Lebensrhythmus gemütlich ist, finden Sie hier eine erfreuliche Auswahl an Restaurants und Cafés sowie Einkaufsmöglichkeiten.

7. Etappe : Salir – Alte

16,2 km, 5 Std., 335 m, 434 m, 191-340 m

0,0 km	228 m	Salir (Bushaltestelle) B&B BANK
6,0 km	337 m	Cerro da Viera
10,4 km	292 m	Benafim (Kirche) BANK
11,9 km	230 m	Ribeira do Freixo
16,2 km	192 m	Alte (an der Fonte Pequena) BANK

Der Weg führt Sie zunächst durch eine stark durch Landwirtschaft geprägte Gegend, vorbei an vielen Gärten, Feldern und Obsthainen. Nach einem kurzen Höhenstück auf dem Cerro do Vieira gelangen Sie in das Städtchen Benafim, wo es Cafés, Restaurants und Einkaufsmöglichkeiten gibt. Hinter Benafim wartet ein landschaftlich sehr reizvolles Stück auf Sie, bei dem zunächst ein weiterer Fluss überquert wird und das Sie auf den letzten Kilometern vor Alte durch das wunderschöne Flusstal des Ribeira de Alte führt.

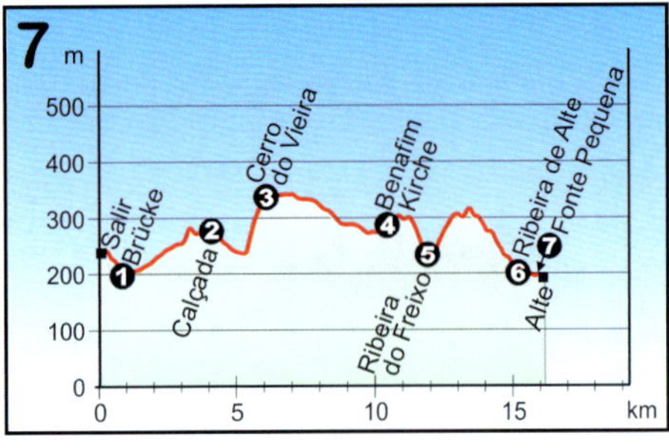

Starten Sie die Etappe an der mittlerweile verblichenen VA-Tafel neben der Bushaltestelle und wenden Sie sich an der Kreuzung nach rechts. Folgen Sie dem weißen Straßenschild in Richtung „Benafim" und „Alte" ein Stück entlang der Straße Rua Manuel D. Eusébio (Markierung an der Straßenlaterne). Nach 100 m kommt rechts eine Pasteleria (Buondi-Schild, Mo-Sa 5:30-19:00, So geschlossen), an der Sie vorbeigehen. Nach weiteren 100 m sehen Sie links den VA-Pfeil stehen, der in Richtung Benafim (9 km) und Alte (16 km) weist. An dieser Stelle verlassen Sie die Straße und folgen dem wiesen- und mauergesäumten Betonweg bergab. Hier gibt es auch eine andere gelb-rote Wandermarkierung, die teilweise mit dem Verlauf der VA übereinstimmt. Ignorieren Sie abgehende Wege und folgen Sie dem

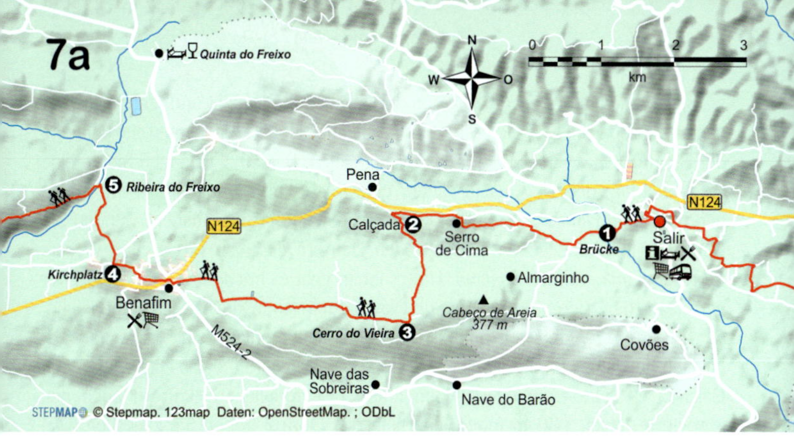

Verlauf des Hauptweges entlang vieler Wiesen mit Oliven-, Mandel- sowie Orangenbäumen und bewirtschafteter Felder. Bald beginnt der Weg im kurvigen Verlauf abzufallen. Nach 800 m gehen Sie auf einer **Brücke ❶** über einen Bach. Der betonierte Weg windet sich dann nach rechts weiter durch die offene Felder- und Wiesenlandschaft. Immer wieder kommen Sie an alten, teilweise verrosteten Brunnen und alten Wasserrädern vorbei, die einen Hinweis auf die Bedeutung der von den Arabern eingeführten Bewässerungstechniken in dieser von Landwirtschaft geprägten Gegend geben (☞ Geschichtlicher Überblick). Hier steht auch eines von vielen noch vorhandenen Wasserschöpfrädern.

Bei km 1,2 erreichen Sie den kleinen Weiler **Fonte Figueira** und kommen an der Casa da Fonte und einem Brunnen mit dunkelblauem Rad (rechts) vorbei. Nach 150 m erreichen Sie eine Kreuzung, an der Sie nach rechts weitergehen. An der darauffolgenden 4er-Kreuzung laufen Sie geradeaus weiter und folgen den weißen Schildern in Richtung „Beirada" und „Almarginho". Am Ortsschild „Almarginho" gehen Sie immer geradeaus zwischen den Häusern und teilweise zwischen Mauern hindurch durch das lang gezogene Dorf. Am Ortsende sehen Sie einen schönen Affenbrotbaum mit einem runden Mäuerchen rund um den Stamm. Gehen Sie hier an der Weggabelung nach links oben weiter. Rechts liegt ein neueres, gelbes Haus und dahinter beginnt wieder ein Erdweg, der schön zwischen Mauern verläuft. Die vielen Steinmauern sind ein Paradies für Eidechsen, die Sie überall zwischen den Steinen davonhuschen sehen. Folgen Sie dem Weg geradeaus. Bald kommt rechts ein Hof mit zahlreichen Tieren (eingezäunt) in Sicht. Links von Ihnen begleitet Sie der Bergrücken Cerro do Vieira, auf den Sie später hinaufsteigen.

Sie kommen an eine Kreuzung, an der links ein Weg abfällt und rechts ein Weg nach oben abzweigt. Gehen Sie hier auf gleicher Höhe geradeaus weiter entlang der Steinmauer, an der Sie die Markierung sehen. Bei km 3 gelangen Sie an eine Weggabelung; der Weg macht wieder eine Rechtskurve und führt leicht ansteigend auf eine Häuseransammlung zu. Wenn Sie sie erreicht haben, wenden Sie sich nach links und gehen zwischen den Häusern des halb verlassenen Weilers **Serro de Cima** geradeaus weiter. Hinter ihnen geht es noch auf der Straße weiter **geradeaus** (ignorieren Sie abgehende Wege) durch landwirtschaftliche Nutzfläche. Der Bergrücken rechts vor Ihnen ist das Naturschutzgebiet Rocha da Pena, ebenfalls ein herrliches Wandergebiet. Bei km 4,2 erreichen Sie das nächste Dörfchen **Calçada ❷**. Hier sehen Sie neben alten, fast zerfallenen Häusern auch neu renovierte. Nach 100 m (noch innerhalb des Dorfes) gehen Sie zwischen zwei eingezäunten Grundstücken mit bellenden Hunden nach links auf einem steinigen Weg weiter und folgen einer **scharfen Linkskurve**.

Der Weg wird links von einer Steinmauer gesäumt und führt auf **erdigem Grund** durch die offene Wiesenlandschaft.

Achtung: An der nächsten Weggabelung verläuft der Weg nach rechts unten weiter. Gehen Sie hier nicht weiter geradeaus! Der Wegverlauf ist hier in der offenen Landschaft aufgrund der vielen sich kreuzenden Feldwege etwas unübersichtlich, besonders nach starken Regenfällen, wenn sich der lehmige rote Boden in einen einzigen Sumpf verwandelt.

Gehen Sie an der nächsten Weggabelung (4er-Kreuzung) geradeaus in einer Linkskurve weiter abwärts. Sie steuern damit auf den Bergrücken zu, der vor Ihnen liegt. An der nächsten Weggabelung gehen Sie weiter geradeaus auf den Bergrücken zu. Der Weg macht eine Linkskurve und führt dann zwischen Steinmauern weiter. Folgen Sie ihm im kurvigen Verlauf stetig abwärts. Sie kommen an eine größere Weggabelung, an der Sie nach rechts weitergehen. Der Weg verläuft hier eben. Kurz darauf kommt eine unübersichtliche Gabelung. Gehen Sie hier nach links weiter. Der Weg macht eine Linkskurve. Vor Ihnen liegt der Cerro de Vieira. Zum Zeitpunkt der Recherche war hier die Markierung etwas unübersichtlich, die offizielle Markierung führt Sie in einem Kreis, um dann wieder an die gleiche Stelle zu kommen. Folgen Sie trotz der aufgestellten x-Markierung am Pfosten dem Pfad geradeaus, wo Sie den Talboden erreichen. Halten Sie sich rechts, wo der **steile und steinige Anstieg** auf den Bergrücken beginnt.

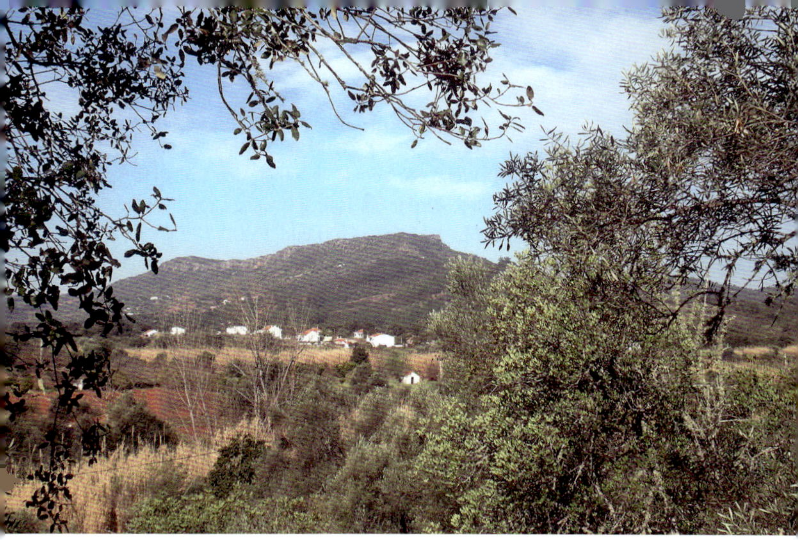

Blick auf den markanten Rocha da Pena

Gehen Sie **geradeaus** nach oben und ignorieren Sie abgehende Wege. Bei km 6 haben Sie den Bergrücken **Cerro do Vieira** erklommen ❸. Wandern Sie in einer Rechtskurve weiter geradeaus und halten Sie sich an der nächsten Gabelung rechts, wo der **Höhenweg** (⇧ 337 m) auf dem Bergkamm beginnt. Niedriges Buschwerk, Mastix und andere Sträucher sowie herrlich duftende Wildkräuter wie Salbei, Schopflavendel, Thymian, Rosmarin etc. dominieren hier die Landschaft, die gleichzeitig ein hervorragendes Jagdgebiet darstellt. Nach 500 m geht rechts ein Weg ab; Sie ignorieren ihn und gehen weiter geradeaus. Nach 1 km **fällt der Weg wieder leicht ab** und Sie sehen die Ortschaft Benafim vor sich liegen. Nach 300 m beginnen links und etwas später auch rechts Mauern, auf denen zusätzlich Stacheldraht angebracht wurde und hinter denen sich **Orangenplantagen** befinden. Folgen Sie weiterhin dem abfallenden Weg entlang der Mauern, vorbei an den grünen Toren der Plantage. Unten macht der Weg eine Rechtskurve. Rechter Hand liegt ein großer aufgeschütteter Steinhaufen, der als Mauer fungiert. An einem grünen Tor führt der Weg von der Mauer und der Plantage nach links weg und macht einen **Linksknick** auf Benafim zu. Bei km 9,3 beginnt ein asphaltierter Weg und Sie erreichen die ersten eingezäunten Grundstücke und Häuser des Städtchens **Benafim**. Nach 200 m stoßen Sie dann auf die **Autostraße M524-2**, wo auch ein VA-Pfeil steht. Gehen Sie nach rechts die Straße hoch (links liegt eine ⛽ Repsol-Tankstelle) bis zu einem Kreisverkehr.

Benafim

284 m, 2.769 Ew.

Am Kreisverkehr liegt auf der rechten Seite u. a. die Snackbar Ponto de Encontro (täglich von 8:30-21:00). Wenn Sie geradeaus durch den Kreisverkehr gehen, sehen Sie rechts den blauen Pfeil, der zur Farmácia weist (Apotheke Sousa Rodrigues, Rua do Barrocal 9, Mo-Sa 9:00-16:00 und 15:00-19:00, So geschlossen). Auf der linken Seite oberhalb des Kreisverkehres liegt der kleine Coviran Supermarkt Borges (Mo-Sa 8:00-13:00 und 14:00-20:00, So geschlossen).

Der Weg führt am **Kreisverkehr** nach **links** ein kurzes Stück entlang der Nationalstraße EN 124 (die innerhalb Benafims auch den Namen 25 de Abril trägt). Nach wenigen Metern gehen Sie auf der anderen Straßenseite an einem VA-Pfeil („Alte 6,5 km") vorbei und wenden sich dahinter an der Wegkreuzung (noch vor dem Zebrastreifen) nach rechts in die Rua Dr. Sá Carneiro, wo Sie dann die Nationalstraße verlassen. Folgen Sie dem ansteigenden Straßenverlauf zwischen den Häusern und Mauern hindurch. Später verläuft der Weg auf Pflastersteinen. An der nächsten Kreuzung (mit Stoppschild) kommen Sie wieder an eine asphaltierte Straße. Gehen Sie an dem großen, hellgelben Haus mit der Kachelaufschrift „Familia Vargas" vorbei und weiter geradeaus. Folgen Sie dem Weg zwischen den Häusern, der nach 30 m einen Linksknick macht. Die Straße steigt weiter an. An der Casa Pitoresca macht sie einen weiteren Linksknick, der Weg verläuft jetzt auf Pflastersteinen weiter. Sie kommen an eine 4er-Kreuzung, an der Sie geradeaus auf Pflastersteinen in die Rua da Igreja und bis zum **Kirchplatz** ❹ (auf der linken Seite) weitergehen.

☺ Wenn Sie an der 4er-Kreuzung nicht geradeaus, sondern nach links unten in die Rua 11 do Março gehen, kommen Sie am Restaurant/Snackbar o Rui vorbei (auf der linken Seite). Das Restaurant bietet schmackhafte Regionalküche an und ist über Mittag meist gut besucht (☏ 289 472 119, Mo-Sa 12:00-15:00, abends nur auf Anfrage, So geschlossen). Am unteren Ende der Straße stoßen Sie auf die Hauptstraße Rua 25 de Abril. Wenn Sie sich nach links wenden, kommen Sie zu einem BANK Geldautomaten. Zum Jafers-Supermarkt wenden Sie sich nach rechts. Er liegt direkt an der Hauptstraße in Richtung Alte (täglich 8:00-20:00).

Gehen Sie an der Kirche vorbei und geradeaus weiter. (Nach 150 m geht rechts eine größere Straße (Rua Nova) in Richtung „Centro Comunitário de Benafim" ab, die Sie ignorieren.) Nach 500 m verlassen Sie die asphaltierte Straße und

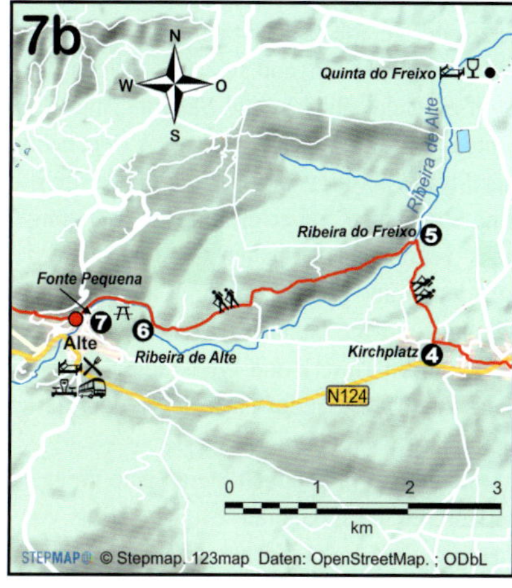

folgen der Markierung nach rechts. Hier biegen Sie in einen schmalen Pfad ein, der reizvoll zwischen Mauern verläuft. Nach 100 m kommen Sie wieder an eine Straßenkreuzung, an der Sie nach links unten weitergehen. Hier steht auch ein VA-Pfeil, der nach Alte in 5,3 km weist. Der asphaltierte Weg führt wieder durch offene Wiesen und Felder mit schönen Orangenbäumen. Bei km 11,4 geht rechts eine Straße ab, die Sie ignorieren; gehen Sie geradeaus weiter. An der nächsten Weggabelung gehen Sie rechts weiter. Bald endet der Asphalt und der steinige Weg fällt steil zum Fluss ab. Die für den Barrocal typische Vegetation ist hier sehr üppig und nahezu idyllisch. Nach 600 m macht der Weg eine Linkskurve und führt zum **Fluss Ribeira do Freixo ❺**, der bei km 11,9 (⇧ 230 m) überquert wird. Nach der Flussüberquerung wenden Sie sich nach links. Gleich dahinter erreichen Sie eine Kreuzung, an der ein braunes Schild nach rechts den Weg zur Unterkunft 🛏 🍸 Quinta do Freixo (in 2,2 km) weist. Die Unterkunft liegt also nicht am offiziellen Weg nach Alte.

🛏 🍸 Quinta do Freixo, ☏ 289 47 21 85, 💻 www.quintadofreixo.org, ✉ miguelcsilva@quintadofreixo.pt, die Quinta do Freixo ist ein Bio-Landgut von 1.100 ha, auf dem ein Teil, die Casa D'Alvada, dem Landtourismus gewidmet ist. Es gibt einen 🏊 Swimmingpool und eine 🍸 Bar und es werden hausgemachte Produkte gereicht. Allerdings gibt es kein Restaurant für ein Abendessen und fußläufig ist nichts zu erreichen. Die Preise variieren je nach Saison, DZ zwischen € 58 und € 75.

🚶🚶 Am VA-Pfeil gehen Sie nach links weiter, wo der Weg jetzt stetig ansteigt. Wenn Sie die Anhöhe erreicht haben, verläuft der Weg zunächst wieder auf der Höhe, gesäumt von dichtem Buschwerk und Zistrosen, und links öffnet sich ein schöner Weitblick. Bei km 13,3 beginnt wieder ein Stück asphaltierte Straße, der

Sie weiter geradeaus leicht bergab folgen. Auf den umliegenden Hügeln sehen Sie wieder viele Orangenplantagen. Folgen Sie der Straße weiter abwärts (ein Straßenschild gibt hier die Steigung mit 10 % an). An der nächsten Kreuzung führt ein Erdweg nach rechts oben weg; Sie ignorieren ihn und folgen weiterhin der Straße abwärts, die hier eine Linkskurve macht. Bald beginnt rechts wieder eine Steinmauer. Sie erreichen eine Kreuzung (km 14). Die Straße geht hier nach links weiter, aber Sie halten sich **rechts**, wo der Weg jetzt zwischen Steinmauern (an denen auch die Markierung angebracht ist) verläuft. Nach 50 m endet der Asphalt und Sie laufen wieder auf einem steinigen Weg, der einmal mehr von üppigem Buschwerk und Wildkräutern gesäumt ist. Nach 200 m führt rechts ein Weg zwischen Mauern nach oben, den Sie ignorieren. Gehen Sie immer weiter geradeaus nach unten.

Nach 700 m kommen Sie an eine Weggabelung, an der Sie nach rechts weiterlaufen. Gleich dahinter zweigen rechts Wege zu Privatgrund ab, die Sie ignorieren; gehen Sie geradeaus weiter. Am Berghang links sehen Sie viele terrassierte Hänge mit schönen alten Steinmauern und Olivenbäumen. Nach 300 m macht

Gedenkstein fuer Cândido Guerreiro im Park von Alte

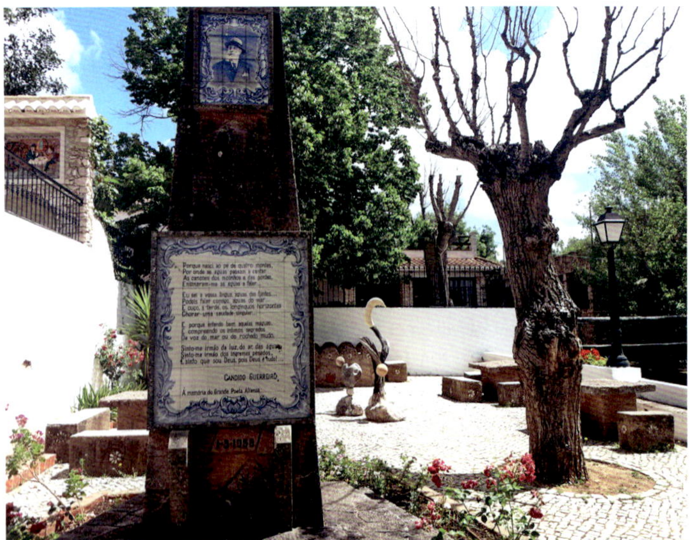

der Weg eine Rechtskurve, links befindet sich ein braunes Tor, das zu einem Hof führt. Folgen Sie auch hier dem Hauptweg, der in einer Rechtskurve weiter im Tal verläuft. Parallel zum Weg fließt links jetzt der Bach Ribeira de Alte ❻, der Sie bis nach Alte durch das landschaftlich sehr reizvolle Flusstal begleiten wird. Bei km 15,7 erreichen Sie eine gepflasterte Straße, an der an einem wunderschönen Plätzchen der 🍷 Kiosk/Bar Olho de boi (🚪 Mai-Nov 11:00-19:00) steht. Direkt dahinter kommen Sie an der Fonte Grande, einer Badestelle am Fluss mit einem herrlichen ⛩ Picknickplatz und Grillstelle, vorbei. Hier befindet sich auch eine kleine 🍷 Snackbar, die allerdings wetterabhängig geöffnet hat. Dies ist sicherlich der schönste Weg, um in das pittoreske Städtchen Alte zu gelangen. Folgen Sie dem Weg, bis Sie an den Park neben der **Fonte Pequena** ❼ kommen, aus der Sie übrigens ohne Bedenken Wasser entnehmen können. In dem angelegten Park steht eine Büste des Heimatdichters Cândido Guerreiro (1871-1953) (☞ S. 112). Auch hier gibt es ⛩ Picknickbänke am Fluss – ein schöner Ort, um vielleicht auch am Abend ein Vesper zu genießen! Früher trafen sich vor allem die Frauen hier am Bach, um die Wäsche zu waschen oder um aus der Quelle Wasser zu holen.

Bei km 16,2 erreichen Sie die VA-Tafel, wo die Etappe offiziell endet. Zum Ortszentrum steigt der Weg wieder an.

Cândido Guerreiro

Dem berühmten Sohn der Stadt, 1871 in Alte geboren und 1953 in Lissabon gestorben, wurde im Zentrum ein kleines Museum gewidmet, das 2009 eröffnet wurde. Er war Anwalt, Bürgermeister der Kreisstadt Loulé, Dramaturg und Dichter. Am Park an der Fonte Pequena steht eine Büste für ihn, Gedichte von ihm sind auf den typisch portugiesischen azulejos, den Fliesenbildern, verewigt. Einige Verse nehmen direkten Bezug auf seine Heimat: „Weil ich am Fuße der vier Berge geboren, wo die Wasser im Vorbeigehen singen, die Lieder der Mühlen und der Brücken, lehrten mich die Wasser das Sprechen."

⌘ Museum Cândido Guerreiro e Condes de Alte, Rua Condes do Alte, ☎ 289 47 80 58, 🚪 Mo-Fr 9:00-13:00 und 14:00-17:00

Alte

ℹ 🛏 ✕ 🍷 ⛟ 🛒 ⚕ BANK 📯 ✚ ⌘ ✝ 🚌 ⇧ 215 m, 2.200 Ew.

💻 www.jf-alte.pt

ℹ Posto de Turismo im neuen Gebäude des Museums Cândido Guerreiro e Condes de Alte untergebracht, Rua Condes de Alte, ☎ 289 47 80 58, ✉ postoturismo.alte@clix.pt, 🚪 Mo-Fr 9:00-13:00 und 14:00-17:00

Alte Hotel mit eigenem Hotelrestaurant A Cataplana (liegt in Montinho, etwa 1 km außerhalb, dafür mit grandiosem Blick), 289 47 85 23, www.altehotel.com, altehotel@mail.telepac.pt, mit einer Bar, Swimmingpool und Tennisplatz. VA-Wanderer bekommen günstigere Preise (20 % auf den Listenpreis): EZ inkl. Frühstücksbuffet je nach Saison etwa € 30-60, DZ € 50-80. Wegbeschreibung: Gehen Sie durch das Zentrum, vorbei an der Junta de Freguesia, dann biegen Sie in die Avenida 25 de Abril ein und folgen anschließend der Estrada de Santa Margarida aus Alte hinaus. Die asphaltierte Straße steigt hier an, Sie kommen am Ortsschild „Montinho" vorbei und nach 1 km liegt rechts das Hotel. Das Restaurant hat täglich 12:00-15:00 und 19:30-22:00 auf.

Alte em Férias, Rua João de Deus 12, 912 25 43 65, ein komplett eingerichtetes Algarve-Haus mit Terrasse, zentral gelegen im unteren Ortsteil, Wasser, Milch, Kaffee und Kekse stehen bereit, DZ ab € 45. Reservierungen nur über das Hotelportal www.booking.com

Cantinho d'Alte, Avenida 25 de Abril 11, 289 47 82 72, sehr gutes und günstiges Restaurant, die etwas bessere Alternative zum Hotelrestaurant, auch wenn der Service nicht der schnellste ist. Die Hausspezialität sind die berühmten portugiesischen Spieße (mit Fleisch oder Fisch). Do-Di 12:00-15:00 und 19:00-22:00, Mi geschlossen

♦ Snackbar Fonte Nova, Rua da Praça 2, direkt unterhalb der Kirche gelegen, 968 52 48 02, auf der Karte stehen kleine Speisen, Tapas oder auch warme Gerichte. Es gibt Pläne, zukünftig auch abends zu öffnen. Mi-Mo 9:00-19:00, Di geschlossen

Pastelaria Agua Mel, Avenida 25 de Abril (gegenüber dem kleinen Markt), 289 47 83 38, das Café ist berühmt für hervorragende regionale Süßspeisen und Kuchen, es werden aber auch kleine herzhafte Speisen angeboten, Mo-Sa 9:00-18:00, So geschlossen.

Germano BiciArte Café, Estrada da Ponte 18a, die hübsche Cafateria ist ein beliebter Treffpunkt in Alte und bietet kleine Speisen und Getränke an. Man kann auch draußen sitzen oder nebenan sein Fahrrad reparieren lassen. Do-Di 9:00-19:00, Mi geschlossen

Jafers Supermarkt, liegt an der Nationalstraße N124, Eingang auch von der Avenida 25 de Abril, täglich von 8:00-20:00 (im Sommer bis 21:00)

Die Buslinie 89 (EVA) fährt Mo-Fr (Feiertage ausgenommen) um 7:33 und 8:40 sowie an Samstagen um 14:12 nach S. B. Messines (Fahrtdauer ca. 20 Min., Fahrpreis € 2,40). Die Buslinie 25 fährt Mo-Fr um 9:33 und 10:25 nach Loulé (Fahrtdauer 55 Min., Fahrpreis € 3,50).

Alte ist ein malerischer Ort, der sich in den letzten Jahren schön rausgeputzt und auch einige Künstler angezogen hat. Keramikläden, eine Galerie, Skulpturen oder auch Graffities im Ort zeugen davon. Gerne wird Alte auch als aldeia cultural, also „Kulturdorf", bezeichnet. Im Vergleich zu anderen Orten im Hinterland wurde Alte auch schon vom (Tages-)Tourismus entdeckt und der Ort bietet dementsprechend einige Restaurants, Cafés, Einkaufsmöglichkeiten und sogar eine Touristeninformation. Besonders hübsch sind die Fontes („Quellen"), die unten am Bach angelegt sind, an denen die VA direkt vorbeiläuft.

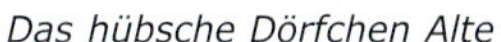

Das hübsche Dörfchen Alte

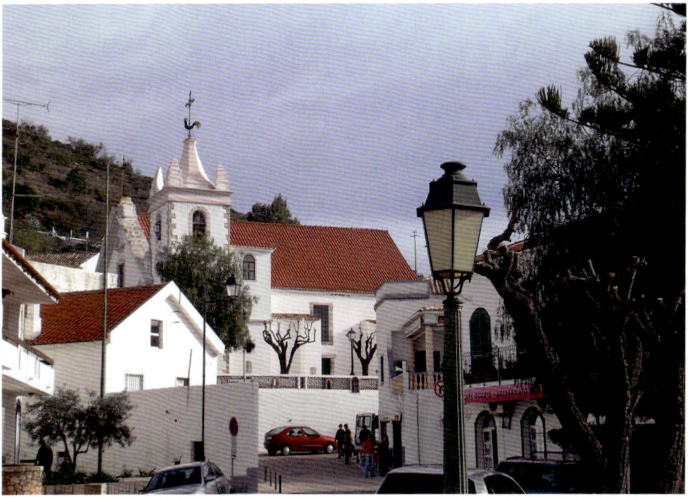

Ins Zentrum gelangen Sie, wenn Sie an der VA-Tafel die ansteigende Rua da Fonte geradeaus entlanglaufen und dem Schild in Richtung „Centro" folgen. Unterhalb der Kapelle liegt links der Minimercado da Ponte (Mo-Sa 9:00-13:00 und 14:00-18:30, So 9:00-13:00). Gehen Sie an der Kapelle (Capela de São Luís) vorbei und geradeaus weiter in die Rua Poeta Cândido Guerreiro. An der nächsten Kreuzung wenden Sie sich nach links und kommen dann direkt ins Zentrum. Sie passieren die Apotheke Horta Figueiredo (289 47 82 44, täglich rund um die Uhr – wenn niemand da ist, dann die Klingel außen drücken), auf der rechten Seite steht ein BANK Geldautomat (Crédita Agrícola). Sie gelangen nun zur ✞ Hauptkirche (Igreja Matriz oder Igreja de Nossa Senhora da Assunção, Mo-Sa 9:30-13:00 und 14:30-17:00, die Öffnungszeiten können jedoch variieren) mit dem manuelinischen Portal aus dem 16. Jh. Sie wurde beim großen Erdbeben von 1755 zerstört, aber später wieder auf- und immer wieder umgebaut. Unterhalb der Kirche und entlang der Avenida 25 de Abril liegen die meisten Cafés und Restaurants. Das hübsche ArtCafé Germano mit angeschlossenem Fahrradladen befindet sich im unteren Teil des Ortes, an der Hauptstraße Estrada da Ponta. (☞ Infoblock).

8. Etappe: Alte – S. B. Messines

20,3 km, 6 Std., ↑ 420 m, ↓ 483 m, ⇧ 73-266 m

0,0 km	⇧ 192 m	Alte (an der Fonte Pequena) BANK ✞
1,5 km	⇧ 257 m	Abzweig zum Hotel Alte
10,2 km	⇧ 140 m	Tankstelle Portela de Messines
11,6 km	⇧ 142 m	Unterführung Autobahn A2
13,8 km	⇧ 110 m	Unterführung IC 1
19,4 km	⇧ 165 m	Kapelle Nossa Senhora da Saúde ✞
20,3 km	⇧ 131 m	S. B. Messines (Kirche) BANK ✞

Hinter Alte gehen Sie durch die typische Landschaft des Barrocal mit seinen landwirtschaftlichen Nutzflächen, Brunnen, Orangenplantagen, Baumkulturen und vielen Kräutern, Blüten und Orchideen. Vor S. B. Messines (São Bartolomeu de Messines, meist aber nur Messines genannt, auf Schildern auch S. B. Messines) nähern Sie sich der Autobahn und haben bei der Tankstelle vor Portela die Möglichkeit, Wasser einzukaufen. Vor Messines dominieren Plantagen und landwirtschaftliche Nutzfläche das Landschaftsbild. Die Gegend ist deutlich dichter besiedelt. Kurz vor dem Tagesziel gibt es ein kurzes, aber sehr reizvolles „Dschungelstück" im Flusstal. Mit Messines, das etwa in der Mitte der Algarve liegt, erreichen Sie ein größeres Städtchen mit guter Infrastruktur.

Die Etappe startet in Alte an der VA-Tafel an der kleinen Quelle (Fonte Pequena) unten am Fluss.

☺ Wenn Sie Alte schon am Vortag besichtigt und im Alte Hotel übernachtet haben, müssen Sie am nächsten Tag nicht wieder nach Alte zurückgehen, sondern können direkt vom Hotel starten. Wenden Sie sich von dort aus nach rechts und folgen Sie der Straße weiterhin bergauf, bis Sie an der Kreuzung auf der Anhöhe wieder auf die Markierung stoßen.

Gehen Sie weiter geradeaus (links sehen Sie die Brücke über den Fluss, rechts liegt das Café Coelho direkt am Weg, in der Regel täglich geöffnet) und folgen Sie der ansteigenden Rua da Fonte in Richtung „Centro". Rechts sehen Sie die kleine Barockkapelle Capela de São Luís, links unterhalb der Kapelle liegt der kleiner Minimercado da Ponte (Mo-Sa 9:00-13:00 und 14:00-18:30, So 9:00-13:00). Vorbei am Largo de São Luís geht es geradeaus weiter durch die Rua Poeta Cândido Guerreiro, bis Sie nach 200 m an eine Kreuzung kommen, an der Sie nach rechts in die steil ansteigende Rua dos Pisadoiros abbiegen. Wenn Sie ins Zentrum möchten, gehen Sie hier nach links weiter.

Die offizielle Wegführung führt nicht durchs Zentrum, sondern weiter die Rua dos Pisadoiros auf gepflastertem Boden hinauf. Gehen Sie an der nächsten Wegkreuzung geradeaus die Rua Plácido Sousa Vieira hinauf. An der nächsten Weggabelung biegen Sie nach rechts in die Rua das Almas ab und haben auf der linken Seite einen schönen Blick über Alte. Gehen Sie immer weiter geradeaus die ansteigende Rua Dr. António Batista Coelho entlang (rechts läuft eine Steinmauer), vorbei an eingezäunten Häusern und Höfen. Sie befinden sich jetzt bereits über den Dächern Altes und gehen bei km 0,6 am VA-Pfeil nach rechts und sofort dahinter wieder links weiter aufwärts die scharfe Linkskurve hinauf. Nach 100 m verlassen Sie hinter dem letzten Haus im Ort die asphaltierte Straße und wandern auf einem steinigen Weg immer noch bergan weiter. Linker Hand bieten sich immer wieder schöne Ausblicke über Alte, rechts beginnt wieder eine Steinmauer. Sie gehen hinter den Sportplätzen des Alte Hotels her und immer weiter geradeaus. Der Weg verläuft hier auf einer Höhe und fällt am Ende zur Straße Estrada de Santa Margarida, die aus Alte und vom „Alte Hotel kommt, wieder leicht ab. An der Straßenkreuzung sehen Sie den VA-Pfeil, der zurück nach Alte (Zentrum) weist ❶.

☺ Wenn Sie direkt vom Hotel gestartet sind, treffen Sie hier wieder auf die VA.

Gehen Sie hier 40 m nach rechts auf der Straße weiter und biegen Sie dann an der nächsten Möglichkeit links in die Rua Cruz dos Termos ab (durch einen Pfosten markiert). Der VA-Pfeil gibt die Entfernung bis nach S. B. Messines mit 16,8 km an. Folgen Sie der abfallenden Straße. Vor der Rechtskurve liegt rechts ein öffentlicher **Waschplatz**. An der Weggabelung in der Rechtskurve gehen Sie nach rechts und sofort danach verlassen Sie die Straße und biegen **nach rechts in einen Trampelpfad** ein, der an einer Mauer entlang abschüssig über eine Wiese mit zahlreichen Mandelbäumen führt. Folgen Sie dem Weg geradeaus; er führt bei km 2 wieder auf die asphaltierte Straße, auf der Sie weitergehen. Laufen Sie an der großen 4er-Kreuzung geradeaus weiter auf der Rua dos Elois (auch wenn dort ein Sackgassenschild steht!), bevor Sie nach 200 m die asphaltierte Straße verlassen und an der Weggabelung rechts auf einem steinigen Erdweg weitergehen. Der leicht abfallende Weg verläuft wieder entlang einer Mauer und ist von Gärten und Wiesen mit Tausenden Mandel-, Oliven- und Johannisbrotbäumen gesäumt. Nach 300 m kommen Sie an eine 4er-Kreuzung, an der Sie geradeaus weitergehen. 100 m weiter macht der Weg eine Rechtskurve und Sie erreichen eine Talsenke, wo verschiedene Wege zusammenlaufen. Sie überqueren einen kleinen **Bach**; danach macht der Weg eine Linkskurve und führt als Trampelpfad über ein Feld.

Folgen Sie dem Pfad 100 m weiter **geradeaus** über die Wiesen, bis Sie an eine Weggabelung kommen, an der Sie nach **links** auf einen fast ebenen Trampelpfad abbiegen (nicht weiter nach rechts oben gehen). Rechts ist wieder eine heckenrosengesäumte Steinmauer. Der Weg verläuft hier auf alten Hirtenpfaden und ist aufgrund der schönen alten Steinmauern und der vielseitigen Vegetation sehr reizvoll. Links am Hang sehen Sie eine Orangenplantage. Ignorieren Sie den Weg, der rechts nach oben weggeht, und gehen Sie weiterhin zwischen den großen Steinen geradeaus. An der nächsten Weggabelung wandern Sie nach **rechts** weiter. Der Weg verläuft leicht ansteigend zwischen großen Steinen und macht dann eine Hangstufe weiter oberhalb wieder einen Rechtsknick. Zur Orientierung: Sie gehen jetzt den Weg, den Sie gekommen sind, sozusagen eine Hangstufe weiter oben nach rechts weiter, sodass Sie die Orangenplantage jetzt am Hang rechts von Ihnen sehen. Laufen Sie weiter geradeaus bis zu der nächsten Kreuzung, wo Sie nach **links** oben weitergehen. Der Weg steigt an, macht eine weite Linkskurve und führt dann entlang einer Mauer weiter geradeaus auf das Dörfchen **Torre** zu.

In **Torre** ❷ (km 4,1) erwarten Sie wieder weiß getünchte, teils schön renovierte Häuser, zwischen denen Sie auf dem asphaltierten Weg weitergehen. Nach 50 m führt der Weg an der Weggabelung nach **links** und dann an der großen Kreuzung nach rechts. Vor den **Briefkästen** halten Sie sich **links**. Auf der rechten

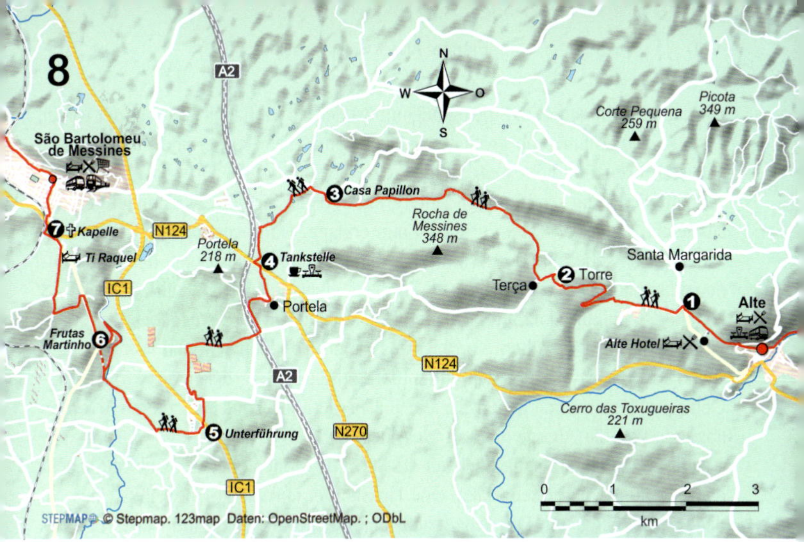

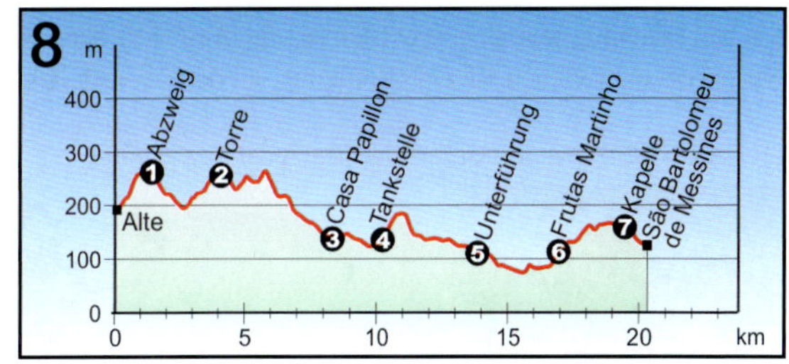

Seite sehen Sie die alte Grundschule. Folgen Sie dem Weg zwischen zwei weißen Mauern. Nach 200 m macht er eine Rechtskurve und fällt ab. Unten verläuft die Straße durch eine Rechtskurve und führt an eine Kreuzung, an der der Weg am ersten Stoppschild scharf links abzweigt. Folgen Sie der Straße weiter abwärts, bis Sie zum Ortsschild von **Terça** kommen (km 4,5). Hier gehen Sie **direkt am Ortsschild rechts** auf einem steinigen Weg weiter, wo auch der VA-Pfeil steht, der nach Vale (4 km) und S. B. Messines (14 km) zeigt. Der schmale Erdweg führt Sie im Frühjahr an einem Meer aus weißen **Calla-Blüten** vorbei und wieder zwischen Steinmauern, Gärten und Wiesen hindurch. Links liegt ein altes Haus. An der nächsten Weggabelung müssen Sie sich rechts halten (nicht nach links in den schmalen Weg einbiegen). Folgen Sie dem Lauf der Mauer und gehen Sie leicht aufwärts auf die Häuser der nächsten Ortschaft zu.

Nach 500 m auf dem Erdweg beginnt wieder ein asphaltierter Weg, der weiter ansteigt. Sie kommen an größeren Häusern und Villen vorbei und gehen an der nächsten Kreuzung links weiter. Der Weg führt Sie aus der Ortschaft hinaus und verläuft wieder auf schotterigem Untergrund. Folgen Sie dem Weg immer geradeaus leicht bergab an einem grünen Zaun entlang. Dann verläuft die VA eben im Tal. Vor sich sehen Sie drei Windräder. Die vielen Orangenbäume der umliegenden Plantagen verströmen hier im Frühjahr einen intensiven Duft! Bei km 6,8 kommen Sie hinter einem weiß-blauen Haus (rechts) an eine Weggabelung, an der Sie nach **links** weitergehen. Von hier aus haben Sie einen schönen Weitblick und sehen schon Messines vor sich und in der Ferne den Bergrücken des Monchique-Gebirges. Dazwischen sehen Sie die Pfeiler der Autobahn A2, die aus Norden kommend an die Algarve und an Messines vorbeiführt.

Der Weg fällt, stets mit Blick auf die Serra de Monchique, stetig ab und macht dann gesäumt von hohen Pinien eine Linkskurve. Links liegt ein weißes Haus, an dem Sie vorbeigehen. Der Weg macht eine Rechtskurve und führt fast eben aus dem Tal hinaus. An einem **hellgelben Haus** mit dem Namen **Casa Papillon** ❸ (rechts) kommt erneut eine Rechtskurve; der Weg führt dann wieder auf Asphalt. Nach 100 m erreichen Sie eine Kreuzung, an der Sie nach links auf eine größere

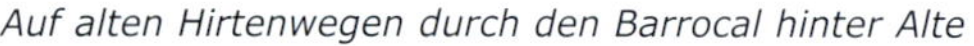

Auf alten Hirtenwegen durch den Barrocal hinter Alte

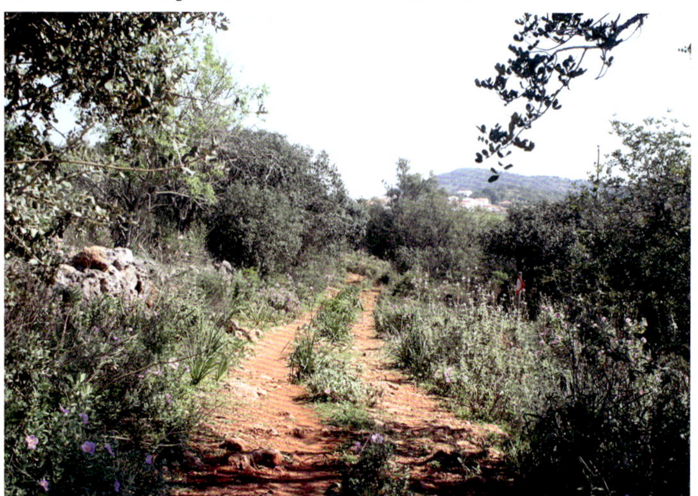

Straße abbiegen. Rechts liegen Ruinen und ein eingefallenes Haus. Sie haben das schöne Tal jetzt hinter sich gelassen. Nach knapp 200 m kommt links die Quinta do Parente, hinter der eine Straße links abgeht. Ignorieren Sie diese und folgen Sie der Straße noch weitere 50 m geradeaus. Hier **verlassen Sie sie** und gehen links auf einem steinigen Weg weiter. Folgen Sie dem Weg mit **Blick auf die Autobahn**, auf die Sie jetzt zugehen. Links und rechts gehen Wege zu zwei Häusern bzw. Höfen mit Tierställen ab; ignorieren Sie sie und gehen Sie weiter geradeaus.

An einem der Höfe gibt es frei laufende Hunde! Bleiben Sie ruhig und gehen Sie unbeirrt weiter.

Bei km 9,6 kommen Sie an eine Weggabelung, an der ein Feldweg nach links abzweigt. Halten Sie sich hier rechts und gehen Sie direkt auf die Pfeiler der Autobahn zu. Kurz vor der Autobahn gabelt sich der Weg erneut. Laufen Sie hier **links** weiter (**Sie unterqueren die Autobahn also nicht!**) und damit ein kurzes Stück parallel zur Autobahn. Ein kleiner Wasserlauf wird überquert; der Weg wird links von Granatapfelbäumen gesäumt. Vor sich sehen Sie auf der Anhöhe die Repsol-Tankstelle, auf die Sie zugehen. Bei km 10,2 erreichen Sie an der **Tankstelle** ❹ die Straße, auf der Sie nach links weitergehen. Bei Bedarf können Sie hier Getränke, Eis etc. kaufen oder einen café trinken! Im Untergeschoss gibt es öffentliche Toiletten.

Laufen Sie an der Tankstelle vorbei und überqueren Sie die Straße. An der nächsten Möglichkeit wandern Sie hinter einer Autowerkstatt nach rechts weiter. Der Weg steigt zwischen neu errichteten Steinmauern und einigen Häusern auf asphaltierter Straße in Richtung Portela (in 0,5 km) an. An der nächsten Weggabelung gehen Sie links weiter und auf einen Zaun mit gelben Pfeilern zu. Hier endet der Asphalt. Der Erdweg macht eine Links- und dann eine Rechtskurve und steigt an. Gehen Sie weiter entlang des grünen Zaunes, der links verläuft. Bei km 11,4 erreichen Sie das Dorf **Portela**.

In Portela führt der Weg erneut über Asphalt. An der ersten Kreuzung im Dorf halten Sie sich links und folgen dann dem Weg immer **geradeaus leicht abwärts**. An der nächsten Kreuzung gehen Sie rechts (und nicht weiter nach links unten). Laufen Sie geradeaus zwischen den Häusern hindurch; nach 150 m verlassen Sie die Ortschaft. Nach 50 m macht der Weg eine Linkskurve und verläuft auf steinigem Untergrund entlang eines Zaunes stetig abwärts **parallel zur Autobahn**, die Sie an der nächsten Kreuzung nach rechts durch einen **Tunnel unterqueren** (km 11,6).

Nach dem Tunnel halten Sie sich **rechts** und gehen auf einem sandigen Fahrweg weiter. Nach 20 m gabelt sich der Weg. Gehen Sie hier geradeaus weiter, sodass Sie die Autobahn im Rücken haben. Der mauergesäumte Weg führt eben durch landwirtschaftliche Nutzflächen. Wandern Sie immer geradeaus weiter, bis Sie nach 1 km eine Kreuzung erreichen, an der Sie an der Steinmauer nicht geradeaus, sondern links weitergehen. Links liegen nach ein paar Metern Gewächshäuser und rechts eine Orangenplantage. Zur Zeit der Orangenblüte verströmen die Bäume hier einen betörenden Duft. An der nächsten 4er-Kreuzung gehen Sie geradeaus weiter, auf der rechten Seite stehen weiterhin viele Orangenbäume. Nach 500 m macht der Weg eine Linkskurve und danach eine weite Rechtskurve. In einer weiteren Linkskurve gelangen Sie entlang einer Mauer an eine Straßenkreuzung, an der Sie wieder auf Asphalt stoßen. Sie sind hier um das Gelände eines Betriebshofes und eines (nicht betriebenen) Rasthofs mit BP-Tankstelle herumgegangen. Laufen Sie an der Kreuzung nach rechts weiter (links befindet sich ein großes Tor der Orangenplantage) und dann immer geradeaus auf die **Nationalstraße IC1** zu, die Sie bei km 13,8 **unterqueren ❺**.

Nach der **Unterführung** verläuft die VA in einer Linkskurve weiterhin auf einer Straße. An der ersten Gabelung halten Sie sich rechts und an der nächsten Kreuzung (km 14,1) gehen Sie wieder nach rechts weiter und auf ein eingezäuntes Grundstück zu. Wandern Sie weiter geradeaus, bis Sie bald den Asphalt verlassen und auf einem Erdweg weiterlaufen. Es geht vorbei an einem großen lachsfarbenen Haus (links), einzelnen, teilweise verlassenen Höfen und Häusern mit Wachhunden. Der Weg macht nach 500 m eine Linkskurve und stößt wieder auf eine kleine Straße, an der Sie scharf rechts weitergehen. Wandern Sie immer geradeaus weiter und ignorieren Sie abzweigende Wege. Nach weiteren 500 m fließt links ein kleiner Bach, dessen Lauf Sie zunächst folgen und den Sie nach 100 m auf einer **geteerten Brücke** überqueren.

Nach der Brücke geht der Weg nach rechts weiter und steigt wieder an. Der Asphalt endet und es folgt ein kurzer Anstieg auf großen Steinen.

Gehen Sie nicht bis ganz nach oben, sondern biegen Sie 130 m nach der Brücke im Anstieg an der nächsten Möglichkeit nach rechts (der Markierung folgend) in den schmalen Weg ab, der Sie ins Flusstal führt. Hier beginnt ein landschaftlich sehr reizvolles Wegstück! An der nächsten Abzweigung gehen Sie wieder nach rechts. Eine abenteuerliche Holzbrücke führt Sie direkt ins Flusstal. Ab hier folgen Sie dem Pfad, der parallel zum Fluss verläuft und von dichter Vegetation gesäumt ist. Hier können Sie oft Flussschildkröten auf den Steinen im Wasser sitzen sehen. Sie kommen an eine kleine Staumauer; an dieser Stelle führt

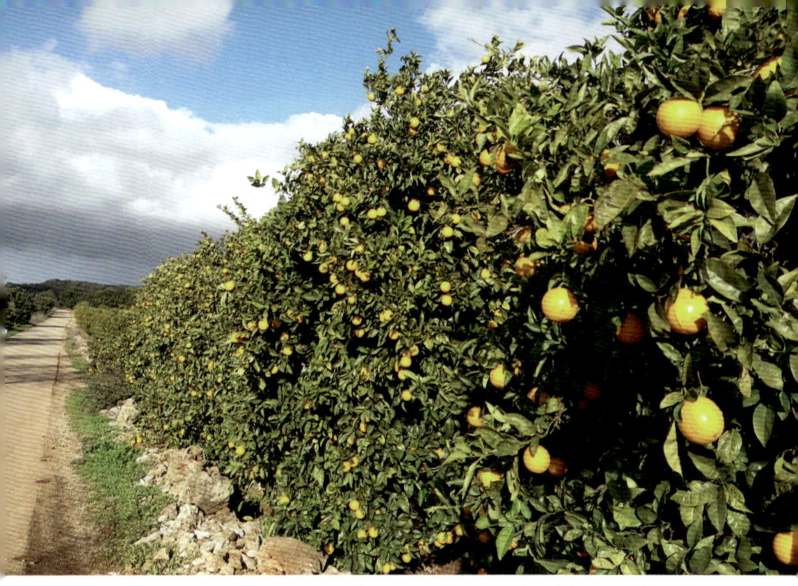

Orangen säumen den Weg vor Messines

der Weg kurz nach oben, um dann wieder im Flusstal zu verlaufen. Auf der linken Seite verläuft eine schöne Steinmauer, auf der Sie immer wieder die Wegmarkierung sehen. Bei km 16,6 macht der Weg einen scharfen Linksknick (U-Turn) nach oben. Folgen Sie dem Pfad 300 m nach oben, wo Sie hinter dem orangefarbenen Gebäude der Obst- und Orangenfabrik Frutas Martinho ❻ wieder auf die Straße stoßen, auf die Sie nach rechts abbiegen.

↳ Sollte es stark geregnet haben und das Flusstal zu matschig sein, können Sie nach dem Anstieg auf den groben Steinen, anstatt ins Flusstal abzubiegen, auch geradeaus weiter nach oben gehen, wo Sie auf die Straße stoßen und nach rechts auf dieser weiterlaufen. Auf der rechten Seite liegt die Obst- und Orangenfabrik Frutas Martinho ❻, wo auch der Abenteuerweg wieder auf die VA stößt.

Gehen Sie weiter die Straße entlang und achten Sie gut auf den Verkehr! Rechts liegen einzelne, eingezäunte Häuser. Gehen Sie auch an der Bushaltestelle vorbei und nach dem Haus mit der Hausnummer 579 überqueren Sie an der nächsten Kreuzung die Straße nach links. Danach steigt der Weg wieder an, rechts läuft eine Steinmauer. Der Weg macht eine scharfe Links- und danach eine Rechtskurve. Links und rechts liegen einzelne Häuser und Höfe. An der nächsten

Kreuzung gehen Sie rechts (immer noch auf Asphalt) weiter. Nach 200 m kommen Sie an die nächste Kreuzung, an der Sie nach rechts laufen. 10 m dahinter gabelt sich der Weg erneut. Gehen Sie hier nach links weiter. Rechts der Straße liegt eine Orangenplantage. Bald erreichen Sie die ersten Gärten und Häuser des Ortsteils Monte de São José von Messines. Nach 300 m erreichen Sie am Firmengelände von Algatracto (landwirtschaftliche Maschinen) die Straße.

☺ ↬ Zur 🛏 Unterkunft Hospedaria Ti Raquel gehen Sie hier nach rechts weiter. Sie befindet sich in einem lachsfarbenen Haus mit einem schwarzen Gittertor davor und liegt direkt hinter dem eingezäunten Gelände von Algatracto.

Der Weg in Richtung Messines geht links weiter, zunächst ein kurzes Stück an der Hauptstraße entlang. Rechts haben Sie einen schönen Blick über Messines. Noch vor dem Kreisverkehr halten Sie sich links und bleiben zunächst auf der Höhe. Der Weg führt zu einer ✝ **kleinen Kapelle** (Santuário de Nossa Senhora da Saúde) ❼. Unterhalb der Kapelle steht ein VA-Pfeil, der nach rechts in Richtung Messines (0,5 km) zeigt. Gehen Sie an der Kapelle vorbei und folgen Sie dem Weg außerhalb der Mauer nach rechts unten, links unterhalb verlaufen die Gleise

Blick auf Messines von der Kapelle Nossa Senhora da Saúde

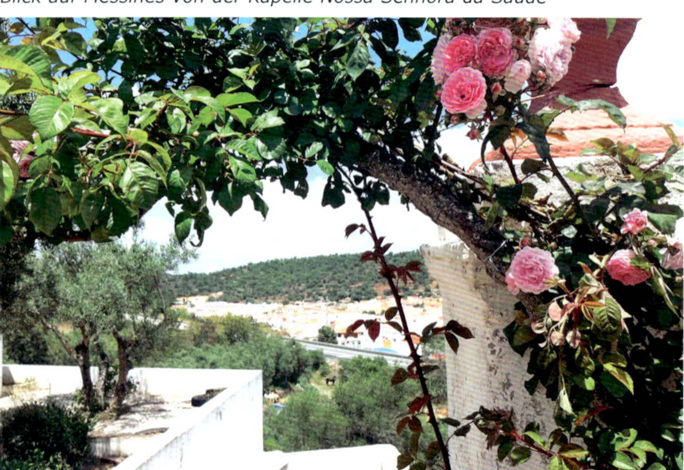

zum Bahnhof von Messines. Unten kommen Sie an eine größere steinige Parkfläche. Gehen Sie hier nach links weiter. Der Weg läuft ein kurzes Stück parallel zur Straße. Dann laufen Sie nach rechts weiter und unterqueren neben den Gleisen die Straße. Nun beginnt ein kleiner Trampelpfad über ein Feld, der Sie auf die Straße und zum Trachtenmuseum am Ortseingang von Messines führt (km 20). Um ins Zentrum von Messines zu kommen, gehen Sie nach links weiter und dann die Rua da Liberdade hinab. Folgen Sie der Straße geradeaus nach unten, vorbei an der Markthalle, dem Café Avenida Sol und einzelnen Geschäften, bis Sie zur schönen ✞ Stadtkirche von Messines kommen, wo die Etappe endet. Wenn Sie vor der Kirche nach rechts in die Rua Cândido dos Reis abbiegen, gelangen Sie zur Unterkunft/Restaurant 🛏 ✕ Casa Bartholomeu.

São Bartolomeu de Messines 🛏 ✕ ☕ 🛒 BANK ✚ ⌘ ✞ 🚌 🚆 🚗 ⇧ 131 m, 8.430 Ew.

💻 www.jf-messines.pt

🛏 Die Hospedaria Ti Raquel befindet sich im Ortsteil Monte de São José oberhalb des Zentrums, ☎ 282 33 91 90, 📱 962 83 31 35, ✉ restiraquel@sapo.pt. 9 einfache Zimmer mit TV und Bad, EZ € 25, DZ € 35 pro Nacht, ohne Frühstück

♦ Pensão Guia, Rua Heróis de Mucaba 20, hinter der Markthalle, ☎ 282 33 94 22, Senhor José (spricht auch Englisch und Französisch) 📱 967 00 53 20, 💻 www.pensao-guia.sao-bartholomeu-messines.hotelsalgarve.org, ✉ Otilia.1@sapo.pt, die Pension ist eine Traditionsadresse in Messines und neu renoviert. 10 Zimmer, EZ mit privatem Bad € 25, mit geteiltem Bad € 15, DZ mit privatem Bad € 35, mit geteiltem Bad € 26, das Frühstück kostet € 3,50 pro Person. Reservierungen sind auch über das Hotelportal 💻 www.booking.com möglich.

🛏 ✕ Bartholomeu Guesthouse/Restaurant Académico, Rua Cândido dos Reis 38, ☎ 282 33 92 53, 📱 965 18 93 75 oder 969 42 65 99. ✉ bartholomeuguesthouse@gmail.com ✉. cafeacademicomessines@gmail.com, 5 schön renovierte Zimmer im Zentrum von Messines mit sehr gutem angeschlossenem Café/Restaurant (🚪 12:00-23:00). VA-Wanderer bekommen Sonderpreise, EZ € 30, DZ € 45, mit Frühstück. Fábio bietet auch einen 🧳 Gepäcktransportservice oder einen Transferdienst an, falls gewünscht. Reservierungen auch über das Hotelportal 💻 www.booking.com

☺ Auf der Avenida da Liberdade und in sowie um die Straße Rua Heróis Mucaba herum befinden sich verschiedene Läden, BANK Geldautomaten, ✕ Restaurants und ☕ Cafés.

Snackbar Avenida Sol, ein schönes Café mit kleinen Speisen, guten Salaten, Tagesgerichten und Außenterrasse, Mo-Sa von 8:30-19:00, So geschlossen

♦ Pastelaria/Pizzeria/Snackbar Rodrigues auf der Avenida da Liberdade, gute Pizza und Salate, auch eine gute Option zum Frühstücken (Buondi-Café), Di-So 8:00-20:00, Mo geschlossen

Die ausgezeichnete Pastelaria Divina Doçura liegt gegenüber der Markthalle in der Rua Dr. José Ventura 10 – eine gute Option, um ein Frühstück einzunehmen, täglich 7:00-19:30.

Einen größeren Supermarkt der Intermarché-Kette/Os Mosqueteiors finden Sie in der Rua Heróis Mucaba (linke Parallelstraße zur Hauptstraße Rua da Liberdade), täglich 8:30-20:00.

In der Verbindungsstraße Rua Doctor José de Ventura Duarte zur Rua da Liberdade befindet sich die Markthalle: Mercado Municipal de Messines, direkt an der Hauptstraße im Zentrum gelegen, Mo-Sa von 7:00-13:00, So geschlossen.

♦ An der Haupstraße liegen (wenn Sie von oben kommen auf der rechten Seite) zwei kleinere Supermärkte direkt nebeneinander: Ideal, täglich 8:30-22:00, und darunter Coviran, täglich 8:00 – 20:30.

Farmácia Algarve, Rua Cândido Reis, Mo-Fr 9:00-22:00, Sa 9:00-13:00

Medizinisches Zentrum Centro Médico, Rua Heróis Mucaba 28, ☏ 282 33 33 00

Waschsalon Lavandaria Colours, Rua da Liberdade, ☏ 282 10 16 02, Mo-Sa 9:00-13:00 und 15:00-19:00, So geschlossen

⌘ An der Kreuzung befindet sich rechts in einem frisch renovierten und typischen Algarve-Haus das Heimatmuseum Museu de Traje e das Tradições. Okt-Mai Mo-Fr 9:00-13:00 und 14:00-17:00, Juni-Sep Mo-Fr 10:00-13:00 und 14:00-18:00

Auf der Rua da Liberdade befindet sich auch ein Büro der Busgesellschaften EVA und Rede Expressos (nach Silves, Portimão, Albufeira, Lagoa, Loulé, Alte etc.). Busse der Frota Azul fahren von hier mehrmals täglich nach Silves, Fahrtzeit 40 Min., Fahrpreis € 3,30, Fahrpläne unter www.frotaazul-algarve.pt. Die EVA-Buslinie 15 fährt mehrmals täglich über Paderne nach Albufeira, Fahrtzeit 40 Min., Fahrpreis € 3,50, www.eva-bus.com. Der neue Busbahnhof befindet sich seit dem Sommer 2018 auf dem ehemaligen Festplatz am östlichen Rand des Zentrums in der Rua António Aleixo.

In Messines gibt es einen (Fern-)Bahnhof (Messines – Alte) mit Schnellzugverbindungen nach Lissabon und nach Faro. Der IC nach Lissabon fährt 3 x täglich, Fahrtzeit 2 Std. 40 Min, Fahrpreis € 18,50. Der IC nach Faro fährt ebenfalls 3 x täglich, Fahrtzeit 38 Min, Fahrpreis € 4,70. Fahrpläne unter www.cp.pt

Es gibt einen Taxistand in Messines, nach der Markthalle die zweite Straße links (Rua Gago Coutinho). Sollte kein Taxi dort stehen, können Sie den Fahrer João Martins anrufen, 967 27 69 47 oder 919 31 26 62.

Messines ist die erste größere Stadt, die auf der VA erreicht wird. Obwohl die Geburtsstadt des Lokaldichters João de Deus zentral in der Mitte der Algarve und an wichtigen Verbindungsstraßen nach Lissabon liegt, ist Messines vom Tourismus verschont geblieben. Im belebten Zentrum findet man alles, was man braucht, und bekommt darüber hinaus einen Einblick in das geschäftige Alltagstreiben der Einwohner. Auf der anderen Seite sehen Sie hier auch, wie einiges an Bausubstanz allmählich zerfällt; erst in der letzten Zeit wurden wieder einige Gebäude renoviert. Vielleicht reicht die Zeit vor der nächsten Etappe, um in die kleine Markthalle zu schauen? Besonders die angebotenen Feigen- und Mandelkreationen sind köstlich! Wie wäre es mit ein paar Estrelas de Figo (mit Mandeln bestückte Feigensterne) als Wegproviant?

9. Etappe: S. B. Messines – Silves

29,6 km, 8 Std., ↑ 660 m, ↓ 778 m, ⇧ 6-244 m

0,0 km	⇧ 131 m	S. B. Messines (Kirche)
1,0 km	⇧ 130 m	Überquerung Gleise
5,8 km	⇧ 96 m	Beginn Stausee Arade
14,6 km	⇧ 119 m	Picknickplatz
18,3 km	⇧ 244 m	höchster Punkt
27,0 km	⇧ 12 m	offizielles Etappenende
29,6 km	⇧ 6 m	Silves (Ponte Romana)

Hinter Messines verläuft der Weg ein langes Stück am Stausee Barragem do Fucho entlang. Bis Silves führt der Weg im Auf und Ab über die Hügelketten mit schönen Aussichten. Es gibt unterwegs keine Einkaufs- oder Einkehrmöglichkeiten! Nehmen Sie auf alle Fälle genug Wasser mit, da der Weg durch schattenloses Gelände führt. Das offizielle Etappenende ist nicht direkt in Silves, sondern 2,3 km außerhalb. Ich beschreibe den Weg daher bis ins Zentrum, wo es Übernachtungsmöglichkeiten gibt.

Die Etappe startet an der ✝ Stadtkirche von Messines. Wenden Sie der Kirche den Rücken zu und gehen Sie an der nächsten Möglichkeit rechts in der Rua do Remechido auf Pflastersteinen aufwärts. Hier kommen Sie durch ein Tor und sehen vor sich einen kleinen Platz (Largo João de Deus). Gehen Sie unterhalb des Platzes gleich nach links in die Rua da Mina und weiterhin auf Pflastersteinen immer weiter geradeaus zwischen den Häusern entlang. Am Ende der Straße liegt rechts die Fabrik Fábrica de Trituração de Alfarroba, in der Johannisbrotschoten weiterverarbeitet werden. Der süßliche Duft verrät es. Nach der Fabrik gehen Sie nach links und stoßen auf die größere Straße Rua João de Deus, an der Sie rechts entlanggehen. Wandern Sie weiter geradeaus. Bei km 0,5 führt der Weg nach rechts weiter in die Rua do Furadouro. Auf der linken Seite sehen Sie den Supermarkt Intermarché. Nach 200 m zweigt ein Weg rechts nach oben in ein Wohngebiet ab. Ignorieren Sie ihn und folgen Sie der Straße weiterhin geradeaus, bis Sie nach 250 m ein Sackgassenschild erreichen, dort nach links weitergehen und dann bei km 1 die **Gleise überqueren ❶**.

Laufen Sie hinter den Gleisen nach links und an der Weggabelung sofort rechts weiter. Folgen Sie dem Straßenschild in Richtung „Furadouro". Nach 20 m gabelt sich der Weg erneut. Sie stehen vor einer gelb-orangenen, eingezäunten Villa, an der Sie sich rechts halten und dem Weg aufwärts folgen. Nach 100 m zweigt er nach links ab (gehen Sie die Straße also nicht bis ganz oben weiter) und führt an der Vivenda Jorge Pires vorbei. Folgen Sie der Straße **immer geradeaus** und ignorieren Sie abzweigende Wege. Es geht an Häusern, Gärten, einem kleinen Korkeichenwald und einer Orangenplantage vorbei. Schließlich mündet der Weg in einen Erdweg ein und führt, rechts von einer Mauer gesäumt, weiter geradeaus. Nach 400 m stoßen Sie wieder auf Asphalt und der Weg macht eine **scharfe Rechtskurve**. Folgen Sie der Asphaltstraße, die zwischen Wiesen und Feldern verläuft, immer geradeaus.

Nach 300 m passieren Sie vor dem Ortsschild „Pedreiras" die Gewächshäuser einer **Gärtnerei**. Nach weiteren 300 m kommen Sie an eine größere 4-er-Kreuzung, an der Sie geradeaus weitergehen. Folgen Sie also dem Schild mit der Aufschrift „Vale Bravo". Bald erreichen Sie eine Anhöhe und sehen zum ersten Mal den Stausee. Folgen Sie dem kurvigen Verlauf der asphaltierten Straße. Nachdem Sie nach 100 m das letzte Haus hinter sich gelassen haben, macht der Weg einen Linksknick und fällt in Richtung Stausee ab. Hier endet auch der Asphalt. An der nächsten Weggabelung gehen Sie rechts weiter. Der Weg führt weiter abwärts und an einem Bauernhof (links) und einer eingezäunten Villa (rechts) vorbei. Nun beginnt ein landschaftlich schönes Stück mit Blick auf die

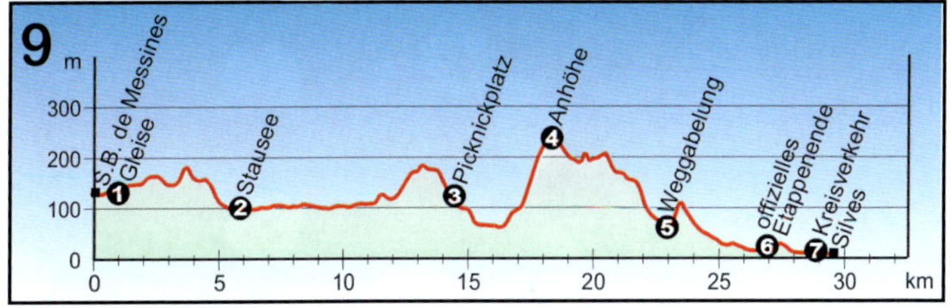

umliegenden Hügel, die sich im Frühjahr, wenn die Zistrosen blühen, in einen weiß getupften Blütenteppich verwandeln. Kurz vor dem Talboden kommen Sie an eine Kreuzung, an der Sie geradeaus weitergehen. Der Weg verläuft auf einer Höhe von Tausenden Zistrosenbüschen gesäumt auf den Stausee zu.

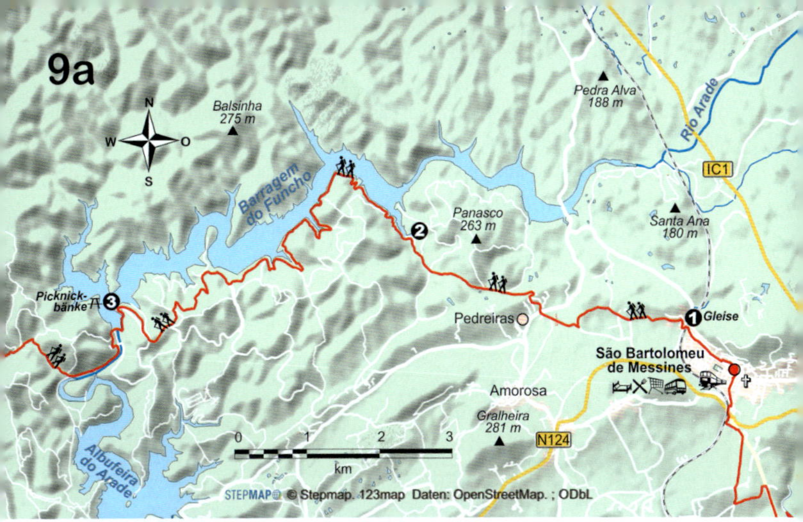

Die Lack-Zistrose (port. *esteva*, lat. *Cistus ladanifer*)
Die stark verzweigten Sträucher der Lack-Zistrose begleiten Sie auf fast allen Etappen. Besonders im Frühjahr, wenn sich die weißen Blüten mit den dunklen, purpurfarbenen Flecken und dem gelben Inneren in ihr schönstes Kleid hüllen und ganze Hügelketten in ein Blütenmeer verwandeln, sind sie eine Augenweide! Botanisch gehören sie zur Zistrosenfamilie und kommen vor allem im westlichen Mittelmeergebiet vor. Die Sträucher haben ein klebriges Harz (Ladanum), das einen intensiven Duft verströmt und in der Parfümindustrie als Stabilisator sowie

zum Räuchern verwendet wird. Auch als Heilpflanze hat sich die Zistrose als wahre Wunderpflanze einen Namen gemacht: Sie wirkt sowohl antibakteriell, antiviral, antioxidativ als auch pilzhemmend. Darüber hinaus stärkt sie neben dem Herz-Kreislauf-System auch das Immunsystem, weshalb ihr Tee aus Blättern und Zweigen gerne in der Erkältungszeit getrunken wird. Äußerlich werden die Zistrosen-Abkochung oder Öle bei Hautproblemen in Form von Umschlägen angewandt.

Die Lackzistrose in voller Blüte

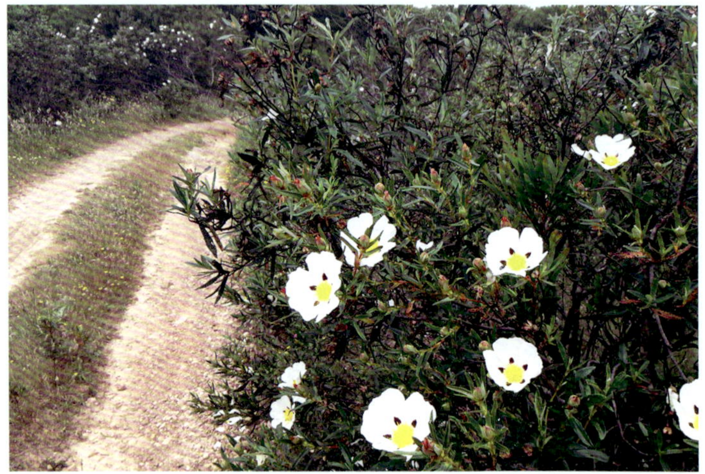

Am **Stausee Barragem do Funcho ❷** gehen Sie nach links weiter. Die nächsten Kilometer führen direkt am Seeufer entlang. Nach 3 km folgt der Weg einem kleinen Ausläufer („Finger") des Sees. An dieser Stelle geht in einer U-Rechtskurve eine schmale Fahrspur nach links oben weg, die Sie ignorieren; laufen Sie die Rechtskurve weiter aus. Bleiben Sie immer auf dem Hauptweg, der am Stausee entlangführt, und ignorieren Sie die kleinen Wege, die immer wieder von links auf die VA stoßen. Nach weiteren 3 km gehen Sie zwischen einzelnen eingezäunten Häusern (Monte Charouco) hindurch. 300 m weiter beginnt der Weg leicht anzusteigen und macht eine weite Linkskurve. Rechts sehen Sie nach 200 m eine zerfallene Häusersiedlung. Der Weg entfernt sich jetzt vom See und **steigt in Serpentinen an**. Auf der Anhöhe (⇧ 193 m) kommen Sie an eine Kreuzung, an der Sie geradeaus weitergehen. Der Weg macht eine weite Rechtskurve und bald erreichen Sie die **Straße**, an der auch ein VA-Pfeil steht („Silves 14 km"). Auf der Straße gehen Sie nach rechts weiter, wo Bänke mit Ausblick über den See stehen. Der Ausblick wird durch die großen Strommasten leider etwas beeinträchtigt. Folgen Sie der breiten Straße, die dann nach **rechts** abgeht und stetig **abfällt**. Fast auf Seehöhe stehen rechts schöne ⩩ **Picknickbänke ❸**, die Schatten spenden.

Vorbei am Picknickplatz führt die Straße in einer Linkskurve weiter abwärts bis zum Staudamm. Gehen Sie über die **Staumauer** und an der Weggabelung direkt dahinter links auf dem betonierten Weg weiter abwärts. Nach 50 m endet der Beton und der Weg fällt weiter ab. 180 m hinter der Staumauer laufen Sie an der Weggabelung nach links weiter. Der Weg ist hier wieder betoniert und führt in einem Linksbogen noch ein Stück abwärts.

☝ Sie gehen hier auf eine Brücke zu, die wieder über das Wasser führt, über die Sie aber **nicht** hinübergehen! Der Weg biegt vorher auf einer kleineren Brücke über einen Kanal **nach rechts ab** und verläuft damit parallel zum Überlaufbecken des Stausees, das links von Ihnen liegt. Sie werden vielleicht das Gefühl haben, falsch zu sein, vor allem weil rechts ein Speicher mit einem „Betreten verboten"-Schild liegt, aber folgen Sie getrost dem Weg, der jetzt wieder eben auf einer Schotterpiste verläuft.

Gehen Sie an der nächsten Abzweigung weiter geradeaus und nicht nach links. Nach 300 m kommt wieder eine Weggabelung, an der Sie nach rechts abbiegen (Sie verlassen damit den Hauptweg, der weiter geradeaus führt) und an einer rötlichen Schieferfelswand entlanggehen.

Der Weg verläuft jetzt durch ein **üppiges Tal** mit herrlicher Vegetation und beginnt allmählich, schattenlos anzusteigen. Hier im Tal kann sich die Hitze stauen und es kann sehr heiß werden. Sie überqueren einen kleinen Wasserlauf und gehen weiter geradeaus. Ab hier beginnt der längere **Anstieg**. Mit zunehmender Höhe nimmt die vielseitige Flusstalvegetation allmählich ab und Zistrosen dominieren wieder das Landschaftsbild. Auf einer kleinen Anhöhe erreichen Sie eine Kreuzung, an der Sie **scharf links** abbiegen. Der Weg steigt weiter an und links öffnet sich ein schöner Weitblick. Nach 400 m gabelt sich der Weg erneut. Hier machen Sie eine scharfe Rechtskurve, genauer gesagt einen U-Turn (hier verlassen Sie den Hauptweg), und haben dahinter auf der **Anhöhe** den höchsten Punkt der Etappe erreicht (⇧ 244 m) ❹. Hier haben Sie einen schönen Rundumblick über die Hügelketten und Täler.

Noch auf der Anhöhe macht der Weg einen scharfen Linksknick und Sie durchlaufen wieder einen U-Turn, dieses Mal nach links. Der Weg fällt leicht ab und führt auf einen Kamm zu, auf dem Sie jetzt weitergehen. Der Kammweg verläuft in südlicher Richtung und bei guter Sicht können Sie hier bis zum Meer sehen. Auf und ab schlängelt sich der Weg durch die hügelige Landschaft. An der nächsten Kreuzung fällt rechts ein Weg steil ab und links zweigt ein schmaler Weg ab. Gehen Sie hier aber geradeaus weiter, dem ansteigenden Weg folgend, der auf die nächste Anhöhe zuläuft. Auf der Anhöhe (⇧ 212 m) erreichen Sie eine Kreuzung, an der Sie geradeaus weitergehen. Nach 200 m kommt die nächste Kreuzung und Sie gehen auch hier weiter geradeaus. Der Weg verläuft jetzt auf einer Art Hangterrasse und bietet zur linken Seite immer wieder schöne Ausblicke.

Eukalyptus

Es ist erschreckend zu sehen, wie die ursprüngliche Vegetation den zahllosen, teilweise von der EU geförderten **Eukalyptuspflanzungen** weichen muss und wie immer mehr Hänge terrassiert werden und damit in das bestehende Ökosystem eingegriffen wird. Hier stehen ökonomische Interessen deutlich vor ökologischen Bedenken. Der Eukalyptusbaum wächst schnell und bringt daher raschen Ertrag, vor allem für die Papier- und Zelluloseindustrie. Problematisch ist die Tatsache, dass er dem Boden sehr viel Wasser entzieht und dieser daher austrocknet und der Grundwasserspiegel absinkt. Andere Pflanzen werden zurückgedrängt und die ätherischen Öle der Bäume erhöhen die Waldbrandgefahr.

Nach 700 m gelangen Sie wieder an eine Kreuzung, an der Sie sich links halten, aber nicht nach links unten weitergehen, sondern dem Weg leicht bergauf folgen. Nachdem Sie 400 m gelaufen sind, macht der Weg eine Rechtskurve und fällt stetig ab. Nach weiteren 400 m kommen Sie erneut an eine Kreuzung, an der Sie nach links bergab weitergehen. An der nächsten Kreuzung macht der Weg einen scharfen Rechtsknick und fällt in einer Kurve steil ab. Den rechts steil abfallenden Weg 100 m weiter ignorieren Sie und gehen geradeaus weiter. Der Weg verliert weiterhin an Höhe und führt bis ins **Tal**, wo er eben verläuft.

Im Tal folgt eine größere Kreuzung, an der Sie weiter geradeaus gehen. Links säumt ein Steilhang den Weg und rechts verläuft ein **kleiner Bach**, der nach 600 m nach rechts überquert wird. Hinter dem Bach gabelt sich der Weg erneut.

Gehen Sie an dieser **Weggabelung ❺** rechts (bergauf) weiter und nicht nach links.

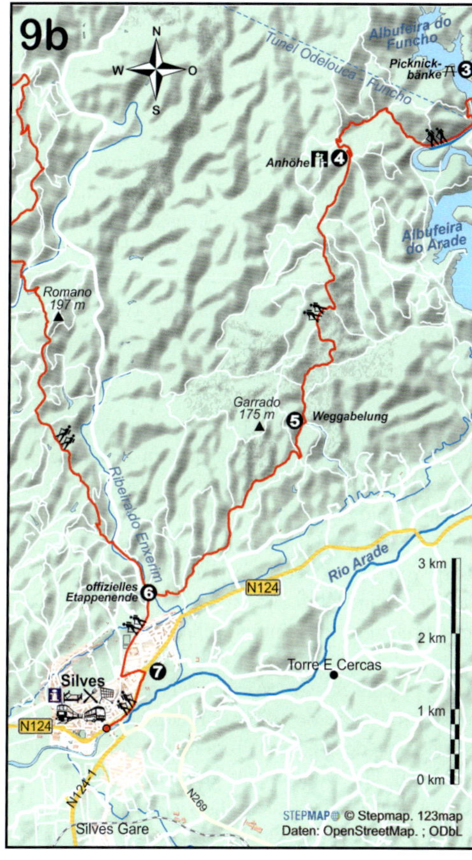

Es folgt ein längerer Anstieg auf steinigem Untergrund, der Sie allmählich in den Eukalyptuswald hineinführt. Auf der Anhöhe (⇧ 108 m) kommen Sie erneut an eine Kreuzung, an der Sie geradeaus weiterlaufen. Nach 100 m macht der Weg eine **enge Rechtskurve** und fällt weiter ab. Zwischen vielen Eukalyptusbäumen hindurch schlängelt sich der Weg eben immer weiter durch das Tal, in dem die Vegetation wieder vielseitiger wird. Nach 1,8 km gabelt sich der Weg und Sie halten sich rechts, überqueren den kleinen Bach und folgen dann dem Weg weiter geradeaus. 100 m weiter gehen Sie an der Kreuzung nach rechts oben weiter, wo Sie auf eine Anhöhe kommen, auf der rechts ein halb eingestürztes Haus steht. Auf dem Hügel vor Ihnen sehen Sie eine schöne alte **Windmühle**. Der Weg fällt danach wieder ab. Sie kommen erneut zu einer Kreuzung, an der rechts ein Weg steil nach oben weggeht. Gehen Sie geradeaus (und dann in einer Linkskurve) auf einem Trampelpfad durch die Wiesen und zwischen den Zistrosenbüschen weiter. Nach 700 m auf dem Pfad kommen Sie an eine weitere Kreuzung, an der Sie in einer Rechtskurve weitergehen. 50 m weiter gabelt sich der Weg das nächste Mal.

Der offizielle Wegverlauf führt Sie nicht nach Silves hinein, dieses Stück ist auch **nicht** markiert. Um nach Silves zu kommen, gibt es hier zwei Möglichkeiten.

Variante 1: Gehen Sie an der zuvor erwähnten Wegkreuzung nach links (und nicht nach geradeaus weiter zu den Häusern). Sie stoßen dann auf die Straße N124 (die aus Messines kommt), auf der Sie nach rechts über die Brücke und ein langes Stück an der Straße weitergehen, die direkt nach Silves hineinführt. Am Ortseingang von Silves kommen Sie an der Unterkunft Vila Sodré vorbei.

Variante 2: Folgen Sie dem offiziellen Weg an der Kreuzung leicht nach rechts, der Weg steigt leicht an. Die VA führt an dem Haus mit den Hunden vorbei und den Hügel in einer Linkskurve wieder hinab. Sie gelangen zu einem weiteren Haus, an dem Sie in einer Rechtskurve vorbeigehen. Links liegen wieder viele Gärten mit Feigen- und Mandelbäumen. Sie laufen jetzt **auf den Hügel mit der Windmühle zu**. Sie kommen nun an den **Fluss** Ribeira do Enxerim, wo die offizielle Etappe endet ❻ (km 27). Überqueren Sie ihn und folgen Sie dem steinigen Erdweg nach links. Er führt Sie in einem Bogen nach oben auf eine Straße. Gehen Sie nach links auf der Straße weiter. Vor sich sehen Sie schon die **Burg** von Silves, rechts beginnt eine Orangenplantage. Wandern Sie weiter geradeaus und folgen Sie der abfallenden Straße Rua do Encalhe. Sie kommen an eine Kreuzung: Ins Zentrum gehen Sie geradeaus weiter.

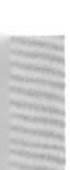

☺ Wenn Sie zur nächstgelegenen Unterkunft Residencial Canivete möchten, biegen Sie an dieser Kreuzung links ab. Gehen Sie entlang des grünen Zaunes an dem großen, rosa-bräunlichen Gebäude vorbei. An der nächsten Kreuzung laufen Sie weiter geradeaus, weiterhin entlang des grünen Zaunes. Hinter dem Zaun gehen Sie nach links und folgen der ansteigenden Straße. Dann biegen Sie in die erste Straße rechts ein (Rua de Esteva). Wenn Sie immer geradeaus weitergehen, kommen Sie direkt zur Residencial Canivete.

Um ins **Zentrum** zu kommen, gehen Sie an der Kreuzung geradeaus weiter und folgen weiterhin der Rua do Encalhe; links steht ein weißer Zaun. An der nächsten Kreuzung laufen Sie links entlang der **weißen Friedhofsmauer** weiter, hinein in die Rua do Cemitério. Hier gehen Sie am Supermarkt Minipreço (täglich 9:00-21:00) vorbei. Folgen Sie der Straße weiter, vorbei an der VA-Tafel, bis Sie bei km 28,5 an einen größeren **Kreisverkehr** ❼ kommen. Diese

Kreuzung nennt sich Cruz de Portugal, benannt nach einem schönen Steinkreuz, das an dieser Stelle aufgestellt wurde.

↳ Um zur Unterkunft 🛏 Vila Sodré zu kommen, gehen Sie hier nach links weiter.

Gehen Sie geradeaus durch den Kreisverkehr und wenden Sie sich dann nach rechts, um entlang der N124 ins Stadtzentrum zu kommen. Sie kommen vorbei am Restaurant ✕ u Monchiqueiro II (🚪 Do-Di 12:00-22:30, Mi geschlossen) und bald führt nach links eine größere Brücke über den Arade-Fluss.

↳ Um zum 🛏 Hotel Colina dos Mouros zu gelangen, überqueren Sie die Brücke. Das Hotel sehen Sie am anderen Flussufer.

Wenn Sie noch ein Stück dem Arade folgen, sehen Sie die alte Römerbrücke Ponta Romana, wo die Etappe endet. Um etwas Kraft für die nächste Etappe zu sammeln und die Stadt zu erkunden, bietet es sich an, hier einen Pausentag einzulegen.

Die Römische Brücke in Silves

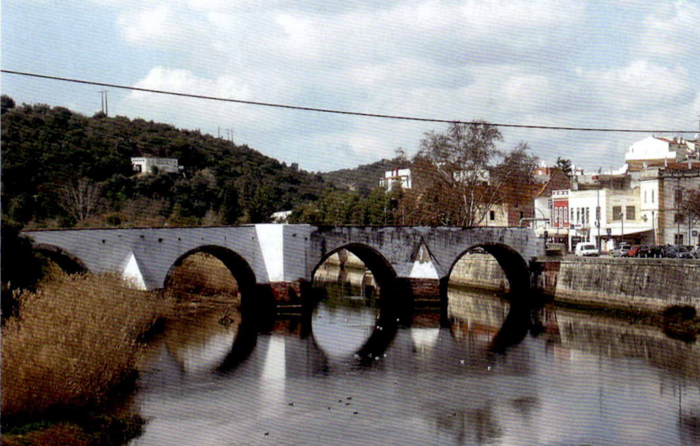

Silves

⇧ 12 m, 11.000 Ew.

www.cm-silves.pt

Posto do Turismo, in einem kleinen Pavillon unten am Fluss bei der Bushaltestelle, 282 09 89 27, täglich außer 1. Mai, Ostersonntag, 25. Dezember und 1. Januar; Sommer: 9:30-17:30, Winter: 9:00-17:00, gelegentlich über Mittag für eine Stunde geschlossen

Residencial Vila Sodré, Rua da Cruz do Portugal 124, 282 44 34 41, www.residencialvilasodre.pt, vilasodre@gmail.com, hübsches, blau-weißes Algarve-Haus, 12 Zimmer, mit Swimmingpool und Weinkeller. Sonderpreise für VA-Wanderer: EZ € 35, DZ € 40, inklusive Frühstück. In der Nebensaison gehen die Preise noch einmal runter. Reservierungen auch über das Hotelportal www.booking.com

♦ Residencial Canivete, Enxerim, 282 44 31 87, das Residencial ist auch über die eigene Facebook-Seite (https://de-de.facebook.com/residencialcanivete/) zu kontaktieren. Es hat 7 Zimmer, EZ € 20, DZ € 30, Preis jeweils ohne Frühstück. Unten gibt es allerdings ein Restaurant/Café, wo Sie ab 7:00 frühstücken können. Direkt daneben gibt es einen kleinen Supermarkt. Wegbeschreibung: Tipp S. 134

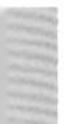

♦ Hotel Colina dos Mouros, 282 44 04 20, www.colinahotels.com, modernes Hotel auf der anderen Seite des Flusses an der N124-1 gelegen, mit schönem Blick auf die Burg, etwa 500 m vom Stadtzentrum entfernt, gutes Preis-Leistungs-Verhältnis, alle Zimmer mit Klimaanlage, TV und teilweise mit Balkon. Die Preise inklusive Frühstück sind saisonabhängig, EZ € 35-70, DZ € 37-80.

♦ Residencial Ponte Romana, Horta da Cruz Ladeira de S. Pedro (direkt an der römischen Flussbrücke gelegen), 282 44 32 75, einfache Pension, die Zimmer wurden aber neu renoviert, DZ je nach Saison etwa € 50-60, inklusive Frühstück.

In Silves finden Sie zahlreiche Cafés, Restaurants und Geschäfte, besonders im unteren Teil der Stadt gegenüber dem Fluss herrscht reges Treiben. Wie wäre es mit Frango assado mit Piri-Piri (Hähnchen vom Grill mit scharfer Soße) im Restaurant u Monchiqueiro (Do-Di 12:00-15:00 und 18:45-22:15, Mi geschlossen)?

Markthalle am Flussufer (Mercado Municipal de Silves, direkt an der N124 gelegen, Mo-Sa 7:00-14:00, So geschlossen)

Ein großer Modelo-Supermarkt liegt außerhalb des Zentrums im Westen der Stadt, vorbei an der Feuerwehr an der Nationalstraße 124 in Richtung Portimão. Zu Fuß in 15 Min. zu erreichen. täglich 8:30-22:00

Lidl-Supermarkt, Rua Cruz de Portugal (am Anfang der 10. Etappe), täglich 9:00-21:00

Farmácia Cruz de Portugal, R. Cândido dos Reis 5 (in der Nähe des Kreisverkehrs am Cruz de Portugal), ☏ 282 44 31 09, Mo-Fr 9:00-21:00, Sa und So 9:00-20:00

♦ Farmácia Guerreiro, Rua 5 de Outubro 22 (im Zentrum gelegen), ☏ 282 44 240 4, theoretisch hat sie 24 Std. geöffnet, falls die Tür geschlossen ist, soll man anrufen.

BANK Im Stadtzentrum gibt es mehrere Geldautomaten, z. B. der Caixa Geral de Depósitos in der Rua João de Deus 33.

Centro de Saúde, ☏ 282 44 00 20

Die Post befindet sich in der Rua do Correio, Mo bis Fr 9:00-18:00.

⌘ Castelo de Silves: Die Fundamente der Burg stammen aus maurischer Zeit, die schöne Erscheinungsform heute ist umfangreichen Sanierungsmaßnahmen unter der Regierung Salazars in den 1940er-Jahren zu verdanken. Im Innenhof wurden original Fundamente ausgegraben und freigelegt. Außerdem stammen eine große Zisterne und ein Brunnen, der über lange Zeit als Wasserspeicher für die Stadt genutzt wurde, aus der Zeit der Mauren. Heute gibt es hier eine Ausstellung über den Iberischen Luchs zu sehen. 9:00-17:30, im Sommer hat die Burg bis 20:00 geöffnet, Eintritt € 2,80. Für € 3,90 können Sie auch ein Kombiticket für die Burg und das Archäologische Museum erwerben.

✞ Kathedrale (Sé) von Silves: Nach der endgültigen christlichen Rückeroberung bauten die Christen in der zweiten Hälfte des 13. Jh. dort, wo einst eine muslimische Moschee stand, eine Kirche. Die gotische Kathedrale wurde beim Erdbeben von 1755 stark zerstört, original sind nur noch der Chor und das Sandsteinportal. Mo bis Fr 9:00-17:00

Es gibt zahlreiche Busverbindungen von und nach Silves, hauptsächlich von der/an die Küste. Die Bushaltestelle befindet sich vor der Touristeninformation. Das zentrale Busbüro (☏ 282 44 23 38), wo Sie die Tickets kaufen können, liegt auf der Westseite der Markthalle, dort hängen auch die Fahrpläne aus.

EVA fährt mehrmals täglich nach Armação de Pêra und Albufeira und bedient auch den außerhalb gelegenen Bahnhof, www.eva-bus.com.

Frota Azul fährt mit Umstieg in Portimão (leider nicht direkt) mehrmals täglich nach Monchique, Fahrtdauer Silves – Portimão 35 Min., Fahrpreis € 3,35; Fahrtdauer Portimão – Monchique 45 Min., € Fahrpreis € 4,45, Fahrpläne unter www.frotazul-algarve.pt.

Rede Expressos fährt 2-4 x täglich direkt nach Lissabon, Fahrtzeit 3 Std. 10 Min., Fahrpreis € 18,50. Genaue Fahrpläne unter www.rede-expressos.pt

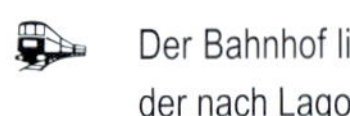

Der Bahnhof liegt etwas außerhalb. Von Silves können Sie mehrmals täglich entweder nach Lagos (Fahrtdauer 32 Min., Fahrpreis € 2,95) oder nach Faro (und von dort weiter nach Tavira und VRSTA) (Fahrtdauer 1 Std. 10 Min., Fahrpreis € 5,20) fahren. Fahrpläne unter 💻 www.cp.pt

Sollten Sie wegen zu schlechten Wetters die nachfolgende Bergetappe nicht gehen können oder diese auslassen wollen, kostet Sie eine Taxifahrt nach Monchique etwa € 30-35. Am Fluss gibt es eine Taxihaltestelle (gegenüber der Touristeninformation). Sollte dort keines stehen, können Sie die überregionale Taxizentrale anrufen, die 24 h besetzt ist: ☏ 282 46 06 10, 967 23 85 06 oder 967 23 85 07.
💻 www.taxiarade.com

Die Stadt Silves, am Fluss Arade gelegen, war unter maurischer Herrschaft Regierungssitz der Algarve und eine blühende Stadt. Sie trug den Namen Xelb und hatte bereits Mitte des 12. Jh. 15.000 Einwohner. Deutlich mehr als heute! Der Fluss spielte damals eine wichtige Rolle im Handelsverkehr und war ein wichtiger Verbindungsweg zur Küste bis Portimão, wo er in den Atlantik mündet. Der ehemals mächtige Fluss ist heute verschlickt und gleicht eher einem unbedeutenden Bach, wo sich gerne Störche oder andere Wasservögel tummeln. Durch die

Blick auf Silves mit der Burg

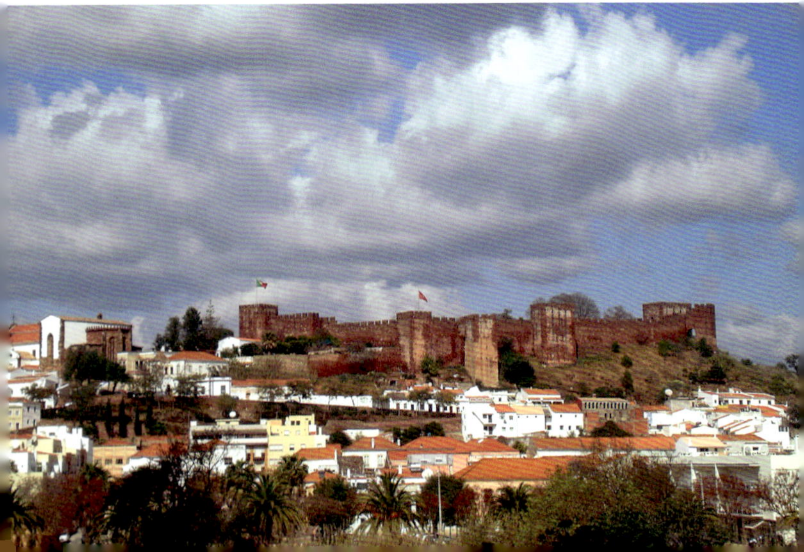

Versandung des Arade wurde Silves von der Küste abgeschnitten und verlor auch als Stadt an Bedeutung.

Über allem thront die gut sichtbare Maurenburg aus rotem Sandstein. Die Kreuzritter unter Dom Sancho I. nahmen die Stadt im Zuge der christlichen Rückeroberung 1189 ein, verloren sie aber kurz darauf wieder. Erst 1249 war die arabische Herrschaft endgültig vorbei und es wurde ein Bischofssitz eingerichtet. 1497 wurden Juden und Mauren, die sich der christlichen Taufe verweigerten, vertrieben. Im 16. Jh. verlor die Stadt an Bedeutung, da König D. Sebastião die Provinzverwaltung nach Lagos verlegte und Faro neuer Bischofssitz wurde. Heute bezeichnet sich Silves als die „Orangenhauptstadt" der Algarve, ein wichtiger Hinweis auf einen wichtigen Wirtschaftszweig der Region.

10. Etappe: Silves – Monchique

28,7 km, 8-9 Std., ↑ 1.415 m, ↓ 981 m, ⇧ 12-779 m

0,0 km	⇧ 12 m	im Norden von Silves (offizieller Etappenbeginn)
5,0 km	⇧ 99 m	kleiner See
13,7 km	⇧ 36 m	Brücke Odelouca
25,0 km	⇧ 779 m	Picota
28,7 km	⇧ 447 m	Monchique (Touristeninformation) B&B BANK

Die Bergetappe nach Monchique ist sehr lang und anstrengend, aber landschaftlich äußerst reizvoll und verläuft bis zur Überquerung der Ribeira de Odelouca im stetigen Auf und Ab über die zahllosen Hügel des Monchique-Vorgebirges. Nach Starkregenfällen kann die Ribeira de Odelouca wegen Überschwemmungsgefahr nicht überquert werden (was allerdings sehr selten vorkommt)! Informieren Sie sich vorher. Hinter dem Fluss beginnt der lange Anstieg auf die Picota, den zweithöchsten Gipfel der Algarve. Belohnt werden Sie mit wunderschönen Ausblicken und der Natur! Auf dem Weg nach oben werden mehrere Wasserläufe überquert – nach starkem Regen kann es hier sehr matschig sein. Unterwegs gibt es keine Einkaufs- oder Einkehrmöglichkeiten, nehmen Sie daher vor allem ausreichend Wasser mit! Im August 2018 gab es um Monchique und dem Picota-Gipfel schlimme Waldbrände, die einen Großteil des Waldbestandes zerstört haben. Seien Sie darauf vorbereitet, es wird eine Zeit dauern, bis sich die Natur regeneriert hat.

Je nachdem, wo Sie in Silves übernachtet haben, nehmen Sie einen anderen Weg zum offiziellen Etappenbeginn. Ich beschreibe den Weg von der Brücke Ponte Romana (S. 135) und damit aus der Innenstadt kommend. Wenn Sie mit Blick auf Silves auf der Brücke stehen, gehen Sie auf ihr über den Rio Arade Richtung Stadt und folgen dann der N124 nach rechts (vorbei am Lidl-Supermarkt) und dann immer weiter geradeaus, bis Sie zu einem Kreisverkehr kommen. Nehmen Sie die erste Straße links und laufen Sie danach an der VA-Tafel nach rechts an der weißen Friedhofsmauer entlang. Folgen Sie der Straße in einer Rechtskurve aus der Stadt hinaus auf den Hügel mit der Windmühle zu. Rechts verläuft ein grüner Zaun. Gehen Sie immer weiter geradeaus auf der Straße (Rua do Encalhe), die hier leicht ansteigt. Rechts liegen die Wohnhäuser von Enxerim, danach links eine Orangenplantage. Wandern Sie weiter geradeaus. Die Straße fällt jetzt ab. Wechseln Sie am ersten Abzweig nach rechts unten von der Straße auf einen Erdweg. Er führt Sie zum Fluss, wo die offizielle Etappe nach Monchique startet (ab hier ➲ 28,7 km).

Folgen Sie zunächst dem Flusslauf und wenden Sie sich 500 m nach dem Etappenstart noch vor der Brücke nach links. Sie kommen auf einen steil ansteigenden Trampelpfad, der Sie auf die Straße führt, die Sie noch auf der Brücke, über die Sie nun gehen, überqueren. Nach 80 m verlässt der Weg die Straße und führt links auf eine Erdpiste, die zunächst parallel zur Straße verläuft. 280 m weiter macht der Weg eine Linkskurve, führt durch den Bach und entfernt sich damit von der Straße. Der Weg führt in einem Rechtsbogen und zwischen den

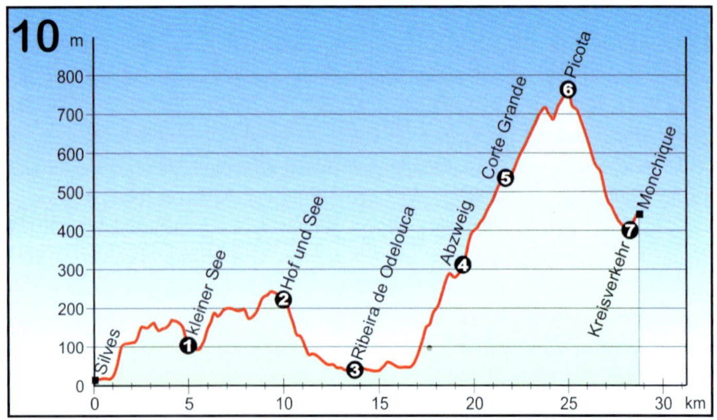

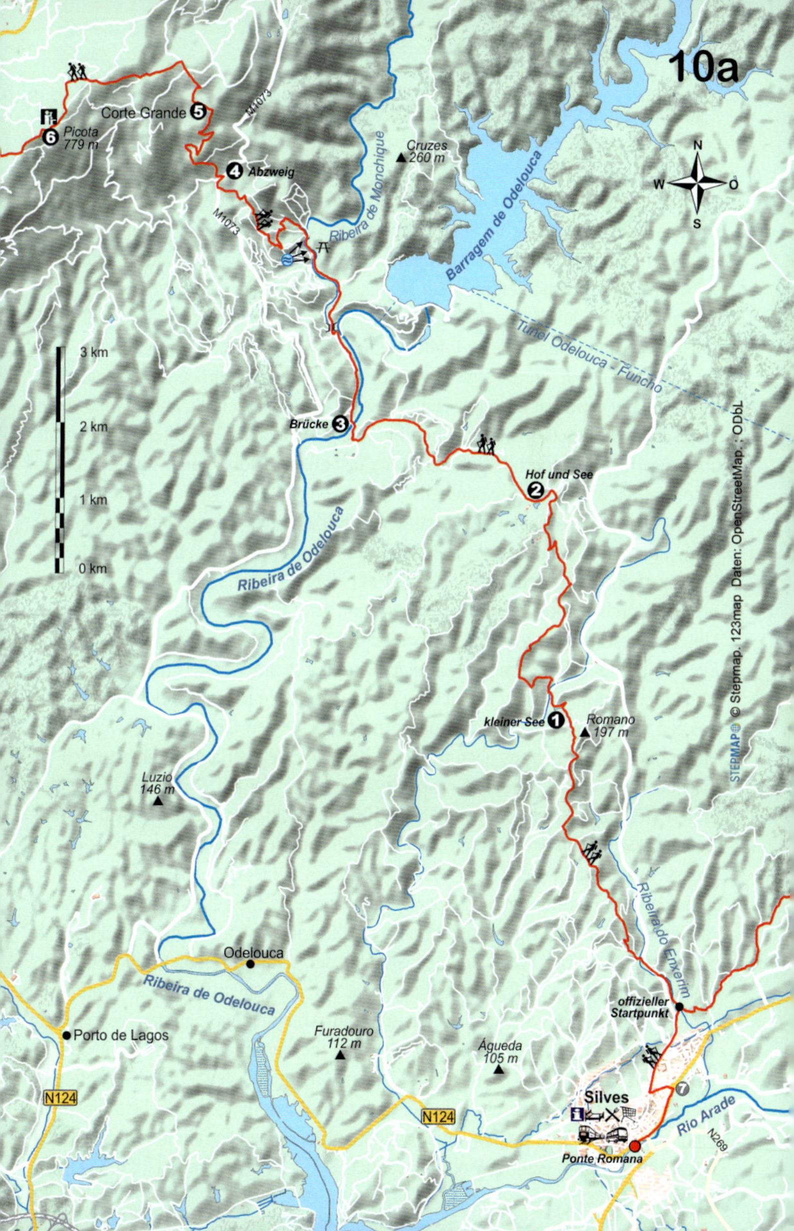
10a
Corte Grande
Picota
779 m
Abzweig
M1073
Ribeira de Monchique
Cruzes
260 m
Barragem de Odelouca
N
W
O
S
Túnel Odelouca - Funcho
3 km
2 km
1 km
0 km
Brücke
Hof und See
Ribeira de Odelouca
kleiner See
Romano
197 m
Luzio
146 m
Ribeira do Enxerim
offizieller
Startpunkt
Odelouca
Ribeira de Odelouca
Porto de Lagos
Furadouro
112 m
Águeda
105 m
N124
Silves
Rio Arade
N269
Ponte Romana
STEPMAP © Stepmap. 123map Daten: OpenStreetMap: ODbL

Zistrosenbüschen noch ein Stück im Tal weiter. Nach 240 m verlassen Sie ihn und gehen nach **rechts oben** steil bergauf weiter. Von der nächsten Anhöhe haben Sie einen schönen Ausblick bis zum Monchique-Gebirge vor sich und nach Süden bis zur Küste nach Portimão. Gehen Sie zwischen den Tausenden Zistrosenbüschen immer weiter **geradeaus** die **Hügel auf und ab**. Von den Hügeln gehen links und rechts immer viele Bagger-/Lastwagenwege ab, die Sie ignorieren. Bei km 2,5 steht ein **Feuerwehrposten** auf dem Hügel; gehen Sie hier geradeaus weiter, vorbei an vielen duftenden Wildkräutern, lila blühendem Schopflavendel und Ginsterbüschen. Wandern Sie immer geradeaus, bis Sie nach 1 km an eine 4er-Kreuzung kommen, an der drei Wege vor Ihnen liegen. Nehmen Sie hier den linken Weg, der moderat ansteigt. Hinter der Kreuzung fällt er allmählich ab und die Landschaft verändert sich: Sie gehen hier nicht mehr durch die offene Landschaft über die Hügel, sondern folgen dem Weg fast auf der Höhe durch dichtere Vegetation mit vielen Eukalyptusbäumen.

Nach 600 m erreichen Sie erneut eine Kreuzung, wo Sie den linken Weg nehmen, aber dann **sofort** nach den Betonpfosten nach rechts abgehen und dem Erdweg **steil nach unten** folgen. Es folgt ein längerer Abstieg auf einem schmalen Erdweg durch dichte Vegetation. (Hier kann es bei Regen sehr matschig sein!) Unten angekommen erreichen Sie bei km 5 einen kleinen See ❶, an dessen Ufer Sie sich rechts halten, um dann in einer Linkskurve am Wasser entlangzugehen.

Hinter dem See halten Sie sich rechts und kommen in ein wunderschönes Tal, das Sie entlanggehen. Sie überqueren nach links einen kleinen Fluss. Nach der Flussüberquerung geht es nach **rechts** weiter. Der Weg verläuft zunächst noch im Tal und steigt dann in einer Linkskurve an, wo Sie bei km 5,8 an eingefallenen Höfen (**Ruinen**) vorbeikommen. Nach 300 m macht der Weg im Anstieg eine Rechtskurve und nach weiteren 200 m erreichen Sie eine Kreuzung, an der Sie rechts weitergehen und nicht weiter ansteigen. Folgen Sie dem Weg immer geradeaus und ignorieren Sie abzweigende Fahrwege. Sie gehen hier über die terrassierten Hügel, auf denen sich Pinien- und Eukalyptusbäume abwechseln. Nach 500 m teilt sich der Weg. Nehmen Sie hier den unteren (rechts) und gehen Sie weiterhin geradeaus; nach rechts haben Sie einen schönen Fernblick. Laufen Sie weiter geradeaus, bis Sie an eine **5er-Kreuzung** kommen und nehmen Sie hier den ganz linken Weg, der eine enge Linkskurve beschreibt und wiederum abfällt. Unten überqueren Sie erneut einen kleinen Wasserlauf, gehen an der Kreuzung rechts weiter und folgen ein kurzes Stück dem Wasserlauf, der rechts von Ihnen fließt. Der Weg steigt dann in einer engen Linkskurve wieder an und Sie verlassen das kleine Flusstal. Auf der Anhöhe wenden Sie sich nach rechts. Links liegen ein

eingezäunter Bauernhof und zwei Häuser, an denen Sie vorbeigehen. Auch an der nächsten Weggabelung hinter dem Hof halten Sie sich rechts und gehen in einer Linkskurve an eingezäunten Felder vorbei. Bei gutem Wetter haben Sie hier einen herrlichen Blick auf das Gebirge! An der nächsten Weggabelung halten Sie sich links und wandern etwas unterhalb des eingezäunten Grundstücks weiter. Links liegen ein **kleiner See und ein weiterer Hof ❷**, an dem Sie vorbeigehen. Hinter dem Hof kommen Sie an eine Kreuzung, an der Sie erst geradeaus gehen, bevor Sie den **nach rechts** abfallenden Weg nehmen. Kurz dahinter macht der Weg eine enge Linkskurve, dann bleiben Sie auf dem gut erkennbaren Hauptweg, der Sie allmählich und zunehmend steiler abwärtsführt.

Sie gehen stetig auf das Gebirge zu. Das schöne Wegstück führt zunächst in das **Tal** hinab, das wiederum von reicher Vegetation geprägt ist. Dort angekommen überqueren Sie einen kleinen Flusslauf und gehen immer geradeaus weiter, dem Hauptweg folgend. Nach 300 m kommen Sie an einem Haus mit einem bewirtschafteten Garten vorbei. Der Weg fällt wieder ab und verläuft dann eben im fruchtbaren Tal. Entlang des Flusses sehen Sie wieder Zitrus- und Olivenbäume sowie verschiedenes Buschwerk. Sie kommen bei km 12,4 an eine **Ampel** (!), die bei Hochwasser auf Rot schaltet. Dann können Sie die Ribeira de Odelouca wegen Überschwemmungsgefahr nicht überqueren. (In diesem Fall müssen Sie entweder warten oder mit dem Bus oder Taxi nach Monchique fahren. Zum Glück ist Hochwasser aber sehr selten.) Nach 400 m kommt an einer Kreuzung ein **Sackgassenschild**. Folgen Sie dem Weg vor dem Schild in eine Rechtskurve, die Sie an weiteren Häusern vorbeiführt und dann auf eine neu gebaute **asphaltierte Straße** zuläuft. Hier erreichen Sie den **Fluss Ribeira de Odelouca** (km 13,7, ⇧ 36 m). Überqueren Sie die **Brücke ❸** und folgen Sie dahinter der Straße nach **rechts**. (Anmerkung: Hier wurde die VA neu verlegt, der alte Etappenverlauf führte an dieser Stelle nach links. Durch die neue Routenführung ist der Weg auf den Picota-Gipfel landschaftlich schöner geworden und verläuft weniger auf Asphalt).

Hinter der Brücke gehen Sie nach rechts auf der Straße 400 m weiter und steigen dann nach **rechts über die Leitplanke**, wo Sie weiter unterhalb auf einen schmalen Pfad kommen. Folgen Sie diesem Erdweg nach links, wo er jetzt fast eben zwischen der Straße und dem Fluss Ribeira de Odelouca verläuft. Bevor Sie den Fluss überqueren, führt der Weg wieder nach links zurück hoch zur Straße, auf der Sie nach rechts weitergehen. Gehen Sie über die grün angestrichene Brücke und folgen Sie für 600 m weiter der Straße, die jetzt ansteigt. Bei km 15,7 verlassen Sie die Straße nach links auf einen breiten Erdweg. Hier steht ein Holzschild mit der Aufschrift „Fonte Santa", dem Sie folgen. Links hören Sie den

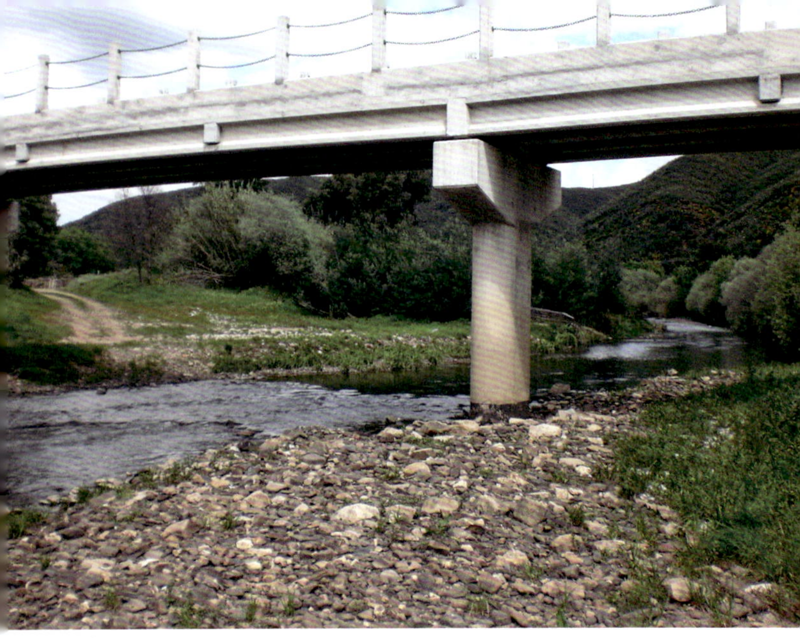

Überquerung des Odelouca entweder über die Brücke oder durch den Fluss

Bach **Ribeira de Monchique** plätschern, den Sie gleich **dreimal überqueren werden**. Der landschaftlich reizvolle Weg verläuft zunächst im Flusstal, gesäumt von Akazien, die im Frühjahr herrlich gelb blühen. Nach 800 m wird der Bach zum ersten Mal überquert.

Gleich hinter der ersten Bachüberquerung steht rechts eine ⩩ Picknickbank. Nach knapp 200 m wird der Bach erneut überquert; große Steine im Flussbett erleichtern das Hinüberkommen. Nach weiteren 200 m (km 16,7) wird die Ribeira de Monchique zum dritten Mal überquert. Danach gehen Sie nach links weiter, um kurz dahinter in den schmalen Pfad nach rechts abzubiegen. Der schmale, steinige Weg entfernt sich vom Bachlauf und beginnt zunächst, anzusteigen. Der Weg verliert kurz darauf wieder an Höhe; nach 200 m wird wieder ein kleiner Wasserlauf (ein Zufluss der Ribeira de Monchique) überquert. Dahinter geht der Weg nach links weiter und steigt dann wieder an.

✋ Nach anhaltenden Regenfällen kann es hier matschig und auf den Steinen rutschig werden!

Der schmale Pfad gewinnt an Höhe. Nach einer am Weg liegenden **Steinruine** (km 17,1, ⇧ 90,8 m) macht der Weg einen **scharfen Linksknick**, der kleine Bach wird ein letztes Mal überquert. Der Pfad wird noch etwas schmaler und ist von dichter Vegetation gesäumt. Sie gewinnen jetzt stetig an Höhe und der Weg steigt in Serpentinen an. Bald wird der Weg steiler und die Landschaft offener – bei gutem Wetter werden Sie mit schönen Fernblicken belohnt. An der nächsten Kreuzung macht die VA einen etwas überraschenden Knick nach links – Sie kommen jetzt auf einen deutlich breiteren und steinigen Weg, immer von schönen Ausblicken gesäumt. Auf der nächsten Anhöhe gehen Sie nach rechts weiter, immer weiter ansteigend. Wenn Sie sich umdrehen, haben Sie einen schönen Blick auf den Odelouca-Stausee und die Staumauer.

Bei km 18 kommen Sie an eine größere 4er-Kreuzung. Hier gehen Sie geradeaus weiter, der Weg steigt weiter an. Nach der nächsten Anhöhe fällt der Weg leicht ab. Folgen Sie nach 100 m an der nächsten Kreuzung der Markierung nach links, der Weg führt weiterhin leicht abwärts. Den Weg säumen jetzt einige Korkeichen und Eukalyptusbäume. Hier verläuft der Weg sogar ein Stück eben – genießen Sie diesen entspannenden Abschnitt! In der Landschaft liegen jetzt große Granitsteine; Sie sind endgültig in der Serra angekommen.

Bei km 19,2 stoßen Sie auf die **Straße M1073**, die nach Alferce weiterführt. Gehen Sie auf die Straße und folgen ihr nach rechts. Nach 200 m geht nach links eine kleinere Straße ab ❹. Folgen Sie dem Straßenschild in Richtung Caldas de Monchique/Fornalha. Zur Orientierung: An dieser Kreuzung steht ein größeres Haus mit mehreren Hunden. Nach 30 m verlässt die VA diese kleinere Straße und biegt nach rechts in einen steinigen Erdweg ein. Der Weg steigt jetzt wieder an und führt in weiten Serpentinen aufwärts. Nach 500 m gehen Sie nach links weiter. Sie werden mit Ausblicken bis zur Küste belohnt. Nach 1 km kommen Sie an eine T-Kreuzung. Hier gehen Sie links weiter, am großen Strommast vorbei.

Bei km 21,7 kommen Sie auf eine asphaltierte Straße und in den verlassenen Weiler **Corte Grande ❺**. Hier stehen noch viele eingefallene Häuser – Spuren einer früheren Besiedelung des Gebirges. Folgen Sie dem asphaltierten Weg aus der Siedlung hinaus, am Weg stehen viele imposante und teilweise sehr alte Korkeichen. Nach 300 m verlassen Sie die Straße nach links. Nach 100 m kommen Sie an eine **Weggabelung an einer riesigen Korkeiche**. Hier fehlte zum Zeitpunkt der Recherche die Markierung. Gehen Sie nach rechts weiter und folgen Sie dem Weg geradeaus durch den Korkeichenwald. Sie stoßen bald wieder auf eine Straße und kommen an eine 3er-Kreuzung. Folgen Sie der asphaltierten Straße geradeaus in Richtung Picota (weißes Straßenschild). Nach 200 m verlassen Sie die

Straße wieder nach links. Sie kommen wieder auf einen steinigen Weg, der durch einen Eukalyptuswald weiter ansteigt.

An der nächsten Kreuzung (km 23,1) gehen Sie nach rechts weiter. Zum Anhaltspunkt: Sie sehen den Picota-Gipfel jetzt schön vor sich liegen. Nach 600 m macht der Weg eine Rechts-, gleich darauf eine Linkskurve und beginnt, abzufallen. Rechts verläuft jetzt ein **Zaun**, an dem Sie entlanggehen. Bald öffnet sich nach rechts ein schöner Blick auf das Städtchen Monchique und die Antennen von Fóia, dem höchsten Punkt der Serra de Monchique. Folgen Sie weiterhin dem Verlauf des Zaunes; an dessen Ende treffen Sie wieder auf eine asphaltierte Straße (km 24,2). Gehen Sie auf der Straße nach links und folgen Sie ihr nach oben, bis kurz unterhalb des Picota-Gipfels. Unterhalb des Gipfels endet der Asphalt, hier wurde eine Infotafel zu und über Monchique aufgestellt. Ab hier führen grobe Granitsteine und Felsen bis auf den Picota-Gipfel, die Markierung ist hier etwas unklar. Bei km 25 haben Sie den **Picota-Gipfel** (⇧ 779 m) mit dem kleinen Aussichtsturm erreicht ❻.

Von hier aus haben Sie eine herrliche Aussicht auf Monchique und das umliegende Gebirge bis zum Meer. Es ist zwar nicht der höchste Gipfel der Algarve, dafür müssen Sie hier nicht mit Touristenbussen rechnen und es geht deutlich

Der Picota-Gipfel

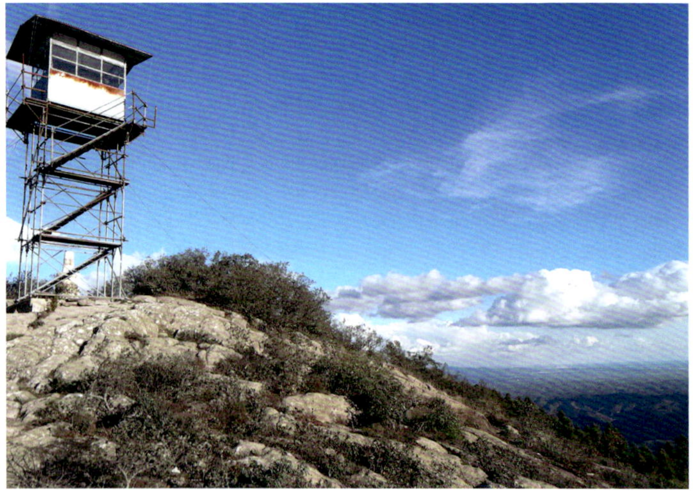

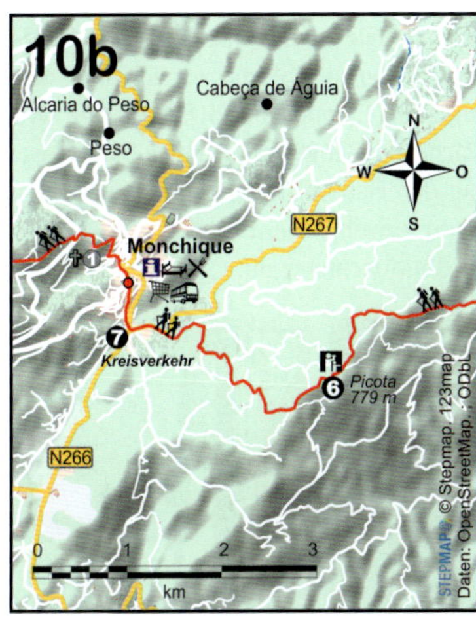

ruhiger zu als auf dem Fóia-Gipfel. Nach einer verdienten Pause laufen Sie am Turm mit Blick auf Monchique zwischen den großen Steinen nach unten, vereinzelt sehen Sie Markierungen auf den Felsen. Zur Orientierung: Sie gehen auf der dem Hinweg genau entgegengesetzten Seite den Berg hinunter.

Folgen Sie dem Weg in südwestlicher Richtung; bald stoßen Sie auf einen Pfad, der zunächst auf der Höhe verläuft (Monchique liegt rechts von Ihnen) und dann langsam abfällt. Weiter unten führt der Weg durch einen herrlichen **Korkeichenwald**. Sie kommen an eine Asphaltstraße, auf der Sie nach rechts an einem Haus weitergehen. Nach knapp 200 m folgen Sie an der Weggabelung der Linkskurve weiter abwärts, wieder vorbei an einem Haus. Etwa 400 m weiter halten Sie sich links und gehen rechts an einem Tor vorbei. Verlassen Sie den Asphalt nach 50 m und gehen Sie auf einem Erdweg weiter, wo auch ein VA-Pfeil steht und zurück zur Picota (1,9 km) weist. Folgen Sie dem Pfad durch den Korkeichenwald weiter bergab, rechts verläuft eine alte Steinmauer. An der nächsten Weggabelung geht es rechts weiter, jetzt wieder auf Asphalt. Zur Orientierung: Rechts liegen ein Tor und ein eingezäuntes Grundstück. Halten Sie sich an der nächsten Straßenkreuzung links und gehen Sie weiterhin abwärts. An der nachfolgenden Kreuzung (nach 80 m) laufen Sie erneut links. Die Markierung ist am Strommasten.

Sie erreichen den **Stadtrand von Monchique**. Rechts liegt ein größerer Abstellplatz (auch für Schrott), links sind eingezäunte Gärten und Garagen. An der nächsten Straßenkreuzung folgen Sie dem weißen Verkehrsschild nach links in Richtung „Monchique"/„Portimão". Nach 400 m kommen Sie erneut an eine Kreuzung, an der ein VA-Pfeil steht, der nach rechts ins Zentrum von Monchique zeigt. Sie kommen an einen Kreisverkehr ❼, hinter dem der Intermarché Supermarkt liegt. Folgen Sie der Straße Estrada Velha aufwärts ins Stadtzentrum hinein. An der nächsten Kreuzung liegt links wieder ein kleiner Supermarkt und daneben die Pension Miradouro da Serra (Rua Combatentes do Ultramar). Wenn Sie hier nach rechts über die Straße und den Kreisverkehr gehen, kommen Sie auf den Platz Largo de São Sebastião, auf dem es einen schönen Aussichtpunkt gibt und wo sich auch die Touristeninformation befindet. Hier endet die Etappe (km 28,7 ⇧ 447 m). Wenn Sie nach rechts die Rua Eng. Duarte Pacheco hinabgehen, kommen Sie an zwei kleineren Läden vorbei und direkt auf den Hauptplatz Largo dos Chorões im Zentrum von Monchique. Hier steht ein ungewöhnlicher Brunnen, der ein Wasserschöpfrad darstellt.

In Monchique gibt es eine große Auswahl an Pensionen und Restaurants.

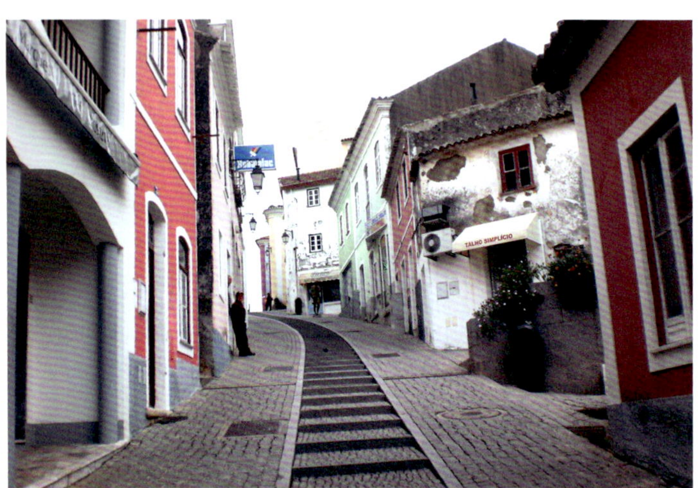

Das Bergdorf Monchique

Monchique

B&B BANK

⇧ 447 m, 2.300 Ew.

www.cm-monchique.pt. Unter dem Punkt "O Concelho" befindet sich der Unterpunkt "Turismo" mit den wichtigsten Informationen über die Infrastruktur und die Stadt.

Posto de Turismo am Largo de São Sebastião, ☏ 282 91 11 89, Mo bis Fr 9:30-13:00 und 14:00-17:30, Sa und So geschlossen

Hospedaria Descansa Pernas, bei der Feuerwehr in der Estrada de Sabóia, etwas außerhalb des Zentrums, gelegen, ☏ 282 91 31 70, 965 85 05 86, descansapernas@sapo.pt, einfache, aber saubere und ruhig gelegene Pension mit 6 Zimmern, EZ je nach Saison € 30-40, DZ € 40-50, inklusive Frühstück, Reservierungen auch über das Hotelportal www.booking.com

B&B Pensão Miradouro da Serra B&B, oben am Kreisverkehr beim Posto de Turismo in der Rua Combatentes do Ultramar gelegen, ☏ 282 91 21 63, 963 05 54 70 oder 969 15 83 01 (für Anfragen auf Englisch), www.miradourodaserra.com, miradourodaserra@gmail.com, einige der 12 gepflegten Zimmer haben einen Balkon. Hier gibt es auch 3er- und 4er-Zimmer. EZ mit Frühstück € 30-40, DZ € 40-50. Reservierungen auch über das Hotelportal www.booking.com

♦ Residencial Estrela de Monchique, beim zentralen Platz in der Rua do Porto Fundo 46 gelegen, ☏ 282 91 23 96, 963 16 00 43, alestrelademonchique@hotmail.com, 9 gepflegte, einfache Zimmer, alle mit Bad, EZ mit Frühstück € 30-40, DZ € 40-50, Reservierungen auch über das Hotelportal www.booking.com

Restaurante A Charrete, oben im Dorf in der Rua Dr. Samora Gil 30-34, ☏ 282 91 21 42, sehr gute regionale Küche, Spezialitäten sind u. a. Feijoada (Bohneneintopf mit allem vom Schwein und Reis), Assadura (in kleine Stücke geschnittenes, gegrilltes Schweinefleisch mit Olivenöl-Knoblauch-Marinade), Ziegenfleischgerichte und gefüllte Tintenfische sowie die hausgemachten Desserts, Do-Di 12:00-15:00 und 19:00-22:30, Mi geschlossen.

♦ Restaurante O Luar da Fóia, Estrada da Fóia (2 km außerhalb von Monchique gelegen), ☏ 282 91 11 49, hervorragende Regionalküche mit wunderschönem Ausblick bis zur Küste, Di-Sa 11:00-15:30 und 19:00-22:00, So 11:00-16:00, Mo geschlossen

Barlefante, etwas versteckt in der Travessa dos Guerreiros gelegen, (Cocktail-)Bar mit kleinen Speisen und gelegentlicher Livemusik, täglich 12:00-2:00 (die Zeiten können aber variieren)

Es gibt neben mehreren kleineren Läden auch den großen Supermarkt Intermarché (am südlichen Ortseingang an der N266 bei der Tankstelle), täglich 9:00-20:30, im Sommer bis 21:00.

♦ Minimercado o Padeiro da Serra, direkt neben dem Residencial Miradouro da Serra gelgen, 9:00-20:00

Farmácia Hygia im Zentrum am Largo 5 de Outubro 15, ☏ 282 91 23 29, Mo-Fr 8:30-20:30, Sa 8:30-19:00; manchmal hat die Apotheke an Sonn- und Feiertagen Notdienst, dann: 9:00-13:00 und 15:00-19:00.

CTT Monchique, Calçada de Santo António, Mo-Fr 9:00-12:30 und 14:00-17:30, am Wochenende geschlossen

BANK Gegenüber der Matriz-Kirche befindet sich in der Rua da Igreja ein Geldautomat der Crédito Agrícola. Ein Geldautomat der Caixa Geral de Depóstios befindet sich in der Calçada de Santo António 23.

✝ Igreja Matriz mit schönem manuelinischem Hauptportal mit gedrehten Steinsäulen aus dem 16. Jh.

🚌 Mehrmals täglich fährt Frota Azul nach Portimão, Fahrtzeit 45 Min., Fahrpreis € 4,45, Fahrpläne unter 💻 www.frotazul-algarve.pt.

🚕 Taxi Monchique: ☎ 282 91 31 57 oder 282 91 05 00. Am Hauptplatz gibt es einen Taxistand.

☺ An der Estrada Velha befindet sich das Kunsthandwerkszentrum Casa dos Arcos, wo Sie die typischen Scherenstühle der Region sehen (und kaufen) können. Ein kurzer Abstecher lohnt sich! Es gibt sogar noch eine kleine Schreinerwerkstatt, wo die traditionellen Stühle von José Salvador noch bis heute hergestellt werden.

☺ Caldas de Monchique: Wer einen längeren Aufenthalt oder Ruhetag in Monchique einplant, kann einen Ausflug zu den 32° C warmen **Thermalquellen** im Kurort Caldas de Monchique (etwa 6 km südlich von Monchique) unternehmen, die schon im 15 Jh. von den portugiesischen Königen aufgesucht wurden,
💻 www.monchiquetermas.com.

☺ Feste und Märkte: Feira dos Enchidos (Anfang März): ein Fest zu Ehren der regionalen Wurst- und Fleischprodukte, begleitet von einem **Musikprogramm; Artechique (Feira do Artesanato):** Am ersten Wochenende im September findet ein Kunsthandwerksmarkt am zentralen Platz statt.

Am zentralen Platz Largo dos Choroes in Monchique

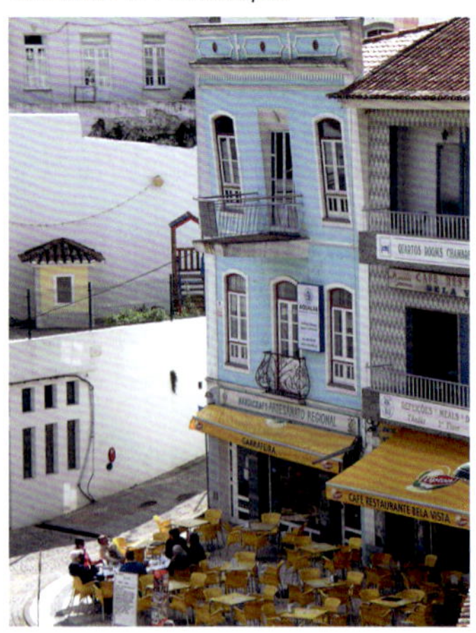

Das hübsche Bergstädtchen Monchique ist schon seit der Steinzeit besiedelt, aber erst unter den Römern erhielt es eine städtische Struktur. Diese ließen sich in der Gegend nieder, um die Thermalquellen nutzen zu können. Da Monchique aufgrund seiner Lage mitten im Gebirge, unweit des Fóia-Gipfels und der Thermalquellen Caldas de Monchique, auch gerne von Touristen, Wanderern und Fahrradfahrern aufgesucht wird, ist die Infrastruktur dementsprechend gut. In den letzten Jahren setzte man besonders auf den Naturtourismus. Um Monchique wurden zahlreiche Wanderwege angelegt. Traditionell ist es eine landwirtschaftlich geprägte Gegend, noch sehen Sie hier viele terrassierte Hänge, die bewirtschaftet werden. Neben Wurstwaren sind auch Honig, Esskastanien und Medronho traditionelle Produkte der Region.

11. Etappe: Monchique – Marmelete

14,7 km, 4 Std., 560 m, 641 m, 378-847 m

0,0 km	447 m	Monchique (Touristeninformation) B&B BANK
3,6 km	834 m	Abzweig Fóia
9,8 km	662 m	Abzweig Windräder
14,3 km	392 m	Picknickplatz Marmelete
14,7 km	378 m	Marmelete (Dorfplatz) BANK

Eine sehr schöne und relativ kurze Etappe führt durch die Bergwelt des Monchique-Gebirges. Fóia – der höchste Gipfel der Algarve – ist, obwohl er nicht direkt an der VA liegt, hier einen kurzen Abstecher wert und belohnt mit wunderschöner Fernsicht. Dort oben kann es allerdings sehr frisch sein! Es gibt auch ein Café, das sonntags bis freitags geöffnet hat.

Die Etappe nach Marmelete startet an der Touristeninformation am Largo de São Sebastião und führt die Rua Eng. Duarte Pacheco hinab auf den zentralen Platz von Monchique, Largo dos Chorões. Gehen Sie über den Platz in die ansteigende Rua do Porto Fundo, vorbei an der Pension Estrela de Monchique, und folgen Sie der Straße auf kleinen Treppenstufen hinauf. Hier steht ein braunes Wanderschild, auf dem zwei Wanderer mit Foto abgebildet sind, das schon in Richtung Fóia weist. Biegen Sie an der nächsten Möglichkeit nach links in die Rua João de Deus ab und folgen Sie der schmalen Gasse Tv. das Guerreiras aufwärts, vorbei an der Bar Barlefante. Am Ende der Gasse halten Sie sich kurz links, dann gleich wieder rechts und folgen dem braunen Wanderschild. Gehen Sie an einem großen, rotfarbenen Gebäude nach rechts weiter. Hier haben Sie einen schönen Blick auf den Picota-Gipfel, über den Sie gestern gekommen sind. An einem Platz mit Parkmöglichkeiten biegen Sie nach links in den Caminho do Convento ab. An der nächsten Möglichkeit folgen Sie dem braunen Wanderschild nach rechts und gehen in einer Rechtskurve aufwärts. An der nächsten Straßenlaterne sehen Sie den VA-Pfeil („Marmelete 14,7 km“) und halten sich an der

Weggabelung links (Caminho do Convento). Sie folgen der ansteigenden Straße aufwärts, die bald eine Linkskurve macht und dann auf Pflastersteinen weiter aus Monchique heraus und durch einen schönen Korkeichenwald zu einem **alten Konvent ❶** führt. Unterhalb des Weges fallen die terrassierten Hänge auf.

⌘ Das **ehemalige Franziskanerkloster Nossa Senhora do Desterro** wurde 1632 vom späteren indischen Vizekönig Pedro da Silva errichtet. Das verheerende Erdbeben von 1755 zerstörte es fast vollständig, aber hinterher wurde es wieder aufgebaut. Heute liegt es in Ruinen, übrig geblieben ist nur eine Legende: Der Gründer soll auf hoher See, als er in Not geraten war, das Versprechen abgegeben haben, das Kloster zu errichten. Aus Indien soll er dann eine kleine Madonna aus Elfenbein mitgebracht haben, die in das Kloster gebracht wurde. Im Jahr der Säkularisierung 1834, als alle Klöster aufgelöst wurden, sollte die Madonna gerettet werden. Einer der Mönche schmuggelte sie unter dem Habitat versteckt aus dem Kloster und gab sie in die Obhut einer älteren Frau, die sie aufbewahrte. Heute ist sie in der Eremitei São Sebastião zu sehen.

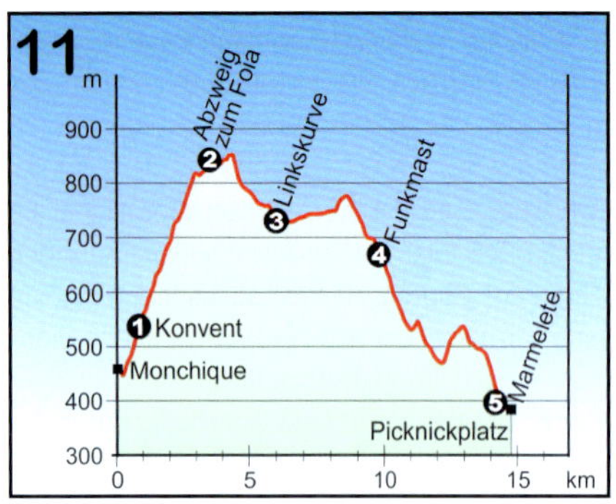

Vor dem Konvent gehen Sie nach rechts auf dem ansteigenden Pfad weiter, der auf die Leitplanke der oberhalb verlaufenden **Straße** zuläuft. Bevor Sie diese erreichen, macht der Weg einen Linksknick und führt Sie kurz dahinter hoch zur Straße. Dort gehen Sie nach links weiter. Nach einem kurzen Stück auf der Straße führt der Weg **nach rechts oben** und verläuft wieder im Wald. Nach 60 m gehen Sie links weiter. Der Pfad steigt stetig an und hinter dem kleinen Waldstück erreichen Sie eine Weggabelung, an der Sie nach rechts gehen. Laufen Sie weiter geradeaus auf ein Haus zu und biegen Sie dann noch davor nach rechts ab. Der Weg steigt nach wie vor an und macht dann eine scharfe Rechtskurve. Von hier oben haben Sie wieder herrliche Ausblicke und sehen auch den Picota-Gipfel, auf den die vorherige Etappe geführt hat. Die Landschaft wird offener und verändert sich mit zunehmender Höhe. Der Baumbestand nimmt ab, die Vegetation ist

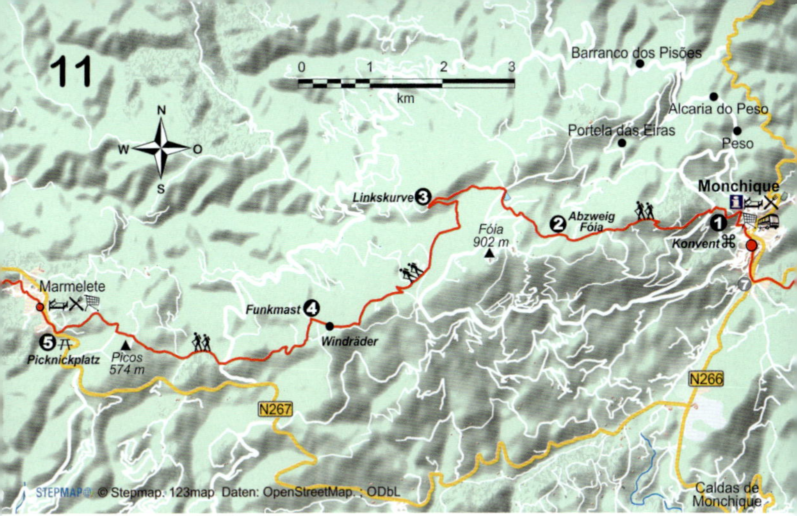

durch niedriges Buschwerk, Stechginster, den hier verbreiteten Rhododendron sowie verschiedene Kräuter, die zwischen den großen Steinfelsen gedeihen, geprägt. An einem kleinen Eukalyptuswäldchen gehen Sie nach rechts weiter, bis Sie bei km 2,9 auf die **Straße stoßen, die auf den Fóia-Gipfel führt**. Gehen Sie durch die offene Berglandschaft geradeaus auf der Straße weiter, rechts sehen Sie ein paar eingefallene Häuser und wieder die typischen angelegten, aber nicht mehr bewirtschafteten Hangterrassen. Nach 700 m verlässt die Via Algarviana die Straße und führt **rechts auf einem schmalen Pfad ❷** weiter.

↳ Wenn Sie auf den **Fóia-Gipfel** steigen wollen (etwa 15 Min. Fußmarsch), gehen Sie hier nicht ab, sondern folgen der Straße aufwärts zum Gipfel, dessen Antennen Sie schon erkennen können. Um hinterher wieder auf die VA zu kommen, können Sie entweder den gleichen Weg zurückgehen oder hinter dem Souvenirladen bei den Busparkplätzen nach rechts der Straße Richtung Norden abwärts folgen. Sie stoßen dann bei km 4,2 wieder auf die Via Algarviana.

Der **Fóia-Gipfel** (⇧ 902 m) ist der höchste Punkt der Algarve. Das ☕ Café Planalto (🚪 So-Fr ab 10:00 geöffnet, abends richten sich die Schließzeiten nach Betrieb und Wetter, Sa geschlossen) hat sehr leckeren Kuchen und nebenan gibt es einen kleinen Touristenshop. Bei gutem Wetter haben Sie eine herrliche Aussicht über das Bergvorland und bis zur Küste. Es wurden in den letzten Jahren verschiedene Wanderwege angelegt, deren Markierungen Sie auch auf der VA sehen.

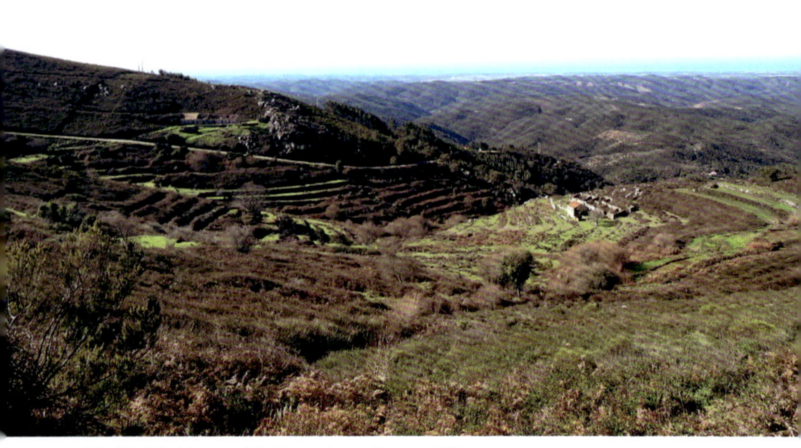

Weitblick bis zur Küste unterhalb von Fóia

Beim Abzweig nach Fóia, verlassen Sie die Straße und folgen dem (bei Regen matschigen) schmalen Pfad (von Fóia kommend nach links abbiegen, von Monchique kommend nach rechts) durch das niedrige Buschwerk. Sie gehen auf einen großen Felsen zu, an dem Sie links vorbeilaufen. Bei km 4,2 erreichen Sie einen Zaun mit einem **grünen Tor**, durch das Sie durchgehen, um innerhalb der eingezäunten Weide weiterzugehen. Links liegt ein **kleiner See**, um den Sie herumlaufen, bevor Sie in einer Rechtskurve dem Pfad weiter abwärts auf die Straße folgen. Nach 300 m macht der Weg einen Linksknick, verläuft 40 m auf einem ansteigenden Weg und zweigt dann wieder nach rechts unten ab, in Richtung eines weiteren kleinen Sees und der Straße. Bei km 4,8 gehen Sie wieder durch ein grünes Tor und überqueren die **Straße**. Dann führt die VA auf einem abfallenden Erdweg zwischen Eukalyptusbäumen nach links. Bei km 6 macht der Weg eine **scharfe Linkskurve** ❸ (U-Turn) und nach 400 m überqueren Sie einen kleinen Wasserlauf. Es folgt ein **schöner Höhenweg** entlang der **Hangterrassen**, auf denen noch vereinzelt Viehwirtschaft betrieben wird. Die meisten Höfe wurden aber aufgegeben.

Nach 1,6 km auf der Höhe führt der Weg an der Weggabelung nach rechts; unter sich sehen Sie eine bewirtschaftete Hangterrasse. Nach etwa 100 m folgen

Sie dem Weg nicht rechts abwärts, sondern bleiben noch auf der Höhe und gehen geradeaus weiter. 600 m weiter macht der Weg bei einem großen, frei stehenden Eukalyptusbaum eine scharfe Linkskurve und steigt dann an. Nach 100 m kommen Sie auf eine Schotterstraße, auf der Sie rechts weitergehen. Nach rechts haben Sie eine wunderschöne Aussicht über die Hügelketten des Monchique-Gebirges und bis zur Westküste. Nach 300 m folgen Sie an der Weggabelung dem rechten Weg abwärts und gehen auf die **Windräder** zu. **Dann müssen Sie achtgeben**: Unter den Windrädern geht links ein Weg ab in den Wald, dem Sie aber noch nicht folgen, sondern Sie gehen noch ein Stück weiter geradeaus. Nach 50 m biegen Sie dann an einem **Funkmast links** ❹ in den Eukalyptuswald ab. (Zur Orientierung: Das letzte Windrad steht noch unterhalb von Ihnen.)

Nach 40 m gabelt sich der Weg, Sie gehen nach rechts leicht abwärts weiter und folgen dann dem Weg geradeaus. 100 m weiter zweigt rechts ein Weg ab, den Sie ignorieren. An der nächsten Weggabelung nach weiteren 100 m gehen Sie an einem alten Steinhaus (Ruine) rechts weiter, der Weg fällt hier ab. Nach 300 m erreichen Sie an einem Haus mit Hund eine Kreuzung, an der Sie links weitergehen und zu einem Eukalyptuswäldchen kommen. Folgen Sie dem kurvigen Verlauf des Hauptweges abwärts und ignorieren Sie kleinere abgehende Wege. Kurz vor der Straße führt der Weg steil nach rechts und bei km 11 direkt auf die **Straße**. Hier steht ein Schild, das die Entfernung bis Marmelete mit 3 km anzeigt.

Überqueren Sie die Straße und folgen Sie dem abfallenden Weg durch den Eukalyptuswald. Halten Sie sich an der nächsten Weggabelung rechts. Noch in der Rechtskurve gabelt sich der Weg erneut. Nehmen Sie hier den linken Weg, der kurz auf der Höhe bleibt und dann wieder ansteigt. Sie gehen jetzt auf einen **großen Felsen** (Picos) zu. Auf der Anhöhe folgen Sie dem Weg geradeaus durch den Eukalyptuswald. Nach 100 m macht der Weg eine Rechtskurve, 200 m weiter stoßen Sie erneut auf eine schmale Straße, an der Sie sich nach rechts wenden. Folgen Sie dem Lauf der Straße in einer Linkskurve, bis Sie erneut an eine Weggabelung kommen, an der Sie rechts auf der Straße weitergehen, vorbei an Korkeichen und einem Gehöft (links). Sie kommen an eine **große Kreuzung**, an der mehrere Wege zusammenlaufen. Nehmen Sie hier den zweiten von links in Richtung Süden, der in den Eukalyptuswald hineinführt, und verlassen Sie die asphaltierte Straße. Folgen Sie dem Pfad abwärts durch den Wald und gehen Sie immer weiter geradeaus. Ignorieren Sie abgehende Wege. Hier haben Sie wieder eine schöne Fernsicht und sehen das weiße Dorf Marmelete in den Berghängen eingebettet vor sich liegen. Rechts liegt ein verlassener Hof, an dem Sie vorbeigehen, und bald sehen Sie links an der Straße einen überdachten ⛼ **Picknickplatz ❺** (Parque de Merendas). Hier stoßen Sie kurz vor dem **Ortseingang von Marmelete** auf die Straße, der Sie nach rechts ins Dorf folgen.

Folgen Sie der Straße nach rechts und hinter dem Ortsschild nach links weiter und machen danach eine scharfe Rechtskurve. Der Weg verläuft hier auf Pflastersteinen in der Rua Inácio Veríssimo Cabrita zwischen den Häusern auf die Ortsmitte zu. Sie kommen an einem modernen Brunnenplatz (links) und an der Taberna O Clandestino vorbei und erreichen dann bei km 14,7 den Dorfplatz Largo Coronel Artur Moreira, wo die Etappe endet. Auch um Marmelete wurden einige markierte Wanderwege angelegt, deren Markierungen Sie immer wieder sehen.

Marmelete ⌘ ⇧ 378 m, 780 Ew.

www.jf-marmelete.pt

Schlafsaal der Gemeindeverwaltung (Centro de acolhimento de Marmelete, direkt an der Estrada Nacional 267 gelegen, im Gebäude des Casa do Povo untergebracht): einfache Unterkunft mit 22 Betten und zwei Bädern für 14 €/Person, inklusive Bettwäsche und Handtücher; Anmeldung bei der Kreisverwaltung Junta de Freguesia, Rua de Aljezur 12, ☏ 282 55 11 21, info@jf-marmelete.pt. Reservierungen sind auch über die Facebook-Seite (https://de-de.facebook.com/Centro-de-Acolhimento-de-Marmelete-343287652461611/) möglich. Sollten Sie am Wochenende ankommen, wenn in der Verwaltung niemand arbeitet, wird der Schlüssel in der Snackbar Luz hinterlegt. Melden Sie sich daher unbedingt vorher an.

Restaurante Sol e Serra, an der Nationalstraße am Ortsausgang in Richtung Aljezur gegenüber der Galp-Tankstelle, ☏ 282 95 51 02, sehr gute und günstige Küche, alles frisch zubereitet, Mo-Sa 6:00-22:30 und So ab 8:00 geöffnet, Mittagessen 12:00-15:00, Abendessen 18:00-21:00. Es werden auch 3 Zimmer mit Bad vermietet, EZ € 25, DZ € 40 (Preis jeweils ohne Frühstück), Reservierungen auch per E-Mail, joaopauloestevao2011@hotmail.com.

Snackbar Luz, am zentralen Platz gelegen, ☏ 282 95 52 44, So-Fr 9:00-23:00, Sa geschlossen

Casa de Pasto O Tita, an der Nationalstraße gelegen, Do-Di 8:00-22:30, Mi geschlossen

Am Dorfplatz gibt es zwei kleinere Läden, wo Sie das Nötigste bekommen, und oben an der Nationalstraße noch einen etwas besser sortierten Laden (Minimercado/Talho Luz, Mo-Sa 7:30-13:00 und 14:00-20:00, So geschlossen).

BANK Am Dorfplatz gibt es einen Geldautomaten.

⌘ Casa do Medronho: Neben der Junta de Freguesia wurde die Casa do Medronho eingerichtet, ein kleines Museum mit Destille, in dem Sie erfahren, wie der Schnaps hergestellt wird. Nach vorheriger Anmeldung (über die Junta de Freguesia, ☞ S. 158 können Sie für € 6 neben dem Museumsbesuch auch eine Medronho-Probe machen, dazu werden regionale Spezialitäten gereicht. Da die Etappe aus Monchique nicht sehr lang ist, könnten Sie dieses Angebot nutzen!

Das kleine Bergdorf liegt am westlichen Rand des Monchique-Gebirges. In den letzten Jahren hat man sich etwas auf den Naturtourismus vorbereitet und Wanderwege um Marmelete angelegt und das Medronho-Museum eingerichtet.

12. Etappe: Marmelete – Bensafrim

30 km, 7 Std., ↑ 317 m, ↓ 684 m, ⇧ 19-402 m

0,0 km	⇧	402 m	Marmelete (Dorfplatz) ⌘
1,9 km	⇧	395 m	Abzweig von der Straße
9,1 km	⇧	126 m	Casa Pacheco
13,8 km	⇧	100 m	Stausee Barragem da Bravura
17,2 km	⇧	102 m	Vale do Lobo
29,4 km	⇧	25 m	Bensafrim (Kirche) ✞
30,0 km	⇧	28 m	Bensafrim (Ortsmitte) BANK ✞

Eine lange, teilweise einsame, aber landschaftlich sehr reizvolle Etappe liegt vor Ihnen. Der Weg fällt kontinuierlich ab und verläuft dann durch ein fruchtbares Tal, wo es zwei kleine Cafés gibt. Ein Teil des Weges führt ohne bemerkenswerte Anstiege am Stausee Barragem da Bravura entlang. Die letzten Kilometer bis Bensafrim laufen Sie durch ein lang gezogenes Tal. Es gibt in Besafrim nur eine Übernachtungsmöglichkeit! Eventuell müssen Sie noch 5 km bis Barão de São João weiterlaufen. Alternativ können Sie ein Stück mit dem Taxi fahren oder sich in Bensafrim abholen lassen (☞ Unterkunftsmöglichkeiten bei Barão de São João auf der folgenden Etappe).

Starten Sie die Etappe am Dorfplatz Largo Coronel Arturo Moreira, wo der VA-Pfeil nach Bensafrim (30 km) weist. Folgen Sie der gepflasterten Straße nach rechts (Rua Francisco Furtado). Nach 250 m macht der Weg einen Knick und Sie folgen dem Schild „Junta de Freguesia“. 30 m weiter gehen Sie in die Rua dos Bombeiros Voluntários hinab und folgen dem Lauf der Straße. Auf der rechten Seite liegt eine öffentliche WC- und Duschanlage. Sie kommen zum Largo 25 de Abril und gehen weiter geradeaus, rechter Hand liegt der Espaço Multimedia (Multimedia-Zentrum). Folgen Sie der Rua de Aljezur, linker Hand liegen die Gemeindeverwaltung Junta de Freguesia und die ⌘ Casa do Medronho. Dahinter macht die Straße einen Knick nach links. Folgen Sie weiterhin der Straße Rua de Aljezur, auf der Höhe bleibend. Rechts steht ein weinrotes Haus (Casa da Serra) und links liegt noch einmal ein Brunnen mit Waschplatz. Der Weg steigt leicht an, führt vorbei an einer Bank mit schönem Aussichtspunkt und aus dem Dorf hinaus. Nach insgesamt 900 m verlassen Sie Marmelete und folgen weiterhin der asphaltierten Straße, die in einer Rechtskurve noch weiter ansteigt. Sie kommen an eine **Straßenkreuzung**, an der Sie auf die Straße N267 treffen, die Marmelete mit Aljezur verbindet. Gehen Sie nach links ein Stück an der Straße entlang. Der VA-Pfeil weist in Richtung Besafrim (29 km). Nach ein paar Metern führt links ein Weg in den Wald hinein, den Sie aber ignorieren. Gehen Sie noch weiter auf der Straße, vorbei an dem blauen Schild mit der Aufschrift „Obrigado pela sua visita“ („Danke für Ihren Besuch“). Links zweigen noch zwei weitere Wege in den Wald ab, die Sie aber auch ignorieren, und Sie folgen weiterhin der Straße. Nehmen Sie erst den vierten Weg, der bei km 1,9 **nach links in den Wald** führt ❶. Hier steht auch ein VA-Pfeil („Bensafrim 28 km“) und ein weißes Straßenschild in Richtung „Sapato“.

Der Weg verläuft durch einen **Eukalyptuswald** und beginnt, stetig an Höhe zu verlieren. An der ersten Weggabelung im Wald gehen Sie weiter geradeaus. Nach 1 km biegen Sie an der nächsten Weggabelung rechts ab. 300 m weiter gehen Sie an der Weggabelung geradeaus weiter. Immer wieder können Sie schöne

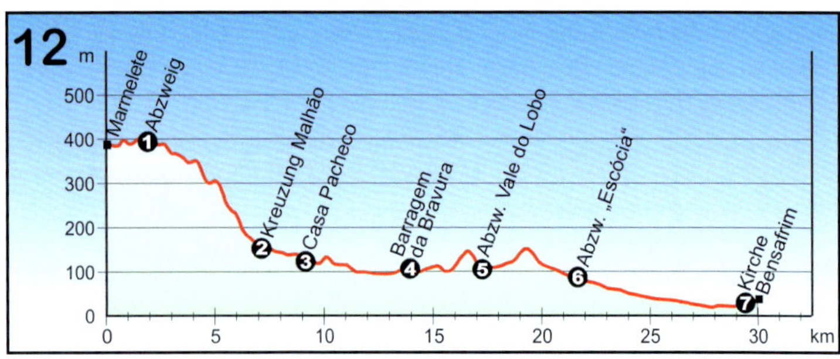

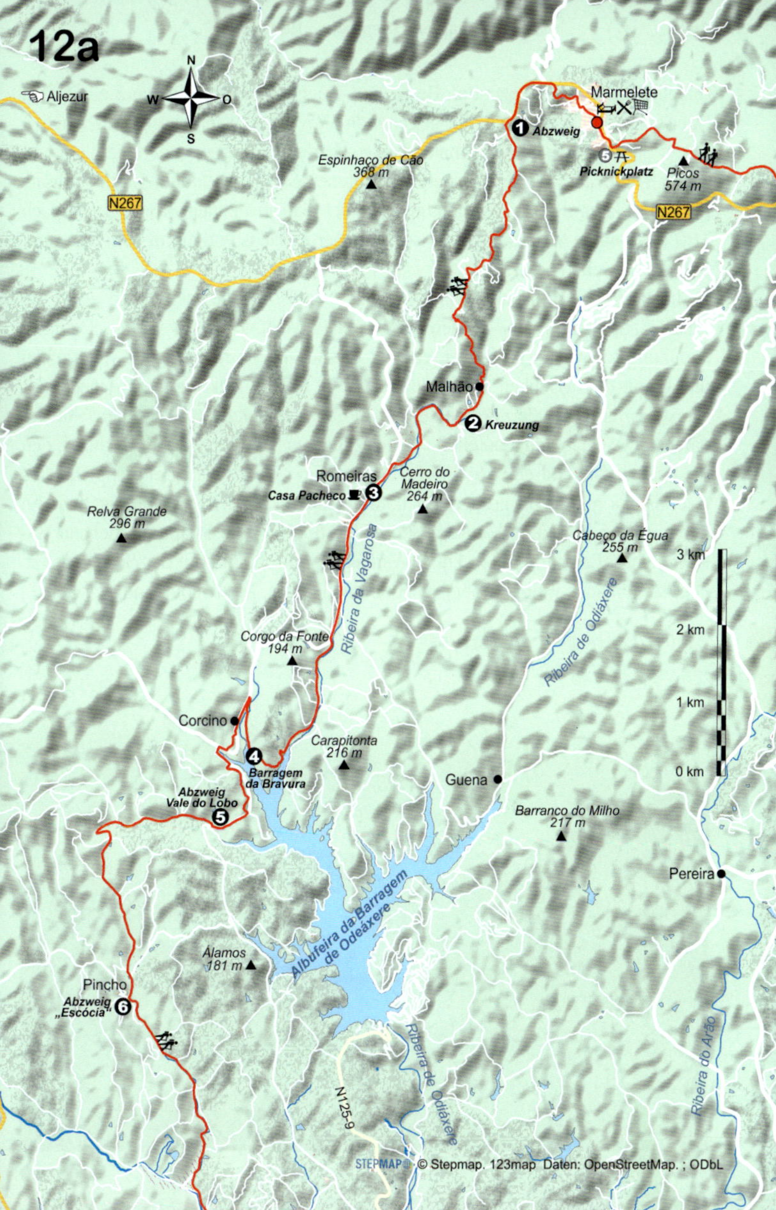
12a
N
W
O
S
Aljezur
N267
Espinhaço de Cão 368 m
Abzweig
Marmelete
Picknickplatz
Picos 574 m
N267
Malhão
Kreuzung
Romeiras
Casa Pacheco
Cerro do Madeiro 264 m
Relva Grande 296 m
Cabeço da Égua 255 m
3 km
2 km
1 km
0 km
Ribeira da Vagarosa
Ribeira de Odiáxere
Corgo da Fonte 194 m
Corcino
Carapitonta 216 m
Barragem da Bravura
Guena
Abzweig Vale do Lobo
Barranco do Milho 217 m
Pereira
Albufeira da Barragem de Odeáxere
Álamos 181 m
Pincho
Abzweig „Escócia"
Ribeira de Odiáxere
Ribeira do Arão
N125-9
STEPMAP © Stepmap. 123map Daten: OpenStreetMap. ; ODbL

Ausblicke auf die umliegenden Berge und Hügel genießen. Bleiben Sie auf dem Hauptweg und ignorieren Sie abgehende Wege und Fahrspuren. Bei km 5,3 macht die VA an einer Weggabelung eine **scharfe Linkskurve**; gehen Sie hier nicht weiter geradeaus. Die Landschaft wird offener, Sie haben immer wieder schöne Blicke ins Tal und sehen auf den umliegenden Hängen Bienenkörbe stehen. Nach 100 m kommen Sie am ersten, frisch renovierten Haus vorbei, an dem Sie sogar Solarzellen sehen.

Im fruchtbaren Tal wird viel Obst und Gemüse angebaut und Sie gehen an vielen Bauerngärten und Feldern des Weilers **Malhão** (km 7) vorbei. Dahinter kommen Sie an eine **größere Kreuzung ❷**, an der Sie nach rechts weitergehen und damit dem Bachlauf weiter durch das Tal folgen. Links liegt das Haus eines Künstlers, an dem Sie verschiedene Skulpturen und **Kunstwerke** sehen. An der nächsten Weggabelung laufen Sie weiter geradeaus und folgen dem Bachlauf, den Sie bald danach auf einer Steinbrücke überqueren. Rechts liegt ein eingezäuntes Grundstück mit einem grünen Tor (Jardim Calmo), an dem Sie vorbeigehen. An der nächsten Kreuzung kommen Sie bei km 8,7 auf eine **Straße**, an der ein VA-Pfeil steht („Bensafrim 21,3 km"). Wandern Sie nach links auf der Straße weiter. Hier stehen auch weiße Straßenschilder (nach Lagos, Monchique und Marmelete)

Stausee Barragem da Bravura

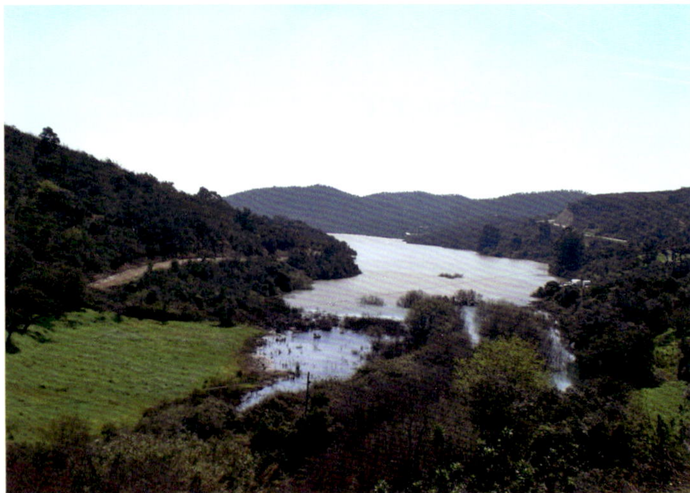

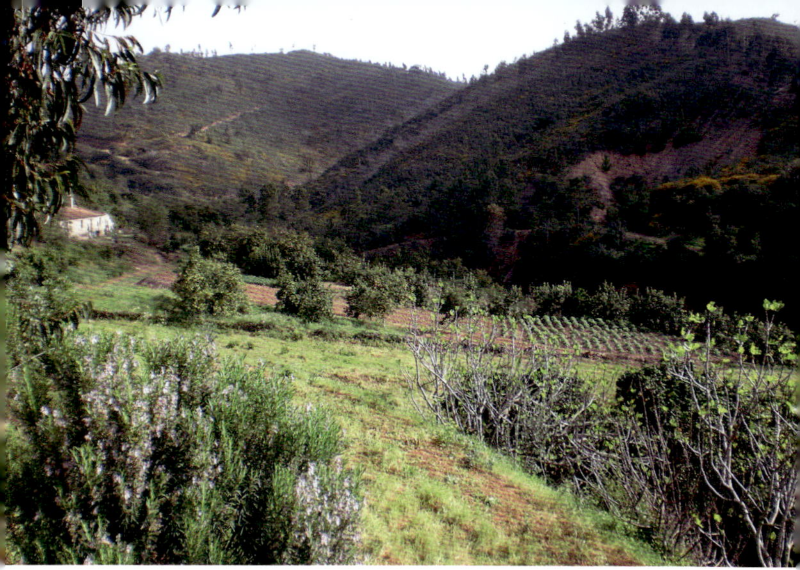

Der Weg hinab ins fruchtbare Tal

und links entlang der Straße fließt der Bach. Linker Hand befindet sich kurz darauf bei km 9,1 im Weiler **Romeiras** das ☕ Café Casa Pacheco (🚪 keine festen Öffnungszeiten, in der Regel aber offen) ❸ mit orangefarbener Markise (nur Getränke, keine Speisen). Folgen Sie weiter der Straße, nach 600 m kommt auf der rechten Seite noch einmal ein ☕ Café, das Do Ernesto (🚪 keine festen Öffnungszeiten, in der Regel aber offen).

Nach 900 m geht links ein Weg von der Straße in Richtung Guena ab, den Sie ignorieren. Bleiben Sie weiterhin auf der Straße. Nach 700 m verlassen Sie sie dann und biegen nach **links** ab (folgen Sie dem Schild „Vagarosa"). Hier steht wieder ein VA-Pfeil („Bensafrim 18,7 km"). Gleich nach dem Abzweig liegt rechts ein Hof mit bellenden, teilweise frei laufenden Hunden. Folgen Sie dem ebenen Weg geradeaus, bis Sie nach 1,5 km einen Ausläufer des **Stausees Barragem da Bravura** ❹ erreichen, an dessen Ufer Sie nun entlanggehen. Bei km 14,3 müssen Sie noch einmal einen kleinen **Bach durchqueren**.

300 m nach der Bachquerung gelangen Sie an eine Kreuzung, an der Sie auf eine Straße kommen (km 14,6). Gehen Sie links auf der **Straße** weiter, vorbei am Ortsschild von Corcino und einzelnen Häusern. Links unten sehen Sie wieder den Stausee liegen. Nach knapp 900 m verlassen Sie an der nächsten Kreuzung die Straße nach rechts und steigen nach oben zu einer Häuseransammlung hinauf.

Gehen Sie nach links weiter und folgen Sie dem Weg in einem Rechtsknick. Kurz dahinter erreichen Sie erneut die Straße und gehen rechts weiter. Folgen Sie dem Verlauf der Straße, die nach 50 m eine scharfe Linkskurve macht (und den Schildern „Lagos"/„Barragem"). Nach etwa 150 m verlassen Sie sie bei km 15,8 nach rechts auf einen schmalen, steinigen Weg, der auf einen Eukalyptushain zuläuft.

Der Weg steigt an. Einen Weg, der nach 200 m rechts abzweigt, ignorieren Sie und gehen weiter geradeaus. Sie kommen an eine **Anhöhe**, von der Sie links den Stausee und rechts einen Windpark sehen. Der Weg fällt wieder ab und führt Sie erneut auf die Straße, auf der Sie nach rechts weitergehen. Es geht leicht abwärts und nach 500 m biegen Sie bei km 17,2 vor dem blauen Brückengeländer nach rechts von der Straße in das **Tal des Wolfes** (Vale do Lobo) ❺ ab. Hier steht wieder ein VA-Pfeil („Bensafrim 12,7 km").

Folgen Sie dem Weg durch das Tal, in dem es sehr heiß werden kann, da sich dort die Hitze staut und es kaum Schatten gibt. Links fließt ein kleiner Bach, der das Tal fruchtbar macht und Oliven- und Zitrusbäume, Zistrosen und Erdbeerbäume prächtig gedeihen lässt. Nach 400 m erreichen Sie eine Kreuzung, an der Sie weiter geradeaus gehen und dann das Tal des Wolfes verlassen.

Der Weg steigt wieder leicht an und führt Sie in eine scharfen Linkskurve. Sie kommen auf eine Anhöhe mit einer **4er-Kreuzung**, an der Sie geradeaus entlang der Strommasten weitergehen. Rechts liegt ein einzelnes Haus mit vielen Hunden, links ein kleiner See. Der Weg wird von saftig grünen Hängen mit schönen Korkeichen gesäumt und führt Sie wieder auf die **Straße**, auf der Sie **rechts** leicht aufwärts weitergehen. Nach 300 m biegen Sie bei km 21,6 **nach links wieder von der Straße ab** ❻. Folgen Sie dem schönen Fliesenschild mit der Aufschrift „Escócia", das ebenfalls in diese Richtung zeigt.

Schöne Korkeichen säumen den Weg

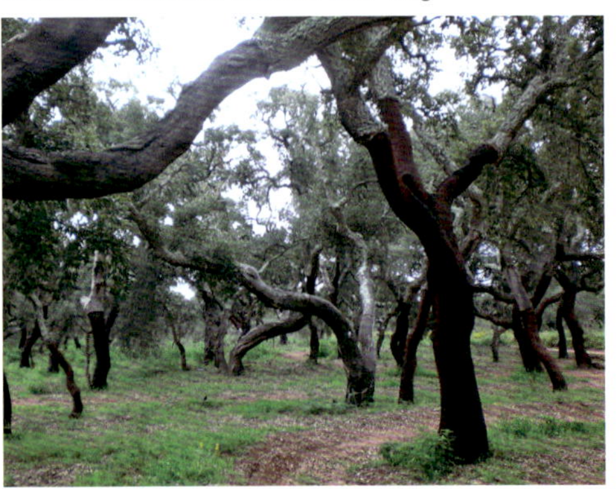

Folgen Sie dem Kiesweg, der Sie gleich an eine Weggabelung führt, an der Sie nach links weitergehen. Der

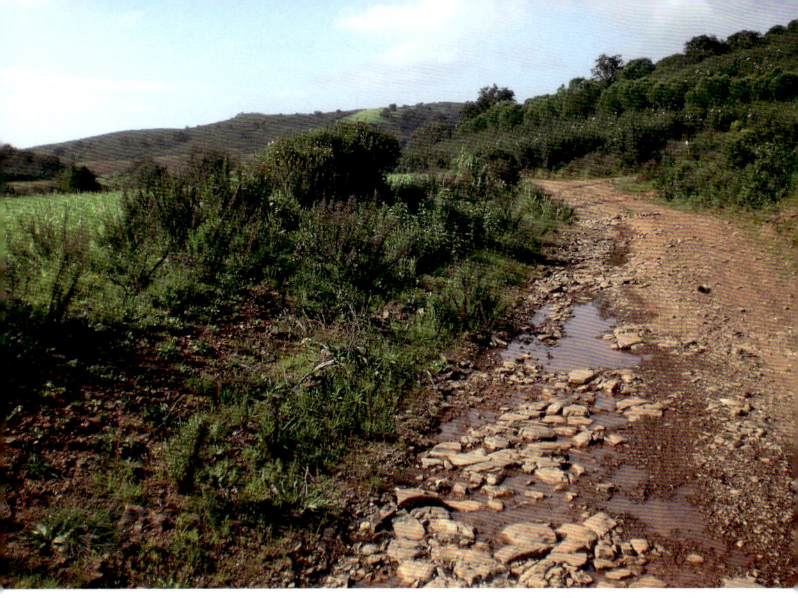

Im Tal vor Bensafrim

Weg macht eine Rechtskurve und verläuft dann eben weiter durch das Tal. Rechts fließt ein kleiner Bach. Am Schild „Ribeira da Corte do Bispo" erreichen Sie eine Weggabelung, an der rechts ein Weg zur Quinta da Escócia abgeht, die Sie am Hang liegen sehen. Folgen Sie dem Weg aber immer weiter geradeaus. Nach 300 m zweigt wieder ein Weg links ab; ignorieren Sie diesen ebenfalls und gehen Sie weiter geradeaus. Nach weiteren 300 m **überqueren Sie einen kleinen Wasserlauf** und wandern danach weiter geradeaus. Noch einmal 100 m weiter führt links erneut ein Weg übers Wasser. Ignorieren Sie ihn und gehen Sie weiter geradeaus. Nach 900 m zweigt nach links oben wieder ein Weg ab, Sie folgen aber dem Weg weiter geradeaus, der jetzt rechts von vielen **Reben** gesäumt ist. Nach 300 m **überqueren Sie einen weiteren Wasserlauf**. Dahinter gabelt sich der Weg und Sie gehen nach links weiter. Folgen Sie dem ebenen Hauptweg immer weiter aus dem Tal hinaus. Das kleine Flüsschen fließt jetzt rechts des Weges. Bei km 25,4 wird wieder ein kleiner Bach überquert. Knapp 500 m weiter geht wieder ein Weg links weg über den Bach, Sie laufen aber auch hier weiter geradeaus.

Nach 800 m sehen Sie rechts einen Hang, der als Motocross-Strecke genutzt wird. Gehen Sie weiter geradeaus, bis bei km 28 die **asphaltierte Straße** beginnt und die ersten Gärten und Häuser Bensafrims auftauchen.

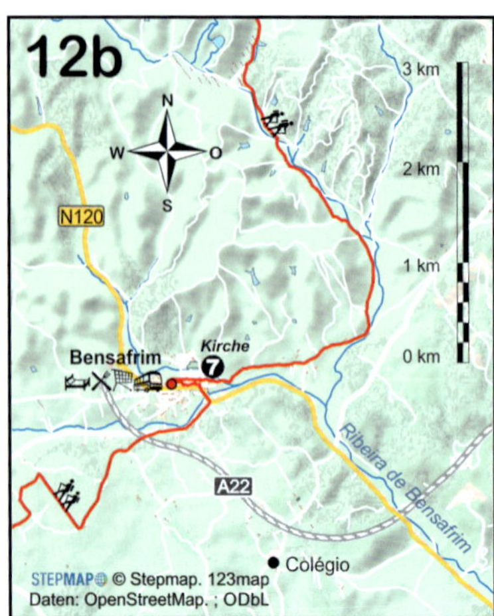

Laufen Sie geradeaus in die Ortschaft hinein. Am Weg erkennen Sie wieder die gelb-rote Markierung. Nach 500 m sehen Sie auf der rechten Seite die Herdade do Castanheiro (km 28,5), ein Gutshof mit großzügigem Land und einigen Ferienwohnungen, und dahinter gabelt sich die Straße. Gehen Sie nach rechts weiter und folgen Sie der Straße geradeaus. Links und rechts liegen große Häuser und Quintas. Am Ortseingang von Bensafrim gehen Sie bei km 29,4 über eine **Brücke**. Hinter der Brücke gabelt sich der Weg und Sie laufen auf Pflasterstein nach **rechts** oben in die Rua da Igreja. Rechts liegen der Friedhof und die Kirche (Igreja Matriz) ❼. Nach 100 m gehen Sie rechts zwischen den niedrigen Häusern in die Rua dos Peitoris. An der nächsten Weggabelung nach 100 m laufen Sie rechts weiter und dann immer weiter geradeaus (Rua Direita), bis Sie zum VA-Pfeil kommen, der die nächste Etappe in Richtung Vila do Bispo mit 30,2 km anzeigt. Gehen Sie nach rechts oben in Richtung Markt (Mercado Municipal) weiter. Auf dem Platz befinden sich die Bushaltestelle, ein Café (mit Sical-Schild) und daneben die ganz moderne Apotheke Bensafrim. Auf dem Platz steht auch die VA-Tafel.

Bensafrim BANK ⇧ 30 m, 1.530 Ew.

Casa da Familia, Rua do Peitoris 15, 917 03 71 40, casadojoao@mail.com, Senhor Jorge vermietet im Zentrum in einem schön renovierten Einfamilienhaus mit kleinem Garten 2 Zimmer, das Bad wird geteilt, EZ € 30, DZ € 40, ohne Frühstück. Es ist der gleiche Besitzer, der in Barão de São João die Casa do João betreibt. Reservierungen auch über das Hotelportal www.booking.com

♦ ☞ Unterkünfte bei Barão de São João, Etappe 13 (➲ 5 km)

✕ Restaurante/Churrasqueira O Koala, Largo do Poço 2, Spezialitäten vom Grill in hervorragender Qualität, ☏ 282 68 75 94, Fr-So 12:00-15:00 und 18:30-22:30, Mo, Di und Do 18:30-22:30, Mi geschlossen

Café da Praça, direkt neben der Markthalle, ein kleines aber gut besuchtes Café mit gutem Kuchen und kleinen Speisen, auch Außenbestuhlung, täglich 7:30-17:00, Mi über Mittag geschlossen

Am Ende der Rua 25 de Abril in Richtung Barão de São João gibt es zwei kleinere Supermärkte: Zé und Glória. (Wegbeschreibung nächste Etappe)

Markthalle (Mercado Municipal de Bensafrim), Rua Fransisco António dos Santos, Mo-Sa 8:00-13:00, So geschlossen

Farmácia Bensafrim, Rua João de Deus 19, Mo-Sa von 9:00-20:00

BANK Geldautomat an der Nationalstraße am Ortsausgang in Richtung Barão de São João (Wegbeschreibung nächste Etappe)

Der Stadtbus aus Lagos Onda Linie 6 (grün) und EVA fahren 4 x täglich nach Barão de São João (Fahrtzeit 13 Min., Fahrpreis € 1,20) und 4 x täglich nach Lagos (Fahrtzeit 25 Min., Fahrpreis € 1,60). Genaue Fahrpläne finden Sie unter www.aonda.pt (auf der Seite die grüne Linie auswählen).

Taxi Arade, überregionale Taxizentrale, 24 h besetzt, 282 46 06 10, 967 23 85 06 oder 967 23 85 07, www.taxiarade.com. Bei Bedarf unbedingt rechtzeitig anrufen, um lange Wartezeiten zu vermeiden!

Der kleine Ort im Landkreis Lagos wirkt etwas verschlafen, dennoch ist das kleine Zentrum mit den typischen Algarve-Häusern nett anzusehen. Auch wenn die große Stadt Lagos nicht weit enfernt ist, scheint hier das Leben völlig entschleunigt zu sein. Dennoch gibt es sowohl Einkaufs- als auch Einkehrmöglichkeiten und sogar eine kleine Markthalle mit einem sympathischen Café.

13. Etappe: Bensafrim – Vila do Bispo

30,1 km, 8 Std., 590 m, 533 m, 20-185 m

0,0 km	⇧	28 m	Bensafrim (Ortsmitte) BANK
6,4 km	⇧	75 m	Barão de São João BANK
8,1 km	⇧	184 m	Anhöhe Mata Nacional
15,7 km	⇧	132 m	Schutthalde
30,1 km	⇧	86 m	Vila do Bispo (Ortsmitte) B&B BANK

Die lange Etappe führt Sie über zahlreiche Hügel, an vielen Windrädern vorbei und über einer Hochfläche mit schönen Ausblicken bis kurz vor die Küste. In Barão de São João gibt es auf dem Weg Einkaufs- und Einkehrmöglichkeiten.

Folgen Sie dem VA-Pfeil nach links, vorbei an der Apotheke, und gehen Sie an der nächsten Weggabelung nach links weiter. Sie kommen in die Rua do Poço und an den kleinen Brunnenplatz Largo do Poço; links liegt das Restaurant O Koala. Gehen Sie nun weiter die gepflasterte Straße Rua 25 de Abril entlang. Vor sich sehen Sie das grüne Schild des Supermarkts Coviran Glória. Laufen Sie am Supermarkt rechts weiter und dann sofort wieder nach links in die Rua do Rossio. Folgen Sie der Straße abwärts und gehen Sie zwischen zwei hellgelben Häuser nach rechts in die Travessa Júlio Danta, die Sie auf die **Nationalstraße** N535 führt. Hier befinden sich auch der BANK Geldautomat und eine Post. Gehen Sie nach links weiter die Straße entlang und überqueren Sie die Brücke, wo Sie Bensafrim verlassen. Sie laufen über die große **Kreuzung**, wo Sie auch den VA-Pfeil sehen, der in Richtung Vila do Bispo (30 km) zeigt, und wandern nach rechts für 700 m weiter die Straße entlang. (Folgen Sie dem Schild „Zoo Lagos".) Nach 200 m zweigt rechts ein Weg ab, den Sie ignorieren, und Sie folgen weiter der Straße (und dem Schild Richtung „Barão de São João").

Bei km 1,3 biegen Sie 100 m vor den Pfosten der Autobahn nach links auf eine **kleine Straße** ab, die Sie nach oben führt. In diese Richtung weist auch das weiße Verkehrsschild „Maranhão". Auf dieser kleineren Straße unterqueren Sie nun die Autobahn. Nach 340 m führt die VA rechts von der Straße weg und auf einem Erdweg weiter. Der Weg verläuft jetzt oben auf dem Hügel und ist gesäumt von vielseitiger Vegetation. Nach gut 300 m gehen Sie an einem Haus (links) vorbei und dann weiter geradeaus. 500 m weiter gabelt sich der Weg; nach links geht es zu einem Privatgrund. Gehen Sie weiter geradeaus entlang des Zaunes. Der Weg macht dahinter eine Rechtskurve und verläuft auf sandigem Untergrund durch Zistrosenhaine und neben Büschen, Heckenrosen und zahlreichen Wildkräutern. Nach 400 m geht der Hauptweg nach rechts weg zu einem Hof. Gehen Sie auch hier geradeaus, jetzt auf einem Trampelpfad. Nach 400 m kommen Sie an eine größere **Weggabelung**, an der Sie der **Linkskurve bergauf** folgen.

Zistrosenhaine säumen den Weg

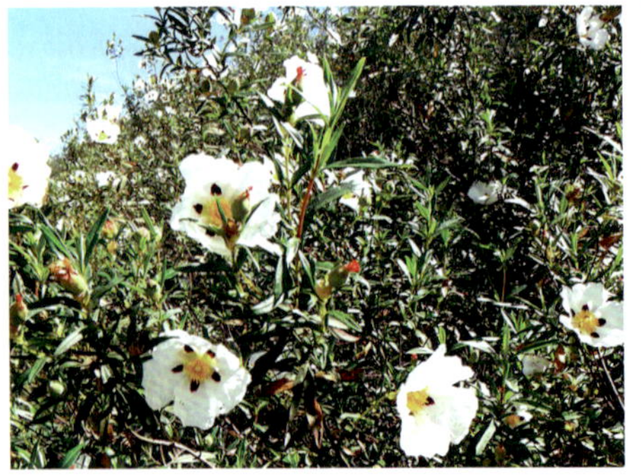

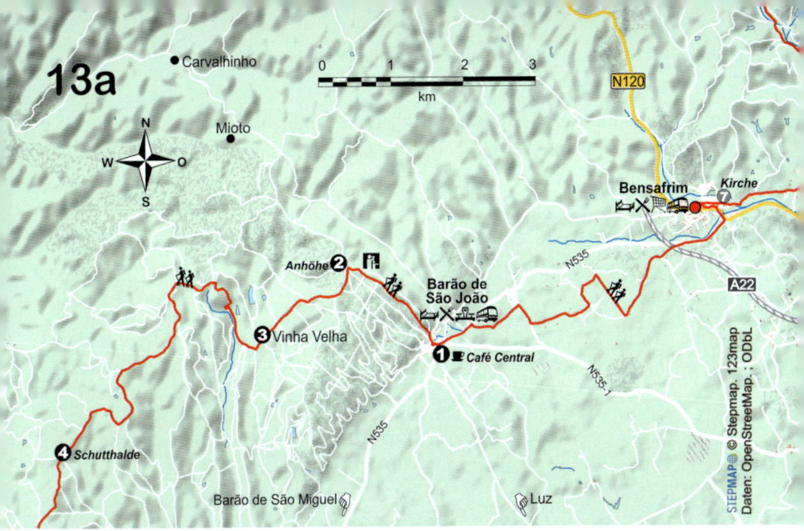

13a

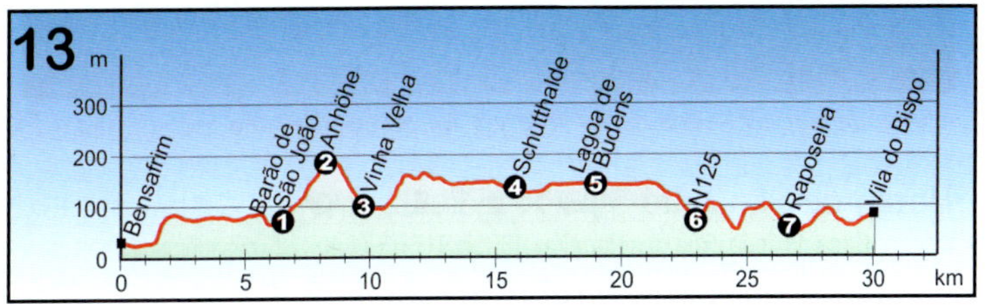

Der Weg führt gesäumt von gelb blühenden Ginstern durch einen **Korkeichenwald**. Nach 300 m erreichen Sie eine Weggabelung, an der Sie nach links weitergehen. 200 m weiter teilt sich der Weg erneut und Sie gehen in einer Rechtskurve weiter durch den Korkeichenwald. Nach gut 100 m gabelt sich der Weg noch einmal. Sie laufen geradeaus weiter und kommen an einer rosafarbenen, eingezäunten Villa vorbei. Hinter ihr gehen Sie durch **zwei Torpfosten** weiter geradeaus. Folgen Sie dem Weg vorbei an weiteren Quintas und eingezäunten Grundstücken, bis Sie nach 800 m (km 4,7) eine **Straßenkreuzung** erreichen, an der Sie nach rechts, entlang einer Steinmauer, auf Asphalt weitergehen. Nach 300 m gehen Sie hinter einer Quinta nach links und passieren ein eingezäuntes Grundstück, auf dem Schweine und Hunde gehalten werden. Folgen Sie dem Weg weiter geradeaus, bis Sie nach 700 m vor einem Haus erneut an eine **Straßenkreuzung** kommen, an der Sie **rechts** weitergehen. Die Straße fällt mit Blick auf Barão de São

João ab und führt nach 300 m zurück auf die **Straße N535** (km 5,8). Folgen Sie dieser nach links, bis Sie nach 300 m das Ortsschild von Barão de São João erreicht haben.

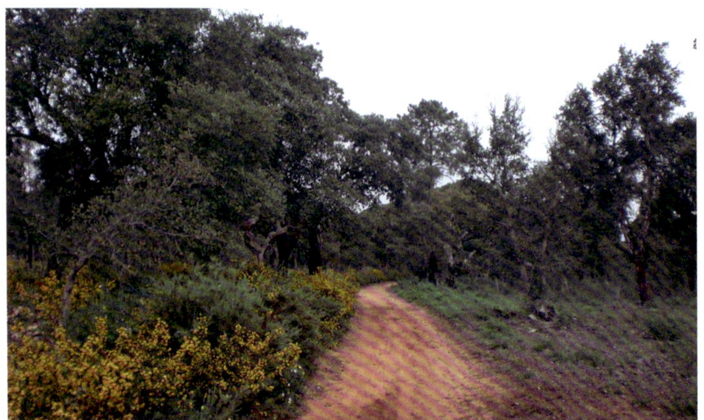

Blühende Ginster säumen den Weg vor Barao de São João

Barão de São João — 71 m, 895 Ew.

Casa do João, Rua das Parreiras 13, ☎ 917 03 71 40, casadojoao@mail.com, nette Zimmer mit Bad und Heizung im Zentrum (oberhalb des kleinen Supermarktes), EZ € 30, DZ € 40, ohne Frühstück, Reservierungen auch über das Hotelportal www.booking.com

♦ Monte Rosa, ☎ 282 68 70 02, 918 55 24 00, www.monterosaportugal.com, info@monterosaportugal.com, bei Lagoa da Rosa – etwa 2 km außerhalb von Barão de São João – gelegenes, liebevoll gestaltetes Gästehaus mit herrlichem Garten, das von einer Holländerin und ihrem Team betreut wird. Die Zimmer haben alle Heizung und Bad, die gemeinsame Küche kann benutzt werden. EZ ab € 40, DZ ab € 65, Frühstück kostet extra. Es wird gegen kleinen Aufpreis ein Abholservice angeboten.

In Barão de São João gibt es mehrere Einkehr- und Einkaufsmöglichkeiten, ☞ Wegbeschreibung unten.

Der Stadtbus aus Lagos Onda Linie 6 (grün) fährt mehrmals täglich über Bensafrim nach Lagos, Fahrpreis € 1,60, Fahrpläne unter www.aonda.pt ☞ Bensafrim.

Taxi Lagos: ☎ 282 76 35 87

An der ersten Kreuzung im Dorf gehen Sie an einem blauen Haus (Restaurant/Bar Caramba, täglich 11:00-2:00) weiter geradeaus und kommen ins Zentrum. Hier steht auch der VA-Pfeil („Vila do Bispo 24 km"). Auf der linken Seite befindet sich die Kirche Igreja Matriz. Laufen Sie weiter geradeaus die Rua Cap. Francisco da Silva Rijo entlang, vorbei an einem BANK Geldautomaten der Caixa Geral de Depósitos und dem Restaurant/Bar Bar Basilico (gute Pizza und Pasta, Mi-Mo 18:00-22:30, Di geschlossen). Vor dem Café Central (Do-Di 6:30-19:00, Mi geschlossen) ❶ gehen Sie nach rechts, an einem Minimercado (Mo-Sa 7:00-20:00, So 7:00-13:00) vorbei und dann weiter nach links (an der Praça Dr. Antero Cabral). **Vor** der Straße Beco 25 de Abril gehen Sie an einem weißen Haus mit der Aufschrift „Azularte" nach rechts weiter auf die Bar Zé Manel (Rua Dr. Guerreiro Tello 16) zu (daneben befinden sich noch ein kleiner Supermarkt der Coviran-Kette (Mo-Sa 8:00-13:00 und 15:00-20:00, So 8:00-13:00) und die Casa do João). Hier wenden Sie sich nach rechts und machen eine scharfe U-Kurve um die Bar herum. Dann gehen Sie nach links in die Rua da Bica und folgen dem gepflasterten Weg weiter nach rechts unten über die **Brücke**.

Hinter ihr geht es an der Weggabelung nach links, wo der VA-Pfeil noch 23 km bis Vila do Bispo anzeigt. Kurz hinter dem Pfeil endet der Asphalt und der Weg steigt durch den Eukalyptuswald an. Kurz danach lösen **Pinien** die **Eukalyptusbäume** ab und nach 500 m haben Sie eine erste Anhöhe erreicht. Eine schöne Fernsicht wartet auf Sie! Der Weg führt nach links weiter und Sie kommen ganz nach oben auf die **Anhöhe** (⇧ 184 m) ❷. Wenden Sie sich nach links und gehen Sie an der darauffolgenden Kreuzung weiter geradeaus (folgen Sie dem Schild „Vinha Velha") durch den Pinienwald. Hier sind auch andere Wandermarkierungen zu sehen. Kurz danach zweigt links ein Weg ab, den Sie ignorieren. Gehen Sie weiter geradeaus auf die Windräder zu. Nach 50 m gabelt sich der Weg erneut und Sie gehen rechts weiter (folgen Sie wieder dem Schild „Vinha Velha"). Der Weg fällt ab und nach 600 m folgt die nächste Gabelung. Gehen Sie nach links weiter, weiterhin bergab. Sie verlassen den Pinienwald und die hügelige Landschaft wird offener. Am Hügel rechts sehen Sie einen Windpark. Nach 700 m kommen Sie zum Biohof **Vinha Velha** ❸, der in zweiter Generation von Deutschen geführt und auch als Seminar- und Urlaubshof genutzt wird. Hier steht auch das Haus der ehemaligen Rudolf-Steiner-Grundschule der Algarve, Primavera, an dem Sie geradeaus vorbeigehen.

Nach 200 m macht der Weg einen **Rechtsknick** und führt an einer eingezäunten Weide entlang. Es geht weiter abwärts; rechts liegt ein **kleiner See**. Hier gabelt sich der Weg und Sie gehen nach rechts weiter. Sofort dahinter zweigt links nochmals ein Weg ab, aber Sie bleiben auf dem in Richtung der Windräder ansteigenden Weg. Nach 250 m überqueren Sie einen kleinen **Fluss**. An der Gabelung hinter dem Flusslauf folgen Sie dem ansteigenden Weg geradeaus. Er schlängelt sich durch die offene Buschlandschaft weiter aufwärts. Auf der Anhöhe gehen Sie an der Weggabelung nach links weiter. Nach 40 m macht der Weg eine Linkskurve. An der nächsten Weggabelung, jetzt **ganz in der Nähe der Windräder**, laufen Sie auf dem breiten Fahrweg nach links weiter (km 11,5). Nach 100 m gehen Sie an der Weggabelung nach rechts weiter, nach der kleinen Anhöhe (⇧ 157 m) an der Gabelung links.

Folgen Sie dem breiten Fahrweg in einer Rechtskurve entlang der Pinienbäume. Kurz danach gabelt sich der Weg erneut. Gehen Sie hier nicht geradeaus, sondern rechts weiter. Hier sehen Sie nicht nur viele Windräder, sondern in der Ferne auch schon das Meer! Nach 200 m gabelt sich der Weg wieder. Gehen Sie hier nach rechts leicht bergan weiter. Der Weg verläuft im leichten Auf und Ab durch die offene und schattenlose Landschaft. Nach 1 km macht der Weg eine Linkskurve (km 13,7), vorbei an einer schön geschälten Korkeiche (folgen Sie hier nicht der Straße geradeaus weiter). 700 m weiter liegt links bei km 14,4 ein

Windpark hinter der Lagoa de Budens

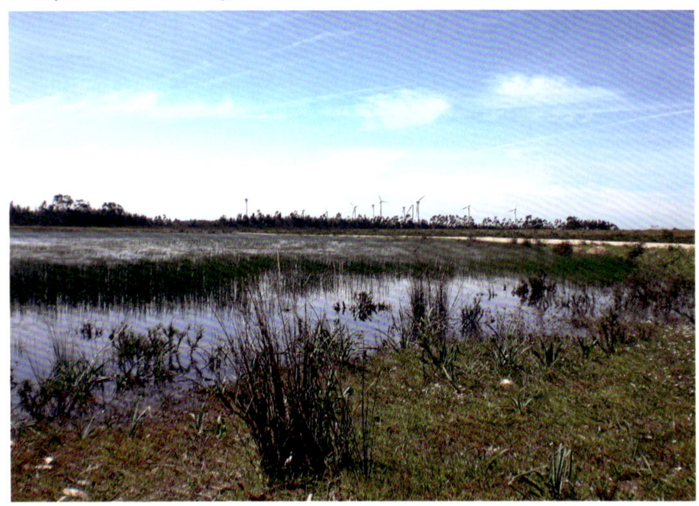

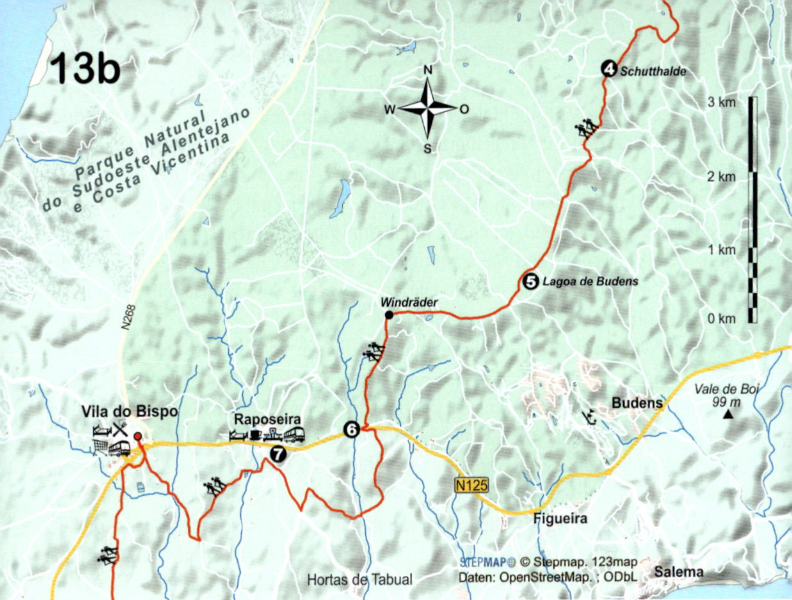

eingefallenes Lehmhaus (Monte do Lourenço). Sie kommen wieder an eine kleine Weggabelung, an der Sie rechts weitergehen. Nach 400 m erreichen Sie erneut eine Gabelung (rechts steht eine Aussichtsboje), an der Sie nun links sanft bergab weitergehen. Am Horizont sehen Sie überall Windräder.

Folgen Sie dem Hauptweg immer weiter geradeaus, bis Sie links bei km 15,7 eine Schutthalde ❹ sehen. Gehen Sie rechts daran vorbei. Der Weg macht eine Linkskurve und vor sich sehen Sie wieder das Meer und weiße Häuser auf den saftig grünen Hügeln. Es geht weiterhin im sanften Auf und Ab über die Hochfläche. 1,2 km hinter der Schutthalde kommen Sie am **Schild „Sesmarias"** vorbei, das auf eine Art Hof hinweist, wo heute aber nur noch einzelne **Ruinen** stehen. Der Weg macht eine Linkskurve und nach 100 m laufen Sie an der Weggabelung weiter geradeaus auf das **Pinienwäldchen** zu. An dessen Beginn geht der Weg rechts weiter und bleibt auf der Höhe.

Nach 800 m kommen Sie an eine Kreuzung, an der Sie geradeaus weitergehen. Nach 900 m liegt bei km 19 links der **Natursee Lagoa de Budens ❺**, an dessen Ufer Sie Tausenden Fröschen beim Baden zusehen können. Allerdings ist er oft ausgetrocknet. 600 m weiter erreichen Sie eine größere Kreuzung, an der zunächst ein kleiner Weg nach rechts abgeht, den Sie ignorieren, um dann an der eigentlichen Kreuzung nach rechts weiterzugehen. Folgen Sie dem Weg dann weiter geradeaus. 900 m hinter dem See kommen Sie direkt an einzelnen **Windrädern** vorbei und der Weg führt durch einen kleinen Eukalyptuswald (km 20). 500 m weiter gelangen Sie erneut an eine Kreuzung, an der Sie nach rechts, auf den nächsten Windpark zu, weitergehen. Gleich dahinter gabelt sich der Weg. Halten Sie sich **links** und gehen Sie **direkt am Windrad vorbei**. Nach 300 m gabelt sich der Weg erneut und Sie laufen wieder nach links weiter (km 21,2). Auf der rechten Seite können Sie bereits Vila do Bispo mit dem markanten Wasserturm mit der roten Mütze im Tal erkennen.

Der Weg beginnt, allmählich abzufallen. Nach links öffnet sich ein schöner Blick auf die saftig grünen Wiesen auf den umliegenden Hügeln und vor sich sehen Sie das Meer. Bei km 22,7 kommen Sie zur Straße. Nach Bauarbeiten fehlte zum Zeitpunkt der Recherche der VA-Pfeil. Gehen Sie an der Kreuzung nach rechts, dann überqueren Sie die **Straße N125 ❻**. Auf der anderen Straßenseite gehen Sie nach links auf einem **ansteigenden Feldweg** weiter. Nach 40 m zweigt rechts ein Weg ab, Sie ignorieren ihn und gehen weiter geradeaus (parallel zum Straßenverlauf). Nun macht der Weg eine Rechtskurve und steigt auf eine Anhöhe an. Mit herrlichem Blick auf das Meer **fällt der Weg wieder ab**. An der Weggabelung gehen Sie (weiterhin bergab) geradeaus weiter. Sie überqueren einen bambusgesäumten Bach auf einer Brücke (km 24,5). Hinter der **Brücke** steigt der Weg wieder sehr steil an (ignorieren Sie den Weg, der nach 20 m nach rechts abgeht).

Nach 400 m haben Sie wieder eine Anhöhe erreicht, dahinter fällt der Weg erneut ab. Auf der nächsten Anhöhe nach 500 m kommen Sie an eine Kreuzung, an der Sie nach links weitergehen. 300 m später biegen Sie an der Kreuzung rechts ab, die Straße fällt jetzt ab und führt auf **Raposeira** zu. Bevor Sie nach Raposeira kommen, passieren Sie die VA-Tafel und den VA-Pfeil („Vila do Bispo 3 km“).

Ein braunes Schild weist den Weg nach Raposeira ❼, der offizielle Weg nach Vila do Bispo macht hier eine Linkskurve.

Raposeira

⇧ 92 m, 460 Ew.

The Good Feeling Hostel, Sitio Eiras do Cima, an der N125, 914 65 88 07, www.thegoodfeeling.com, info@thegoodfeeling.com, ein Bett im Schlafsaal kostet € 15-22 pro Person, DZ je nach Saison € 35-60.

Casa de Pasto Rodrigues, Largo da Igreja 9, 910 87 98 11, Tagesgerichte, Snacks und regionale Spezialitäten, Mo-Sa 8:00-18:00, abends nur auf Vorbestellung, So geschlossen

SPAR-Supermarkt neben der Kirche, Mo-Sa 9:00-13:00 und 15:00-18:00, So 9:00-13:00

EVA Linie 47 fährt von Raposeira mehrmals täglich nach Lagos, am Wochenende seltener (Fahrtdauer 32 Min., Fahrpreis € 4,05). Nach Vila do Bispo (Fahrtdauer 5 Min., Fahrpreis € 1,05) und weiter nach Sagres (Fahrtdauer 20 Min., Fahrpreis € 2,30) bestehen ebenfalls regelmäßige Verbindungen der Linie 47, Fahrpläne unter www.eva-bus.com.

Gehen Sie an der VA-Tafel nach links leicht abwärts auf Asphalt weiter. Beim ersten Haus auf der rechten Seite wandern Sie an der Weggabelung nach rechts weiter und entfernen sich von der Straße. Der Asphalt endet und Sie überqueren einen kleinen **Wasserlauf**. Nach 300 m halten Sie sich an der Weggabelung links und folgen dem ansteigenden Weg. Auf der Anhöhe zweigt ein Weg nach rechts ab, aber Sie gehen noch weiter geradeaus auf das Meer zu. Nach 300 m macht der Weg einen Rechtsknick, fällt wieder ab und läuft direkt auf Vila do Bispo zu. 800 m weiter gehen Sie nochmals über eine kleine Brücke und dann weiter geradeaus. Nach 600 m erreichen Sie die Straße, auf der Sie nach rechts

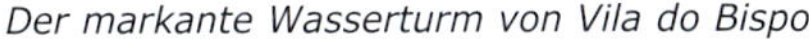

Der markante Wasserturm von Vila do Bispo

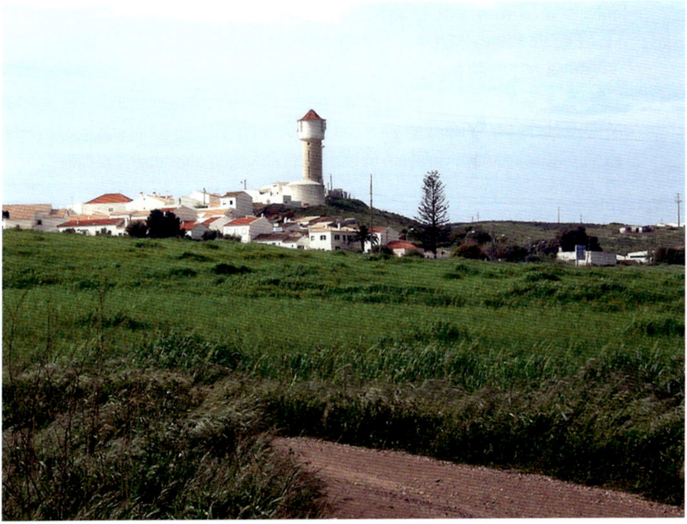

weiterlaufen und über die Brücke nach Vila do Bispo hineinkommen. Gegenüber der Kirche liegt auf der linken Seite das Hotel Mira Sagres. Folgen Sie der Straße weiter geradeaus aufwärts und vorbei an einer Snackbar, bis Sie am kleinen Hauptplatz die Unterkunft Casa Mestre vor sich sehen, wo die Etappe endet (km 30,1).

Vila do Bispo B&B BANK ⇧ 86 m, 1.000 Ew.

www.cm-viladobispo.pt

Casa Mestre, Praça da República 15, ☏ 282 77 01 53, www.mestreguesthouse.com, mestreguesthouse@gmail.com, die Preise variieren je nach Zimmerkategorie und Saison (privates oder geteiltes Bad) zwischen € 32 und € 48. Ein Pool lädt zu einem erfrischenden Bad ein, der kleine Garten und die Dachterrasse zur Erholung. Darüber hinaus gibt es eine Gemeinschaftsküche. Reservierungen auch über das Hotelportal www.booking.com

♦ Hotel Mira Sagres, Rua 1°de Maio 3, am Ortseingang gleich links, ☏ 282 63 91 60, www.hotelmirasagres.com, info@hotelmirasagres.com, die 20 Zimmer im renovierten SPA-Hotel (3 Sterne) mit Pool, Saunaraum und Wellnessangeboten sind modern eingerichtet, DZ mit Frühstück je nach Saison zwischen € 75 und € 95, Reservierungen auch über das Hotelportal www.booking.com.

B&B Pure Flor de Esteva B&B, Rua São Gonçalo de Lagos 3 (hinter der Kirche), 916 86 86 89, www.pureflordeesteva.com, reservas@pureflordeesteva.com, nette Zimmer in einem schön renovierten Algarve-Haus mit kleiner Terrasse und gemütlichem Gemeinschaftsraum, DZ inklusive Frühstück je nach Saison € 65-90, Reservierungen auch über das Hotelportal www.booking.com.

Es gibt mehrere Cafés, Snackbars und Restaurants in der Stadt. ☺ Besonders geschmeckt hat es mir im Restaurant Ribeira do Poço.

Restaurant Ribeira do Poço, Rua Ribeira do Poço 11, ☏ 282 63 90 75, www.ribeiradopoco.com, sehr gutes Restaurant mit frischem Fisch und Meeresfrüchten, sehr freundlicher Service, Di-So 12:00-22:00, Mo geschlossen

♦ O Palheiro, Rua Carlos Luis Correia Matoso 1, ☏ 282 63 97 45, sympathisches Traditionslokal mit guten Fisch- und Meeresfrüchtenspezialitäten, Mi-Mo 12:00-15:00 und 19:00-22:00

♦ Solar do Perceve, Rua Comandante Matoso 4, ☏ 282 63 92 54, gutes und einfaches Restaurant mit Regionalküche, Do-Di 12:30-15:00 und 18:30-22:00, Mi geschlossen

Snackbar/Café o Convívio, Praça da República 1, ☏ 282 63 93 19, nettes Café/Snackbar mit Außenbestuhlung, neben leichten Speisen, Törtchen und Milchshakes gibt es auch schmackhafte Tagesgerichte, Di-So 8:00-00:00.

Lidl-Supermarkt hinter dem großen Kreisverkehr an der N268, täglich 8:00-22:00

Farmácia, Rua Ribeira do Poço 11-A, ☏ 282 63 91 66, Mo-Sa 9:00-19:00

BANK Ein Geldautomat der Caixa Geral de Depósitos befindet sich direkt am Hauptplatz (Praça da República).

Busverbindungen bestehen mehrmals täglich nach Lagos (Fahrtdauer 40 Min., Fahrpreis € 3,50) und Sagres (Fahrtdauer 20 Min., Fahrpreis € 2,20), Fahrpläne unter www.eva-bus.pt.

☺ Im September findet an einem Wochenende das Festival do Perceve statt, wo sich neben einem musikalischen Rahmenprogramm gastronomisch alles um die Entenmuscheln dreht – die Spezialität der Vicentinischen Küste!

Das „Städtchen des Bischofs" ist schon von Weitem an seinem markanten Wasserturm zu erkennen. Die Dorfkirche aus dem 18. Jahrhundert überrascht durch ihre reichen Barockverzierungen und den schönen fliesengeschmückten Wänden, den typischen azulejos. Allerdings hat sie meist nur zur Messe am Sonntagvormittag geöffnet. Die Kleinstadt ist Verwaltungssitz der Region und hat einige gute Restaurants vorzuweisen. Frische Meeresfrüchte – besonders die (nicht ganz günstigen, aber beliebten) Entenmuscheln (port. perceves) – sind hier besonders zu empfehlen.

14. Etappe : Vila do Bispo – Cabo de São Vicente

16,6 km, 4 Std., ↑ 151 m, ↓ 174 m, ⇧ 49-97 m

0,0 km	⇧ 97 m	Vila do Bispo (Ortsmitte) B&B BANK
6,0 km	⇧ 57 m	Unterführung N268
14,7 km	⇧ 64 m	Forte do Beliche ⌘
16,6 km	⇧ 71 m	Cabo de São Vicente

Die letzte Etappe führt Sie (von möglichem Gegenwind abgesehen) ohne große Anstrengungen durch das Flachland des Naturparks Parque Natural do Sudoeste Alentejano e Costa Vicentina bis zum Cabo de São Vicente.

Die Etappe startet am zentralen Platz Praça da República unterhalb der Unterkunft Casa Mestre. Von dort aus geht es vorbei an der Kirche und wieder über die Brücke, die über die N125 führt. Bleiben Sie auf der Straße und biegen Sie nicht nach links ab, von wo Sie gestern auf die Straße gekommen sind. Folgen Sie der Straße in einer Rechtskurve, vorbei am Friedhof und am Umspannwerk. Dahinter gehen Sie nach links auf eine **kleinere Straße**, die parallel verläuft. Hinter einem eingezäunten Grundstück mit Garten verlassen Sie die asphaltierte Straße und biegen nach links ab. Folgen Sie dem Weg geradeaus (und damit dem Schild „Carrapetal"). An der nächsten Weggabelung gehen Sie nach rechts weiter und folgen dem ebenen Hauptweg. Nach 600 m kommen Sie wieder an einem Haus vorbei, 50 m dahinter teilt sich der Weg erneut. Gehen Sie rechts weiter. An der nächsten Gabelung laufen Sie weiter geradeaus und folgen dem sandigen, von Zistrosen und niedrigem Buschwerk gesäumten Hauptweg immer weiter in Richtung Meer.

Nach 1,5 km teilt sich der Weg erneut und Sie gehen nach rechts weiter (der linke Weg führt zu einem eingefallenen Haus). Der Weg verläuft dann in einer Rechtskurve in Richtung Westen. Bei km 6 unterqueren Sie die Straße N268 ❶, die aus Vila Bispo kommt und nach Sagres weiterführt. Nach der **Unterführung** geht es links weiter, zunächst ein Stück parallel zur Straße. Etwa 300 m nach der Unterführung wenden Sie sich nach rechts und laufen an einem Gehöft links und rechts des Weges vorbei. Dann macht die VA eine Rechtskurve. Nach 700 m gehen Sie an einem weiteren großen Gebäude vorbei, wo der örtliche **Jagd- und Fischereiverein** seinen Sitz hat ❷ (km 7,3). Gehen Sie geradeaus weiter. An der nächsten Weggabelung halten Sie sich links. (Laufen Sie nicht auf die nächsten Häuser zu.) Der asphaltierte Weg macht eine Linkskurve und führt wieder in südwestliche Richtung. Folgen Sie der Straße geradeaus, vorbei an einzelnen Häusern und Höfen, und ignorieren Sie abgehende Wege. In den letzten Jahren hat die Tierhaltung hier stark zugenommen; vielleicht sehen Sie den ein oder anderen Hirten mit seiner Schafherde. Am Horizont können Sie die Stadt Sagres erkennen. Nach 1,8 km endet der Asphalt und der Weg geht in eine steinige Piste über. Vor dem kleinen **Pinienwäldchen** wandern Sie nach rechts weiter und folgen der Straße, die hier eine Rechtskurve macht.

Nach 400 m kommen Sie bei km 10 an eine größere Kreuzung ❸, an der Sie nach links weitergehen und dem Lauf der Stromleitungen folgen. An der Kreuzung sind auch Wegweiser mit anderen Wandermarkierungen angebracht. Bald taucht in der Ferne zum ersten Mal das Kap auf. Nach 1,3 km liegt rechts ein **Hof mit vielen Hunden**, an dem Sie vorbeigehen. Folgen Sie der Straße, die jetzt kerzengerade auf

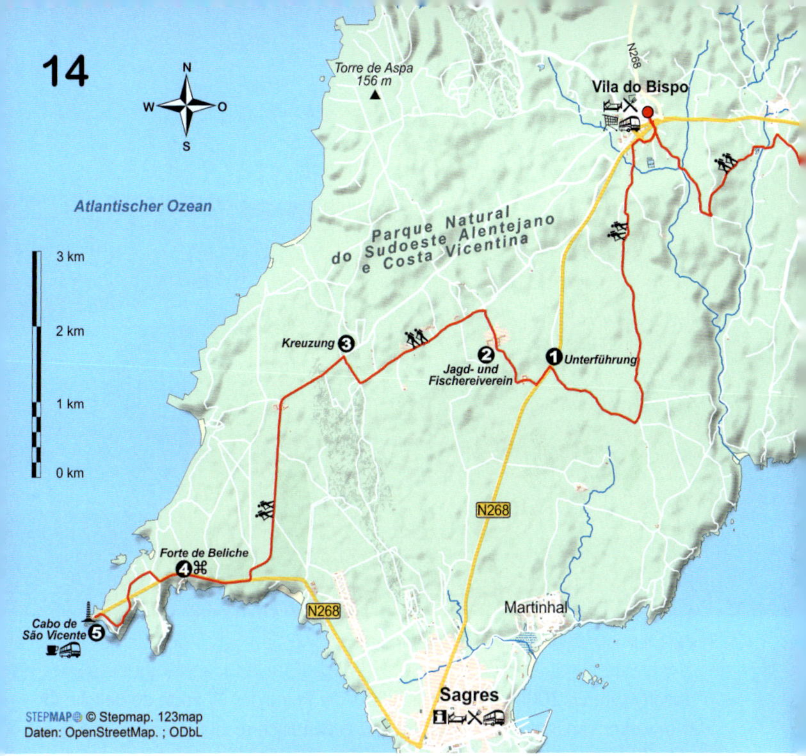

14

N
W
O
S

Atlantischer Ozean

3 km
2 km
1 km
0 km

Torre de Aspa
156 m

Vila do Bispo

N268

Parque Natural
do Sudoeste Alentejano
e Costa Vicentina

Kreuzung 3

2 Jagd- und Fischereiverein

1 Unterführung

N268

Forte de Beliche
4

Cabo de
São Vicente 5

N268

Martinhal

Sagres

STEPMAP © Stepmap. 123map
Daten: OpenStreetMap. ; ODbL

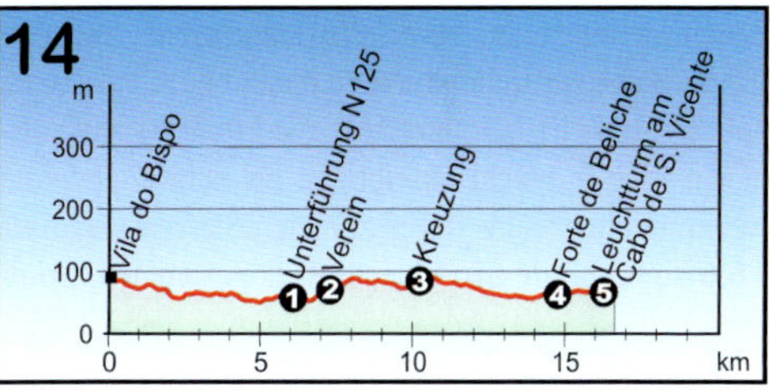

das Meer zuläuft. Bei km 13,8 kommen Sie an die **Straße N268**, die nach links in Richtung Sagres und nach rechts zum Cabo de São Vicente führt. **Überqueren** Sie sie und gehen Sie (✋ ohne sich von Mietwagen und Wohnmobilen überfahren zu lassen) dann entlang der Straße nach **rechts** weiter. Nach 700 m liegt rechts ein ☕ Café. Das Café Artesanato/Bar S. Vicente hat einen angeschlossenen Souvenirladen. Der Besitzer ist leidenschaftlicher Jäger und im Innenbereich sind viele ausgestopfte (Wild-)Tiere zu sehen. Das Café wird gerne auch von Reisebussen für einen Kaffeestopp genutzt, 🚪 allerdings hat es nur unregelmäßig geöffnet.

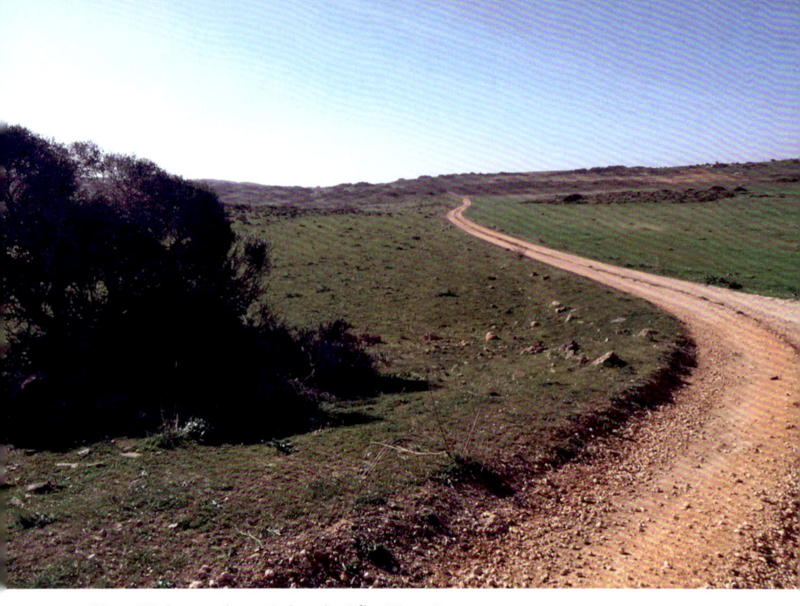

Wegstück vor dem Cabo de São Vicente

Nach weiteren 200 m befindet sich links die Ruine des ⌘ **Forte de Beliche ❹**. 500 m weiter verlassen Sie die Straße und gehen nach rechts auf einem sandigen Pfad in die offene Dünenlandschaft hinein. Der Weg ist hier schwer auszumachen, folgen Sie einem der vielen Pfade und gehen Sie vor den Klippen (nachdem Sie die herrliche Aussicht genossen haben) nach links weiter und dann wieder zurück auf die Straße. Überqueren Sie die Straße erneut, um auf der anderen Seite auf einem Weg in einem Linksbogen bis zum Klippenrand in Richtung Leuchtturm weiterzugehen. Kurz davor kommen Sie erneut auf die Straße und sind bei km 16,6 am **Cabo de São Vicente ❺** angekommen, wo die Via Algarviana endet.

Cabo de São Vicente (📷 S. 182)

☕ Im Innenhof des Leuchtturms befindet sich eine kleine Cafeteria. 🚪 10:00-17:00, im Sommer bis 18:00, von Mitte Okt-Mai montags geschlossen

☺ Unter all den Buden befindet sich auch der berühmte Bratwurststand, der hier seit den 90er-Jahren die „letzte Bratwurst vor Amerika" anbietet und darüber hinaus eine Urkunde dafür ausstellt. Dahinter verbergen sich original Nürnberger und Thüringer Bratwürste. 💻 www.letztebratwurst.com, 🚪 Mitte März-Ende Okt 10:30-17:30

 Die EVA-Buslinie 47 fährt Mo-Fr um 11:55 vom Kap nach Sagres (Fahrtdauer 10 Min., Fahrpreis € 1,90) und um 15:05 über Sagres nach Lagos (Fahrtzeit bis Lagos 1 Std. 10 Min., Fahrpreis € 4,30). Am Wochenende und an Feiertagen gibt es keine Busverbindungen.

Das Kap des Heiligen Vinzenz ist seit Menschengedenken ein heiliger Ort. Zusammen mit der Ponta de Sagres bildet es die Südwestspitze des europäischen Festlandes. Die Steilküste ist hier 69 m hoch und der Leuchtturm (von 1846), der fast 90 km über den Atlantik strahlt, zählt zu den leistungsstärksten Europas.

Unter den Römern erhielt diese oft stürmische Südwestspitze den Namen Promontorium sacrum, „heiliges Vorgebirge". Die Römer hielten diesen sturmumtosten Ort für einen Sitz der Götter. Die Christen weihten diesen Ort dem Heiligen Vinzenz, einem Märtyrer, der vermutlich aus Valencia stammte und dessen sterbliche Überreste auf einem Boot, von Raben begleitet, hier gelandet sein sollen. Das Kap ist heute ein Touristenmagnet und im Sommer sind hier zahlreiche Souvenirbuden aufgebaut.

Bis nach Sagres sind es 6,5 km. Entweder Sie gehen zu Fuß, dann folgen Sie einfach immer der Straße, Sie rufen sich ein Taxi (☞ Sagres) oder Sie nehmen den Bus.

Sagres ⇧ 92 m, 1.900 Ew.

www.sagres.net

Posto de Turismo, Avenida Comandante Matoso 75 (bei der Statue von Heinrich dem Seefahrer), ☏ 282 62 48 73, Mo bis Fr 9:30-13:00 und 14:00-17:30

Es gibt ein großes Hotel- und Zimmerangebot, vor allem auch günstigere Zimmer in Privathäusern. Achten Sie auf die Aushänge an den Häusern (Schild: „Quartos/Rooms") oder fragen Sie bei der Touristinformation nach. Sollte die Unterkunftssuche schwierig sein, bietet es sich an, gleich den Bus nach Lagos bzw. weiter nach Faro zu nehmen.

♦ Casa Azul – Bed&Breakfast, Rua D. Sebastião (Rua Patrão António Faustino), ☏ 282 62 48 56, www.casaazulsagres.com, reservas@casaazulsagres.com, 2011 frisch renoviert, es werden sowohl Zimmer als auch Apartments angeboten, Preise zwischen € 45 und € 65, Reservierungen über die Homepage oder das auch Hotelportal www.booking.com

Apartamentos Atalaia, Av. Comandante Matoso (gegenüber dem Restaurant Carlos), ☏ 282 62 42 28, www.apartamentos-atalaia.sagres.hotelsalgarve.org, 7 Zimmer mit eigenem Bad, 4 Apartments, große Terrasse, DZ je nach Saison zwischen € 35 und € 50, Reservierungen auch über das Hotelportal www.booking.com

In Sagres gibt es zahlreiche Restaurants, Cafés und Snackbars.

A Tasca, Praia da Baleeira, ☏ 282 62 41 77, am Porto da Baleeira mit Blick über das Meer, gemütliches Interior, herrliche Fisch- und Meeresfrüchtegerichte. Die Cataplana gibt es hier auch für nur eine Person (anstatt nur für zwei wie in Portugal üblich). Do-Di 12:30-15:00 und 18:30-22:00, Mi geschlossen

♦ Cervejaria Estrela do Mar II, Rua Comandante Matoso 126, ☏ 282 04 18 16, beliebtes und relativ preiswertes Restaurant mit gutem Fisch, Meeresfrüchten und Spezialitäten vom Grill, Fr-Mi 12:00-16:00 und 18:30-21:45, Do geschlossen

BANK Ein Geldautomat der Crédito Agrícola befindet sich in der Rua Cmte Matoso 126 am Ortsende (neben dem Restaurant Gigi).

⌘ Fortaleza de Sagres: Neben dem Städtchen ragt der 1 km lange und 300 m breite Felsen weit ins Meer. Hier soll Heinrich der Seefahrer die berühmte Seefahrerschule gegründet haben, hinter dem Eingang links liegt die berühmte Windrose. Ein neu angelegter Rundweg führt einmal um das Felsplateau und hält bezaubernde Ausblicke bereit. Mai-Sep 9:30-20:00, Okt-April 9:30-17:30, an gesetzlichen Feiertagen geschlossen, Eintritt € 3

EVA fährt Mo-Fr um 11:15 und 14:25 zum Cabo de São Vicente (Fahrtzeit 10 Min., Fahrpreis € 1,90) und mehrmals täglich über Vila do Bispo nach Lagos (Fahrtzeit 50 Min., Fahrpreis € 4), Fahrpläne unter www.eva-bus.com. Von Lagos aus gibt es viele Fernbusverbindungen, zum Beispiel zum Flughafen Faro (Fahrtdauer 1 Std. 50 Min., Fahrpreis € 7,30) oder nach Lissabon Sete Rios oder Lissabon Oriente (Fahrtdauer ca. 3 Std. 45 Min., Fahrpreis je nach Verbindung € 19 oder € 20), Fahrpläne unter www.rede-expressos.pt.

Taxis Sagres, André Fernandes, ☏ 282 62 45 01, 917 23 28 69

♦ Taxi Salomete, ☏ 282 62 44 50

♦ Transfer-/Taxiservice Sagres, Algarve, Flughafen, 964 85 85 17, www.taxi-t.com, info@taxi-t.com

Die Kleinstadt Sagres am rauen und sturmumtosten Südwestzipfel der Algarve liegt umrandet von verschiedenen Felsplateaus direkt an der Küste und ist aufgrund der Wind- und Wellenbedingungen besonders bei Surfern beliebt. Viele Surfschulen und Hostels, die vor allem auf jüngeres Publikum ausgerichtet sind, zeugen davon. Sagres hat keinen historischen Ortskern, die Häuser zwischen dem

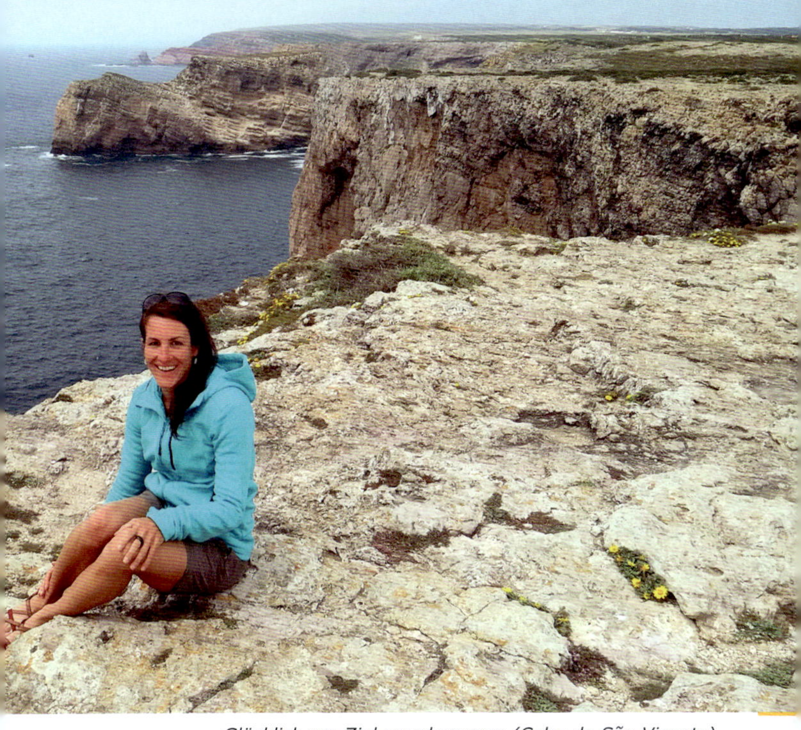

Glücklich am Ziel angekommen (Cabo de São Vicente)

Fischerhafen (Porto da Baleeira), der Praça da República und entlang der Straße R. Cmte Matoso sind zu einem lang gezogenen Zentrum zusammengewachsen. Bedeutung erlangte Sagres besonders im 15. Jh., als sich in der Festung die Seefahrerschule unter der Führung Heinrichs des Seefahrers befand.

Kleiner Sprachführer

Der Leuchtturm am
Cabo de São Vicente,
14. Etappe

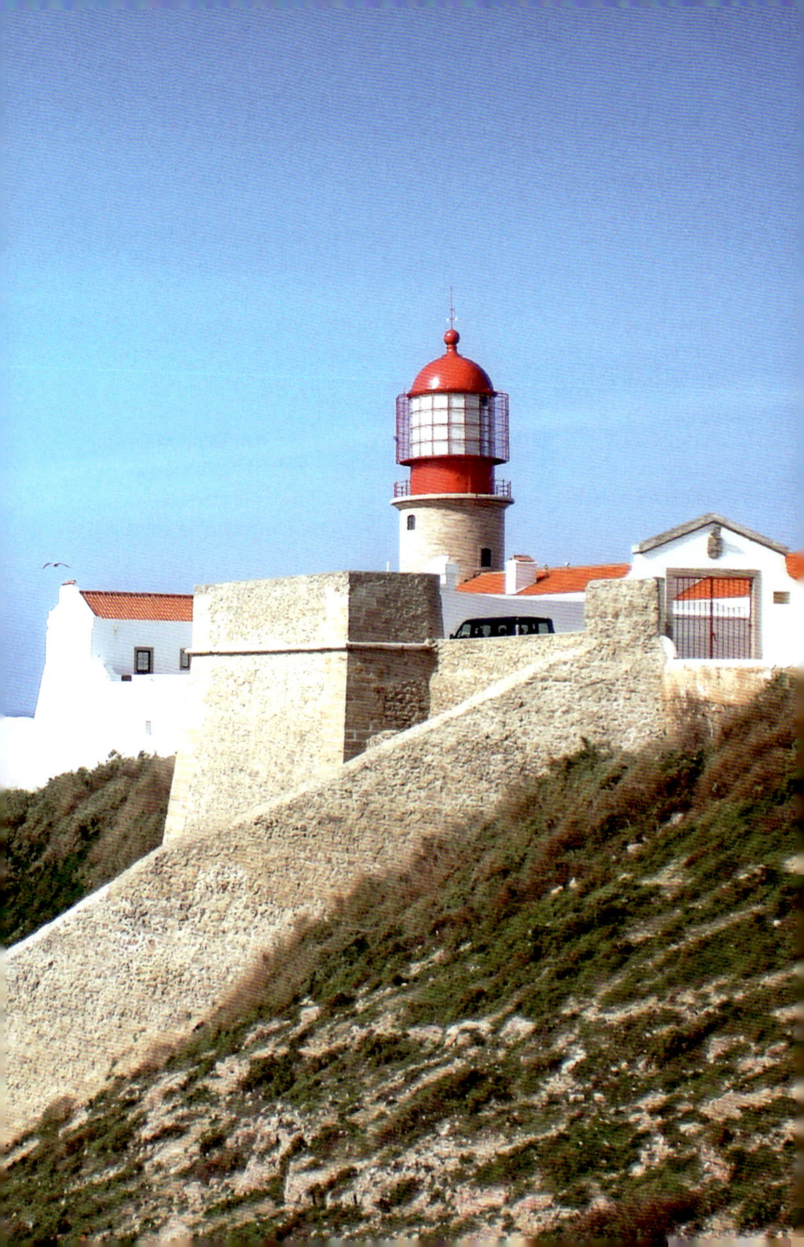

Das Wichtigste

ja	*sim* [sing], nasal ausgesprochen
nein	*não* [nao]
danke	*obrigado* [obrigadu] (als männlicher Sprecher) *obrigada* [obrigada] (als weibliche Sprecherin)
bitte	*se faz favor* [se fasch fawor]
Entschuldigung!	*Peço desculpa!* [peso deschkulpa]
Wie bitte?	*Como?* [komu]
Ich verstehe nicht.	*Não compreendo.* [nao komprendu]
Ich spreche kein Portugiesisch	*Não falo português.* [nao falu portugesch]
Sprechen Sie …	*Fala* …[falah]
Deutsch/Englisch/	*alemão* [alemau]/inglês [ingleesch]/
Französisch/Spanisch?	*francês* [franseesch]/espanhol [eschpanjol]?
Hallo!	*Olá*! [oláh]
Guten Morgen/Tag!	*Bom dia!* [bõhdia](wird bis zur Mittagszeit verwendet)
Guten Tag!	*Boa tarde!* [boatard] (nachmittags)
Guten Abend!	*Boa noite!* [boanoit]
Auf Wiedersehen!	*Adeus*! [adäusch]
Bis bald.	*Até logo.* [atä logu]
Wie geht's?	*Como está?* [komu schtá]
Danke, gut.	*Bem, obrigado/a.* [being (nasal), obrigadu/a]
gestern	*ontem* [onteing], nasal
heute	*hoje* [osch]
morgen	*amanhã* [amanjä]
geöffnet/geschlossen	*aberto* [abertu]/fechado [feschadu]

Unterwegs

rechts	*à direita* [a direita]
links	*à esquerda* [a eschkerda]
geradeaus	*em frente* [eing frente]
der Weg nach …	*o caminho para* … [u kaminhu para]
Fluss	*ribeira* [ribeira]
See/Stausee	*lago* [lagu]/barragem [barrascheing]

Gebirge	*serra* [serra]
Dorf	*aldeia* [aldeija]/monte [monte]
Sonne	*o sol* [u sol]
Regen	*a chuva* [schuwa]
Wo ist ...?	*Onde fica ...?* [onde fika]
Wie viele Kilometer sind es noch bis ...?	*Quantos quilómetros ainda faltam para ...?* [Kwantusch kilometrusch ainda faltang para ...]
Geldautomat	*mulitbanco* [multibanku]
Lebensmittelgeschäft	*mercearia* [mersjaria]/minimercado [minimerkadu]
Supermarkt	*supermercado* [supermerkado]
Trinkwasser	*água potável* [agwa potáwel]
Gibt es ...?	*Há ...?* [a]
Bus	*autocarro* [autokarru]
Zug	*comboio* [komboiu]
Bahnhof	*estaçao* (de comboios) [eschtasao]
Busbahnhof	*terminal dos autocarros* [terminal dos autokarrusch]

Übernachten

Unterkunft	*alojamento* [aloschamentu]
Ich möchte ein Zimmer.	*Queria um quarto.* [keria um kwartu]
Doppel-/Einzelzimmer	*quarto duplo/quarto individual* [kwartu duplo]
für eine Nacht	*para uma noite só* [para uma noite so]
Was kostet das Zimmer?	*Quanto custa o quarto?* [kwantu kuschta u kwartu]
mit/ohne Frühstück	*com/sem pequeno almoço* [kong/seing pekenu almossu]

Essen und Trinken

Frühstück	*pequeno almoço* [pekenu almossu]
Mittagessen	*almoço* [almossu]
Abendessen	*jantar* [schantaar]
Restaurant	*restaurante* [reschtaurante]

Die Speisekarte, bitte!	*A ementa, se faz favor.* [a ementa, se fasch fawor]
Die Rechnung, bitte!	*A conta, se faz favor.* [a konta, se fasch fawor]
Messer/Gabel/Löffel	*faca* [faka]/garfo [garfu]/colher [kuljer]
Ich hätte gerne ...	*Queria* ... [keria]
Brot	*pão* [pao]
Butter	*manteiga* [manteiga]
Käse/Schinken (roh/gekocht)	*queijo* [keischu]/presunto [presuntu]/ *fiambre* [fiambre]
Oliven	*azeitonas* [aseitonasch]
belegtes Brötchen	*sandes* [sandesch]
Kekse	*bolachas* [bolaschasch]
Schokolade/Schokoriegel	*chocolate* [schokolat]/barra de chocolate
Honig	*mel* [mäl]
Marmelade	*doce* [dosse]
Mandeln	*amêndoas* [amändoasch]
Feigen	*figos* [figusch]
Kuchen	*bolo* [bolu]
Fleisch/Fisch	*carne* [karne]/peixe [peisch]
vegetarisch	*vegetariano* [weschetarianu]
Wasser	*água* [agwa]
mit/ohne Kohlensäure	*com/sem gas* [cong/seing gasch]
Saft (Orangensaft)	**sumo** (de laranja), *natural* [sumu (de laranscha)]
Wein (rot/weiß)	*vinho* (tinto/branco) [winju (tintu/branku)]
Bier(Flasche)	*cerveja* [serväjscha]
Bier (vom Fass)	*Imperial* (klein)/Caneca (groß) [imperial]/[kaneka]
Schnaps	*aguardente* [akwardente]
Flasche	*garrafa* [garrafa]
(Schwarz-)Tee	*chá* (preto) [schá (pretu)]
Espresso	*café* [kafä]/bica [bika]
Milchkaffee	*galão* [galao]

Medizinisches

Gesundheitszentrum	*centro de saúde* [sentru de saude]
Krankenhaus	*hospital* [oschpital]
Apotheke	*farmácia* [farmásia]

Wo ist die nächste Apotheke?	*Onde fica a farmácia mais próxima?* [onde fika a farmássia maisch próssima]
Arzt	*o médico* [mediku]
Zahnarzt	*dentista* [dentischta]
Pflaster	*adesivo* [adeziwu]
(Hals-)Tabletten	*comprimidos* (para a garganta) [komprimidusch (para a garganta)]
Papiertaschentücher	*lenços de papel* [läsusch de papel]
Blase(n)	*bolha(s)* [bolja(sch)]
Ich habe Kopf-/ Halsschmerzen.	*Dói-me a cabeça/a garganta.* [doime a cabessa]
Ich bin gestürzt.	*Caí.* [kaí]
Sonnenschutzcreme	*protector solar* [protetor solar]

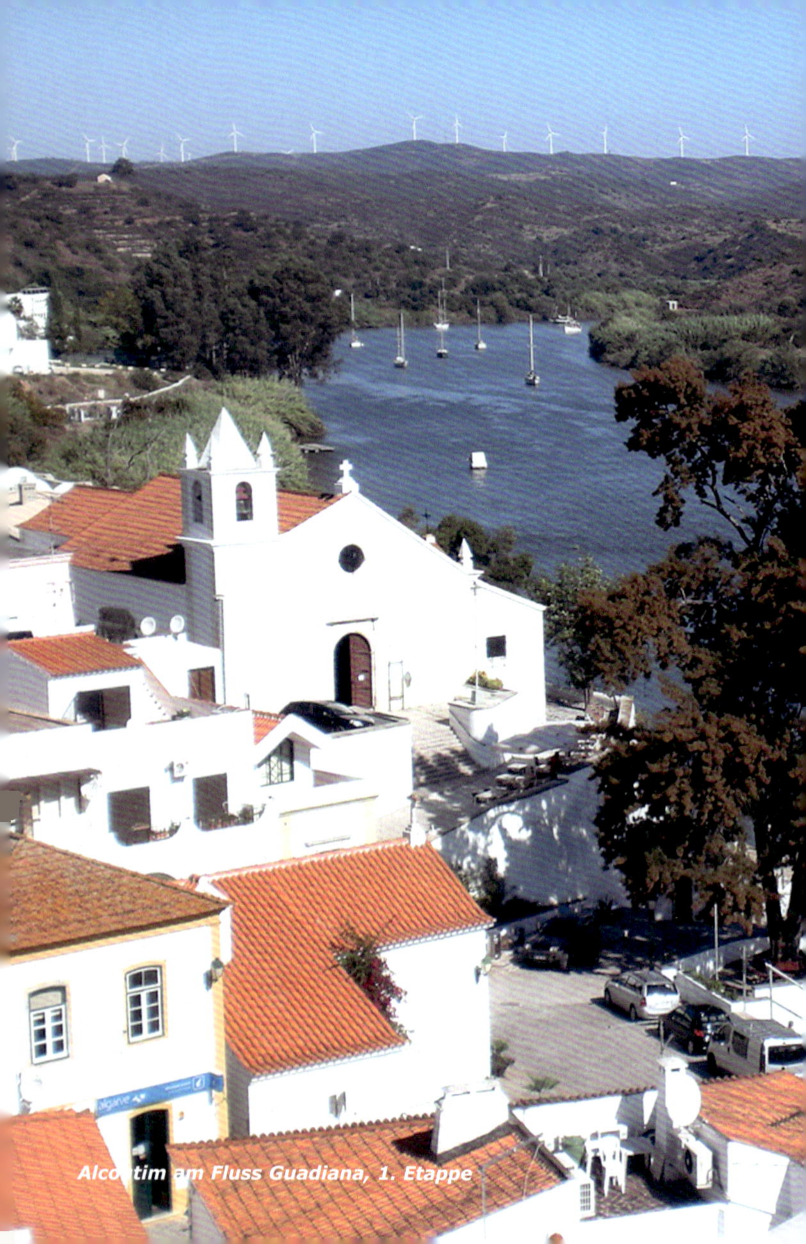

Alcoutim am Fluss Guadiana, 1. Etappe

Index

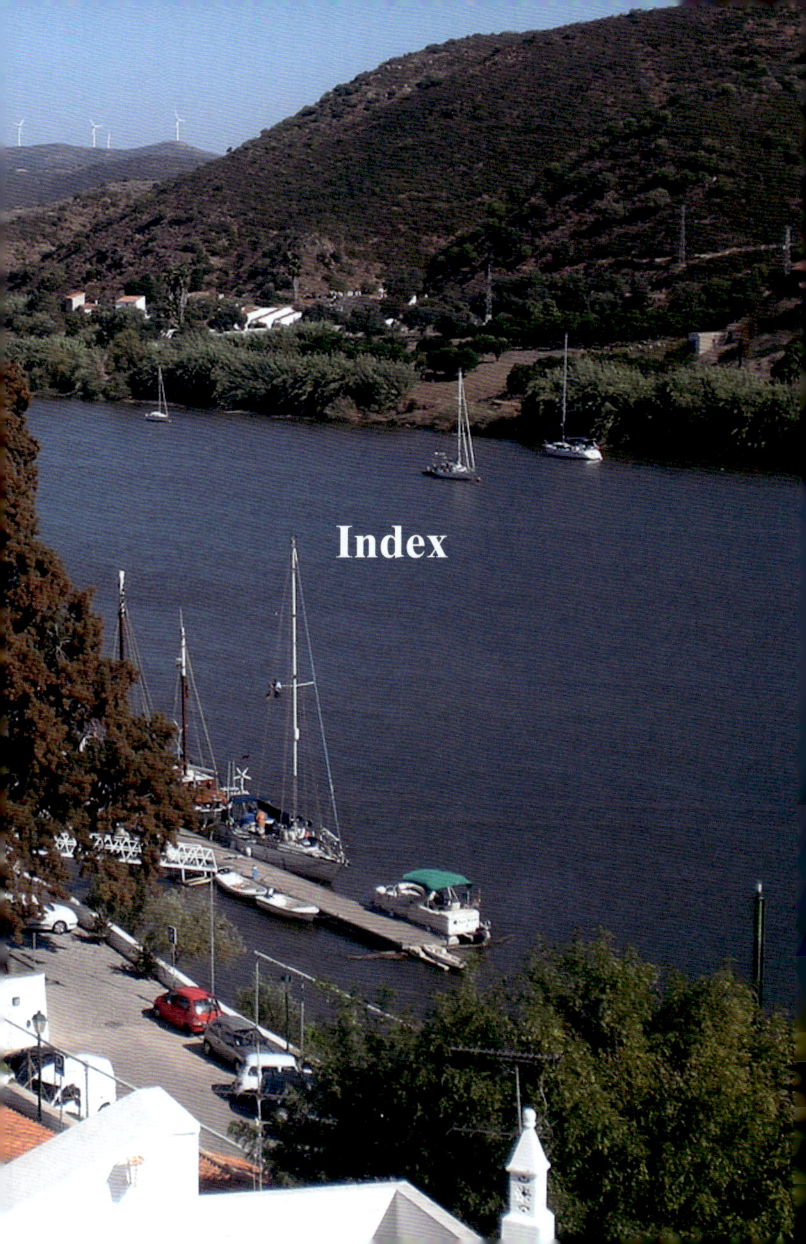

Ein persönliches Wort zum Schluss

Die Recherchen zur zweiten Auflage dieses Wanderführers haben mich noch einmal auf ganz andere Weise mit dem Hinterland der Algarve verbunden. Es sind einige Jahre vergangen, der Süden Portugals ist eine neue Heimat für mich geworden und es war interessant zu sehen, was am und auf dem Weg in der Zwischenzeit passiert ist und immer noch passiert. Es war höchste Zeit, den Wanderführer zu überarbeiten! Ich danke allen Menschen, die ich unterwegs in den Dörfern und Städten, in den Unterkünften, Cafés, in den Touristeninformationen oder einfach am Wegesrand getroffen habe und die mich mit wertvollen Tipps, frisch gebackenem Brot oder getrockneten Feigen ausgestattet oder mich durch ein schönes Gespräch aufgemuntert oder zum Lachen gebracht haben. Die Freundlichkeit und Hilfsbereitschaft der Portugiesen sind ohnegleichen! Und ich spreche meine Bewunderung für all diejenigen Menschen am Wegesrand aus, die Ideen haben und den Mut aufbringen, im Hinterland ihre Projekte zu realisieren oder weiterzuführen, statt wie so viele an die Küste zu gehen.

Mein Dank gilt allen Freunden, Bekannten und meiner Familie, die mich auf vielfältige Weise ermuntert und unterstützt haben.

Sollten Sie unterwegs Änderungen feststellen, Anmerkungen oder einen guten Tipp haben, würde ich mich freuen, wenn Sie es dem Verlag mitteilen würden.

Mein persönlicher Wunsch ist es, dass Sie am Cabo de São Vicente nicht nur dem südwestlichen Ende Europas, sondern auch sich selbst ein Stück nähergekommen sind.

Christine Heitzmann, im März 2019